D0995307

L'AVENIR DE L'EAU

OUVRAGES DU MÊME AUTEUR PAGE 414

Erik Orsenna

de l'Académie française

L'avenir de l'eau

Petit précis de mondialisation II

Fayard

ISBN : 978-2-213-63465-4

À Claude Durand

Un beau jour, l'âge venant, vous décidez d'en savoir plus sur la vie. Vous relisez la Bible, vous lisez le Coran. Vous vous aventurez dans les mythologies indiennes. Vous constatez, ébahi, que tous les commencements se ressemblent : il était une fois l'eau. Vous questionnez les scientifiques : ils vous affirment que vous êtes, d'abord, fait d'eau. Alors, vous vous dites qu'il est grand temps d'éclaircir ce mystère. D'autant que des angoisses vous viennent sitôt que vous interrogez l'avenir : aura-t-elle assez d'eau, la planète, la planète malade que je vais laisser à mes enfants ? Assez d'eau pour qu'ils boivent et se lavent ? Assez d'eau pour faire pousser les plantes censées les nourrir ? Assez d'eau pour éviter qu'à toutes les raisons de faire la guerre s'ajoute celle du manque d'eau ?

Un écrivain a ceci de particulier qu'il répond par un livre aux questions qu'il se pose.

Tom Rich, dont je ne sais pas grand-chose sinon qu'il est australien, est l'auteur d'une phrase de grande sagesse. Elle ne m'a pas quitté durant ces deux années d'enquête : « Si vous voulez étudier l'histoire de mon pays, vous devrez porter en vous la volonté d'échouer (*the will to fail*). »

Sans aucun doute je porte, secrète en moi, cette volonté d'échouer.

Comment réussir à raconter, sans rien oublier, cet univers dans l'univers qu'est l'eau ?

*
* *

Et l'eau m'a emporté. Je me suis trop passionné. J'ai trop appris, trop visité, trop rencontré. Par la suite, j'ai trop écrit. Mon manuscrit est devenu monstre. Soucieux d'épargner les forêts d'où vient le papier, je ne pouvais décemment tout imprimer. Internet est alors venu à mon secours. Vous trouverez sur la Toile : www.erik-orsenna.com/blog les pages qui vous permettront de continuer le voyage et de nourrir le débat.

*
* *

Et je remercie mon éditeur. C'est à sa confiance que je dois ma liberté, la possibilité d'avoir pu mener cette enquête, si loin et si longtemps.

I

Portrait du personnage

La vraie nature de l'eau I :
c'est un couple

J'ai rencontré Lavoisier, un jour de janvier 2006, par très beau temps, très froid, très sec, 66° de longitude ouest et 66° 15' de latitude sud. Notre bateau, la fière *Ada 2* (propriétaire : Isabelle Autissier), progressait lentement entre les icebergs. Notre objectif était la baie Marguerite (du prénom de Mme Jean-Baptiste Charcot). Et, comme toujours en mer, sans doute pour me rassurer, je ne quittais pas des yeux la carte. À toute petite vitesse, dans la solitude la plus parfaite et les fracas aussi divers qu'angoissants de toute navigation au milieu des glaces (pauvre coque d'aluminium sans cesse agressée par des *growlers* !), défilaient sur notre gauche les hauteurs enneigées du continent Antarctique (terre de Graham), tandis que sur la droite s'étirait une île baptisée Lavoisier par nos illustres prédécesseurs d'exploration.

Au fond, qui était ce Lavoisier ? Les savoirs de l'équipage furent mis en commun, maigres savoirs. Outre la phrase célèbre ayant justifié son exécution (« La Révolution n'a pas besoin de savants ») et quelques vieux rappels sur son statut de « créateur de la chimie moderne » (« Rien ne se perd, rien ne se crée, tout se transforme »), nous n'en connaissions guère plus.

J'ai plongé dans le carré, allumé l'ordinateur et, l'Internet aidant, j'ai découvert l'un de ces personnages dont le XVIIIe siècle a le secret. L'un de ces hommes qui font honte à tous ceux qui, aujourd'hui, se prétendent « travailleurs ».

J'ai appris qu'il avait été tour à tour avocat, fermier général (actionnaire d'une compagnie privée chargée de collecter les impôts indirects), conseiller d'un contrôleur général des Finances (Turgot), régisseur des Poudres et Salpêtres, exploitant agricole (1 129 hectares), conseiller d'un autre contrôleur général des Finances (Necker), auteur d'une centaine de rapports (sur l'éclairage public, l'assainissement des villes, la réforme de l'Hôtel-Dieu, la création d'abattoirs, la modernisation de l'agriculture, l'amélioration de l'instruction publique...), administrateur de la Caisse d'escompte, coorganisateur du voyage de La Pérouse, etc., etc. Parallèlement, sa contribution à la science avait été aussi diverse que décisive : depuis son premier mémoire (sur le gypse) écrit à vingt-deux ans jusqu'à sa campagne, acharnée, pour l'unification des poids et mesures, il avait fait progresser d'innombrables chantiers de la connaissance, sans oublier son grand œuvre : la création de la chimie moderne.

Comment mieux remplir une vie plutôt courte : cinquante et un ans (1743-1794) ?

Bref, Antoine-Laurent de Lavoisier était un génie boulimique. Bien plus qu'un encyclopédiste, un homme qui, sur tous les fronts, fait avancer le savoir dont l'*Encyclopédie* rend compte.

Son intérêt pour l'eau commence dès 1768. À

peine reçu à l'Académie des sciences, celle-ci lui demande d'apprécier un projet d'aqueduc conçu par un certain ingénieur, Antoine de Parcieux, pour apporter aux Parisiens l'eau, propre, de la petite rivière Yvette. Paris n'est alors alimenté que par la Seine, qui tient lieu d'égout. Voltaire, qui, comme on sait, se préoccupe de tout, écrit à cet Antoine pour lui dire son soutien :

> Vous avez proposé de donner aux maisons de la ville de Paris l'eau qui leur manque et de nous sauver enfin de l'opprobre et du ridicule d'entendre toujours crier : *À l'eau !* et de voir des femmes, enfermées dans un cerceau oblong, porter deux seaux d'eau pesant ensemble trente livres à un quatrième étage, auprès d'un privé. Faites-moi l'amitié de me dire combien il y a d'animaux à deux mains et à deux pieds en France...

L'aqueduc coûterait 8 millions.

Le projet sera abandonné : les hautes autorités ont préféré reconstruire l'Opéra, qui vient de brûler.

Mais Lavoisier a profité de cette étude pour multiplier les observations et proposer de nouvelles méthodes d'analyse. Sa conclusion est politique. On peut, dit-il, se préoccuper, comme c'est la mode, des eaux médicinales. Mais rien n'est plus important que la qualité des eaux potables.

> Ce sont d'elles, en effet, que dépendent la force et la santé des citoyens, et si les premières [les eaux médicinales] ont quelquefois rappelé à la vie quelques têtes précieuses de l'État, ces dernières [les eaux potables], en rétablissant continuellement l'ordre et l'équilibre dans l'économie animale, en

conserve tous les jours un beaucoup plus grand nombre. L'examen des eaux proprement minérales n'intéresse donc qu'une petite portion languissante de la société. Celui des eaux communes intéresse la société tout entière et principalement cette partie active dont les bras sont, en même temps, et la force et la richesse d'un État.

En ce beau milieu du siècle des Lumières, l'eau ne va pas tarder à livrer son secret. Trop de savants la pressent d'interrogations de plus en plus aiguës. C'est sûr, un jour prochain, elle va parler. Qui, le premier, recueillera son aveu ?

Henry Cavendish est un industriel anglais fortuné. Pour son amusement, il analyse les « airs », en d'autres termes les gaz. Un jour de 1766, alors qu'il vient de verser du vitriol (acide sulfurique) sur du fer, il voit se dégager un gaz qu'on peut enflammer. C'est l'hydrogène. Huit ans plus tard, en 1774, le Suédois Carl Wilhelm Scheele et l'Anglais Joseph Priestley découvrent, à quelques mois d'écart, l'oxygène (l'« air vital »).

En 1781, un autre Anglais, John Warltire, observe qu'un mélange d'air vital et d'hydrogène, enflammé par une étincelle, produit de l'humidité.

Priestley confirme, informe Cavendish, qui informe Lavoisier. Lequel, toutes affaires cessantes, décide, avec son ami Laplace, de réaliser l'expérience. Leur conclusion, déposée le 25 juin 1783 à l'Académie des sciences, est une révolution :

Si on brûle ensemble sous une cloche de verre un peu moins de deux parties d'air inflammable contre une d'air vital [...] la totalité des deux airs est absorbée et l'on trouve [...] une quantité d'eau égale en poids à celui des deux airs qu'on a employés.

Contrairement à l'apparence et à une croyance plusieurs fois millénaire, l'eau *n'est pas une substance simple* mais le résultat d'une composition, l'alliance de l'hydrogène et de l'oxygène.

*
* *

Le Petit Arsenal avait été créé par François Ier au sud de la Bastille pour y fabriquer la poudre. Aujourd'hui détruit, il occupait un vaste rectangle qui allait jusqu'à la Seine. C'est là que les Lavoisier se sont installés. Le rythme d'Antoine-Laurent est immuable. Lever à 5 heures. De 6 à 9 heures : expérimentations scientifiques. De 9 heures à midi : la Ferme (activités financières et fiscales). De 14 à 19 heures : régie des Poudres et Académie des sciences. De 19 à 22 heures, après un léger souper, retour au laboratoire... Le samedi est exclusivement consacré aux expériences : c'est le jour préféré. Ce laboratoire, immense, a été aménagé sous les combles. Lavoisier n'y travaille pas en solitaire. D'abord sa femme, Marie-Anne, joue les secrétaires, les greffières aussi. Assise à une petite table, elle dessine les installations, note les mesures, consigne les résultats, recueille les suggestions. Pour tout comprendre, elle a appris la chimie. Et pour correspondre avec les étrangers, elle s'est mise à l'anglais. Outre quelques préparateurs et assistants techniques, quelques élèves triés sur le volet, des hommes de science viennent de l'Europe entière regarder travailler le maître (commenter ses méthodes et, toujours suspicieux, en vérifier la validité). C'est devant ces spectateurs pas toujours très tranquilles, dans un brouhaha permanent, que Lavoisier a l'habitude de mener ses travaux.

Il décide de reprendre l'expérience de 1783 et, cette fois, de chiffrer précisément les résultats. Le 27 février 1785, pour assister à cette nouvelle synthèse, il y a foule : en plus des habitués, pas moins de trente savants, français et étrangers ! Aucun n'a voulu manquer l'événement. Et une délégation de la Royal Society anglaise s'est invitée, histoire de détecter d'éventuelles tricheries, toujours possibles à Paris.

Durant trois jours et trois nuits, les gens vont, viennent, discutent, observent. Non contente de tenir étape par étape le journal de l'expérience, Marie-Anne accueille, renseigne, calme les impatients, désarme les jaloux, donne à déjeuner, à dîner. Tant et si bien que les invités s'en retournent aussi convaincus du génie de Lavoisier qu'éblouis par le train de sa maison. Témoin Arthur Young :

> J'étais heureux de trouver ce monsieur splendidement logé, et avec toute l'apparence d'un homme ayant une fortune considérable. Cela fait plaisir : les emplois de l'État ne peuvent tomber en de meilleures mains que celles d'hommes qui emploient ainsi le superflu de leur richesse.

Même si le Petit Arsenal a disparu, promenez-vous dans ce rectangle de Paris. Du haut de sa colonne, le génie de la Bastille veille sur vous. À main gauche, sagement alignés devant les quais d'un petit port, des bateaux attendent de très improbables départs. Et de l'autre côté, au milieu des immeubles sans charme que domine une caserne de gardes républicains, flotte le souvenir de ce laboratoire où fut percé le mystère de l'eau. Chaque fois, je repense à cette femme, Marie-Anne. En 1785, elle a vingt-sept ans. Un ami de son mari, originaire de Nemours, est tombé fou d'elle dès le premier regard : Pierre-Samuel Du Pont. C'est l'un de ces jeunes hommes qui, pour apporter plus de richesse à la nation, veulent réveiller l'économie française : on les appelle les physiocrates. Marie-Anne vient de devenir sa maîtresse. L'amour de son amant ne faiblira jamais. Quand la Terreur aura décapité Lavoisier, Pierre-Samuel proposera le mariage à Marie-Anne. À la suite de son refus, il partira, désespéré, vers les États-Unis d'Amérique. Il y fabriquera de la poudre et quelques autres produits chimiques, non sans succès : Du Pont de Nemours.

La vraie nature de l'eau II :
un couple destructeur

Le couple oxygène-hydrogène n'est pas si uni qu'il y paraît. Pour être plus précis (et tout à fait indiscret), l'oxygène est attiré plus que de raison par ces petites bêtes volages et négatives qu'on appelle électrons. Cette attirance déstabilise l'hydrogène, dont la tendance serait plutôt d'aller vers le positif. Or chacun sait qu'un couple qui bat de l'aile représente un danger pour les autres couples. Quand on ne se satisfait pas tout à fait l'un l'autre, on ne résiste pas toujours à la tentation d'aller voir ailleurs.

Et c'est ainsi que l'eau, en tombant sur le sel, par exemple, provoque le divorce entre les deux éléments qui le constituent. Le sodium et le chlore tentent de lutter. Mais comment résister lorsque la force de séparation de l'eau est 80 fois plus puissante que l'attirance qui les réunissait ? Peu à peu, irrésistiblement, le sodium et le chlore s'éloignent l'un de l'autre. Il faut alors assister aux manœuvres de cette chère amie l'eau, soi-disant si douce, l'innocence même. Pour s'assurer que les morceaux de sodium et de chlore n'entrent plus en contact les uns avec les autres, les petites molécules d'eau les entourent, les assiègent un à un, les isolent à jamais. Le bloc, en deux temps trois mouvements, s'est changé en archipel. Et c'est ainsi, par morcellements, par encerclements, que l'eau dissout le sel. Et des dizaines, des centaines d'autres éléments. Peu, bien peu lui résistent.

Une simple pluie, une averse de 10 millimètres peut dissoudre 100 kilogrammes de sable par kilomètre carré...

De ce pouvoir, les alchimistes tirèrent des conclusions fuligineuses. Mais ils ne se trompaient pas en voyant dans l'eau le dissolvant universel, l'agent de tous les « mixtes ». Car, une fois dissociés, les éléments peuvent se recomposer autrement.

L'eau sépare, pousse au divorce. Mais c'est pour mieux remarier : changez de partenaire, dit-elle, essayez donc une autre cavalière, et vous verrez, votre vie s'en trouvera relancée.

La vraie nature de l'eau III :
une ambition créatrice

Le vent, je le connais, écoutez, regardez-le souffler. À l'évidence, chaque tempête, en se levant, veut d'abord détruire.

L'eau, c'est une autre affaire. Elle porte en elle le désir permanent de remodeler le monde.

C'est par son intermédiaire privilégié qu'agissent les variations climatiques.

Si la température tombe, une moitié du globe se couvre de glace.

Si l'atmosphère se réchauffe, la pluie perd toute mesure. Au lieu d'accorder équitablement et paisiblement ses bienfaits, elle se concentre sur certaines régions et certaines périodes, créant là des déserts, dévastant tout ailleurs par des inondations imparables. Mais il ne faut pas croire qu'en des époques plus calmes elle reste paresseuse. Elle ne cesse de travailler. Et d'abord, elle attaque.

Sous ses dehors bénins, l'eau adore agresser. Elle n'y peut rien, c'est sa nature. Les minéraux des roches sont ses premières victimes. L'eau finit par les dissoudre.

Mais l'eau, décidément redoutable, attaque aussi plus insolemment, frontalement. La goutte de pluie et le raz de marée sont autant de projectiles qui peuvent faire éclater toutes sortes de matériaux. Cette formidable énergie de l'eau est souvent utilisée dans l'industrie : un jet très fin, sous très haute pression, permettra de découper jusqu'à des plaques d'acier.

Ce beau travail de destruction achevé, les fleuves n'ont plus qu'à emporter vers la mer les particules esseulées. Car l'eau, non contente de ronger, évacue. C'est même son jeu favori, et d'ailleurs nécessaire : si elle ne se débarrassait pas des débris, ils feraient obstacle, ils l'empêcheraient d'agresser de nouvelles roches.

Nous devons à l'eau la plupart de nos paysages.

La vraie nature de l'eau IV :
une matière qui ne tient pas en place

Les Grecs s'interrogeaient : les fleuves n'arrêtent pas de s'écouler dans la mer. Et pourtant, le niveau de celle-ci ne monte pas. Les Grecs réfléchirent et ne trouvèrent qu'une explication lumineuse à ce mystère, un raisonnement imparable : c'est la mer qui engendre les fleuves. C'est en elle que résident leurs sources ! Et c'est le feu interne de la Terre qui, par distillation, va débarrasser l'eau marine de son sel. Ainsi, la mer ne reçoit que ce qu'elle a donné.

Nous savons aujourd'hui que cette belle histoire est fausse, hélas. Mais l'idée d'un *cycle* de l'eau était lancée. Aux autres peuples d'y apporter leur science.

Les Grecs avaient voulu faire trop simple. Ils avaient voulu croire que l'eau n'est qu'une affaire d'eau, alors que bien d'autres personnages interviennent ici : le ciel, le soleil et les plantes.

*

* *

Pierre Perrault avait un frère, prénommé Charles, qui racontait des histoires à dormir debout : Barbe-Bleue, le Petit Poucet, le Chat botté...

Pierre, lui, beaucoup plus sérieux, ne s'intéressait qu'à la pluie. Sans relâche, il mesurait les précipitations qui tombaient sur la haute vallée de la Seine. Puis mesurait la quantité d'eau qui s'écoulait de ce bassin. Dans un traité fort savant, *De l'origine des fontaines* (1674), il publie la conclusion principale de ses observations : de l'eau a disparu. Le volume de ce qui tombe des nuages est largement supérieur au volume de ce qui se déverse par les différents ruisseaux, rivières et fleuves. Où est passée l'eau manquante ? C'était la bonne question.

Résumons. Le soleil chauffant, les eaux s'évaporent (surtout les océans) et les plantes transpirent. Le ciel accueille ces vapeurs et, de temps à autre, les restitue : il pleut.

S'ensuivent des ruissellements, complexes, qui gonflent les eaux. Lesquelles, pour partie, s'évaporent et, pour partie, abreuvent les plantes qui, de nouveau, transpirent...

Et tout recommence.

Ainsi se renouvellent sans cesse l'eau des rivières et la vapeur de l'atmosphère (en une dizaine de jours), l'eau des océans (en 3 000 ans) et l'eau douce, principalement celle des régions polaires (en 12 000 ans). Où l'on constate, une fois de plus, que la nature cache en elle d'innombrables horloges.

Depuis qu'il existe, c'est-à-dire depuis des centaines de millions d'années, ce cycle de l'eau, auquel nous devons la vie, n'a guère varié[1].

1. En résumant, je vous prive de belles histoires vraies et des compréhensions nécessaires. Pour en savoir plus, et le savoir mieux, plongez-vous dans un grand livre : *Les Eaux continentales*, sous la direction de Ghislain de Marsily, Académie des Sciences, Paris, 2006. À paraître en 2009, du même, *L'Eau, un trésor en partage*, Dunod.

La vraie nature de l'eau v :
sa générosité

Sournoise, violente, instable...

Des qualificatifs précédemment employés, vous pourriez déduire que je déteste l'eau ! Loin de moi cet état d'esprit. Fasciné par ce personnage, je m'acharnais à garder ma lucidité. De même, sur une femme trop belle, on se concentre sur certains défauts, sachant bien qu'on va succomber.

Car nous voici maintenant arrivés au cœur de la nature de l'eau : sa capacité à donner.

Non seulement nous lui devons l'essentiel de la matière dont nous sommes constitués, mais elle permet à cette matière de s'animer. Sans elle, jamais ne se serait ébranlée et jamais n'aurait fonctionné cette mécanique qu'on appelle la vie.

Perdons de notre superbe ! Grands ou petits, très laids, très laides ou sosies de Brad Pitt, de Naomi Watts, trop musclés ou tout à fait flasques, plates comme des limandes ou rebondies comme la Bellucci, nous sommes tous, d'abord, faits d'eau.

Les nouveau-nés humains sont des êtres essentiellement liquides : trois quarts de leur corps sont constitués d'eau. Prenant de l'âge, nous devenons plus solides. Mais sans abandonner pour autant notre part aquatique : l'homme adulte est fait d'eau à 55 %, la femme seulement à 50 %. Faut-il trouver dans cette différence la cause de la consistance supérieure de nos compagnes ? L'eau, dans notre corps, est inégalement répartie. Certains organes, contrairement aux apparences, ne sont que de l'eau, ou presque : les reins (81 %), le cœur (79 %), le cerveau (76 %). D'autres sont (un peu) plus secs, telle la peau (70 %). Seuls les os résistent, tant bien que mal, à cette forte humidité ambiante. Sans oublier l'ivoire des dents (1 %).

Dans notre corps, l'eau est partout. Elle se trouve d'abord à l'intérieur des cellules, où elle joue un rôle crucial. L'eau tient ensemble tous les éléments de cette usine chimique complexe qu'est une cellule. Elle en permet la bonne marche, elle rend possibles les réactions, les échanges, les recompositions : elle est le milieu, le forum, le vecteur de toutes les communications.

L'eau est aussi présente hors des cellules. Celles-ci baignent dans un liquide dit interstitiel. Ce liquide vient des minuscules vaisseaux sanguins qui circulent entre les cellules. Après avoir pénétré dans la cellule pour la nourrir, le liquide interstitiel en sort avec les déchets. Ceux-ci retournent pour partie aux micro-canaux sanguins et, pour l'autre, sont évacués par un autre réseau, celui de la lymphe. Liquide interstitiel, sang et lymphe sont, presque exclusivement, composés d'eau.

L'eau va et vient à travers la membrane. On appelle cela l'osmose. L'osmose est l'écluse suprême, et l'eau est son agent.

Enfin, divers autres fluides nous sont également indispensables : l'urine, le liquide céphalo-rachidien, les liquides articulaires, l'humeur aqueuse de l'œil. Sans oublier les larmes. Sans oublier les grosses canalisations, pleines de sang, qui arrivent au cœur ou en repartent... Tous ces liquides sont, principalement, de l'eau.

Le corps ne stocke pas l'eau. Une fois utilisée, il l'élimine.

Grâce aux reins qui filtrent le sang et en rejettent les déchets (c'est l'urine).

Grâce à certaines glandes, dites sudoripares, situées dans la peau. Elles puisent une part de l'eau des vaisseaux sanguins et l'évacuent par les pores (c'est la sueur). Cette sueur, en s'évaporant, produit du froid. Bienfaisante régulation de la température corporelle en saison chaude !

Et grâce aux poumons : en expirant, nous rejetons de l'air qui contient de la vapeur d'eau.

Qu'est-ce que la soif ?

Une sensation des plus utiles.

L'hypothalamus est une région centrale du cerveau, juste entre les deux hémisphères. Il joue un rôle capital dans les grands équilibres vitaux. Pour ce faire, il dispose de capteurs. Supposons qu'ils sonnent l'alerte : la concentration du sang vient de s'accroître. Le message est transmis à la glande hypophyse (située en haut de la nuque). L'hypophyse va réagir en produisant une hormone. Laquelle va donner cette sensation de soif qui va pousser à boire. L'hormone aura une autre action : elle ordonnera aux reins de moins laisser échapper d'urine.

Et, doublement réalimenté en eau, le sang retrouvera sa concentration optimale.

*
* *

La générosité de l'eau s'applique aussi aux végétaux.

Les plantes, comme nous, sont principalement constituées d'eau. Une laitue, c'est 97 % d'eau ; une tomate, 93 %.

Et dans les plantes aussi, l'eau circule. Mais les plantes n'ont pas de cœur (de pompe). C'est la transpiration des feuilles, chauffées par le soleil, qui des racines fait monter la sève (eau + nutriments). Comme chez les humains, cette transpiration refroidit la plante.

Si les plantes ont tant besoin d'eau, c'est à cause de cette évapotranspiration : le circuit ne doit pas cesser d'être alimenté.

L'eau qui reste dans la plante participe à la photosynthèse. Grâce à l'apport énergétique du soleil et au CO_2 qu'elle absorbe de l'atmosphère, elle produit de l'oxygène et fabrique les substances dont elle a besoin.

Voilà pourquoi les plantes entretiennent l'humidité de l'air : elles sont des sources permanentes de vapeur d'eau. Voilà pourquoi toute diminution du couvert végétal réduit la pluviométrie. Les plantes ont besoin d'eau. Mais ce besoin d'eau des plantes est pour nous, humains, plus un partenariat climatique qu'une concurrence.

La vraie nature de l'eau VI :
ses liens avec le pouvoir

Un vrai millefeuille administratif qui commence tout en bas, localement, avec le collège des terres agricoles, et s'achève tout en haut avec le chef de l'État, en passant par des régions (quarante-deux) supervisées par deux vizirs (l'un chargé du Nord, l'autre chargé du Sud)...

Le centralisme et la bureaucratie de l'ancienne Égypte n'ont rien à envier aux États modernes.

Sauf que, alors, cette organisation méticuleuse et passionnée était nécessaire pour l'arrivée, en juillet de chaque année, d'*Hapy*.

Hapy, en langue traditionnelle, est « celui qui court et qui s'étend ». En d'autres termes, la crue annuelle du Nil, seule source de toute richesse dans ce désert qu'est l'Égypte, pratiquement dépourvue de tout. Pharaon est descendant de Rê, le créateur solaire de la « première fois », et fils d'Osiris, donc un délégué des dieux sur la terre des hommes, LE prêtre, seul interprète du *Mâat* (l'ordre du monde). Il règne sur l'immense Double Pays, incarnant l'unification de la Haute et de la Basse-Égypte. À l'évidence, il possède toutes les terres. Sa première responsabilité est de les faire vivre, en unique héritier qu'il est du principe divin fondateur. Bien accueillir *Hapy* est sa priorité. Ne rien perdre de ce don du ciel. Donc, maîtriser les eaux.

Cette maîtrise implique une implacable organisation du sol (carroyage et cadastre) et un génie toujours renouvelé de l'irrigation (par exemple, l'arrosage à la jarre est vite remplacé par une machine élévatrice, le *shadouf*). En Nubie ou plus bas, vers Assouan, prêtres et fonctionnaires observent la couleur et le mouvement du fleuve. Ils utilisent toutes sortes d'instruments, dont des échelles graduées, les nilomètres. Ils en déduisent la date d'arrivée et la hauteur présumées de la crue.

Sitôt recueillies, ces informations sont transmises aux bureaux des vizirs, qui les retransmettent à tous les corps de l'État concernés : les ingénieurs des digues, les maçons, les réparateurs de machines, les responsables des semences... tout un peuple qui attend. Les bateaux militaires, porteurs de nouvelles, ne traînent pas. Poussés par le courant violent, mais aussi par leurs longues voiles, et animés, en tant que de besoin, par de vigoureux rameurs, ils peuvent parcourir en une seule journée près de 200 kilomètres. L'année solaire est bien une année d'eau, car elle commence vers le 18 ou 19 juillet. À cette date doivent, si tout va bien, coïncider deux arrivées : celle, au ciel, de l'étoile Sothis (Sirius), dans la constellation du Grand Chien ; et, sur terre, celle de la crue.

Alors le paysan se met au travail selon un ordre qui ne changera pas, cinq mille années durant.

Jean-Claude Goyon raconte ces travaux et ces jours :

Alors arrive le flot et commence la première saison de l'eau (*Akhet*) ; les terres non ensemencées boivent et se nourrissent ; c'est le temps de l'élevage, de la chasse et de la pêche, partout où l'eau fait proliférer la vie sauvage ; c'est aussi le moment des grands travaux d'État. Quand l'eau se retire (entre le 15 et le 30 octobre), vient la période de la germination des céréales (*Peret*), où commencent toutes les cultures que l'on arrose. Enfin, de mars à la mi-juillet, s'ouvre l'époque des récoltes (*Shemou*) et du péril de l'année, où tous les maux sont possibles, alors que l'on attend le nouvel *Hapy* qu'annoncera l'étoile du Sud[1].

Hapy mourut en 1965 lorsque fut achevé le barrage d'Assouan qui, pour toujours, fermait sa route.

D'autres rythmes commençaient. Il fallait bien que l'agriculture se mette à courir pour tenter de rattraper la croissance démographique.

---

1. « L'Égypte et le Nil », in *Le Grand Livre de l'eau*, Éditions La Manufacture et la Cité des sciences et de l'industrie, Lyon, 1995.

La vraie nature de l'eau VII :
elle a bon dos

L'eau ne se contente pas d'abreuver, elle porte. Elle nous prend en charge. Elle nous libère de la gravité. Une grande péniche permet de transporter autant de marchandises que 220 camions, ou 120 wagons.

*
* *

Je me suis longtemps demandé pourquoi ma mère aimait tant nager. Aux alentours de la cinquantaine, une maladie neurologique l'a durement touchée, le syndrome de Guillain-Barré. Elle en a gardé des paralysies partielles, de plus en plus invalidantes, le grand âge venant. Un jour, elle m'a répondu. Ses yeux bleus se moquaient de moi comme chaque fois qu'elle me trouve bête (souvent).

– Tu n'as pas deviné ? Dans l'eau, je ne sens plus mes handicaps...

*
* *

– Où allez-vous trouver tout ça ?

Telle est la question la plus souvent posée à un écrivain. Georges Simenon aurait pu répondre :

– Au long des canaux.

1928. Il n'a que vingt-cinq ans, mais déjà une vie bien remplie de livres très vite écrits et d'amours aussi diverses que torrides, dont sa passion pour Josephine Baker. Un beau jour, il décide d'échapper à ce tourbillon. Il achète *La Ginette*, un canot de quatre mètres, propulsé par un moteur de trois chevaux. Et le voilà parti. Sa femme officielle, Tigy, l'accompagne. Pas question de descendre à l'hôtel, ils dormiront dans le tout petit bateau. N'oublions pas deux autres passagers qui, eux, camperont sur la berge : Boule, la servante-maîtresse (« blonde, dodue et simple »), et Olaf, un dogue allemand. Bientôt, pour un peu plus d'aise, *La Ginette* est remplacée par *L'Ostrogoth*, un cotre de dix mètres. Trois ans durant, le quatuor voguera aux quatre coins de l'Europe. Chaque jour, installé tant bien que mal sur le quai, Simenon écrit des dizaines de pages.

C'est sur ces eaux lentes et grises qu'il rencontre tout un peuple de personnages improbables, immobiles ou dérivants. C'est au fil de ces canaux, de ces rivières, que va lui venir l'idée d'un fonctionnaire chargé d'élucider certains mystères, de trouver des motifs à la violence de la vie, un policier bourru, sceptique, humain : Maigret.

À propos du Commencement

I- *L'avis des religions*

Au commencement, Dieu créa le ciel et la terre. Or la terre était vide et vague, les ténèbres couvraient l'abîme et un vent de Dieu agitait la surface des eaux[1].

*

C'est Dieu qui a fait confluer les deux mers :
l'une est douce, agréable au goût ;
l'autre est salée, amère.
Il a placé entre les deux une barrière
[...]
C'est Lui qui, de l'eau, a créé un mortel,
puis Il a tiré de celui-ci
une descendance d'hommes et de femmes[2]...

*

Pour les Égyptiens, tout commence avec le Noun, marécage primordial.

Des eaux qui baissent surgit un îlot, mi-sable, mi-boue.

Un germe de vie paraît. Selon certaines sources, c'est un lotus. Selon d'autres, un œuf.

---

1. Genèse. *La Bible* (de Jérusalem), Éditions du Cerf, Paris, 1998, p. 33.
2. Coran, sourate XXV, La Loi.

Une chose est sûre : c'est de ce lotus ou de cet œuf que sort le premier dieu.

*

Les *Veda* sont les premiers grands recueils religieux de l'Inde. Suivront, au fil des siècles, d'innombrables commentaires : les *Brâhmana*, les *Sutra*, les *Upanishad...*

Au commencement, en vérité, il n'y avait que l'eau. Et les eaux formèrent un désir : « En vérité, comment pourrions-nous engendrer ? » Elles firent un effort, elles accrurent leur ardeur interne et, tandis qu'elles accroissaient cette ardeur, en elles se forma un œuf d'or... Un être en naquit. Cet être était Prajâpati, le Maître des créatures. Voilà pourquoi c'est dans l'espace d'une année que la femme, la vache et la jument mettent bas. Car c'est dans l'espace d'une année qu'est né Prajâpati. Il brisa l'œuf d'or. Il n'y avait alors aucun point d'appui. Donc l'œuf d'or, en le portant, flotta çà et là jusqu'à la limite d'une année[1].

*

Les âmes, à l'origine, étaient toutes rassemblées dans un grand lac de semence aqueuse où elles se baignaient dans une félicité parfaite. Puis vint le temps où le démiurge condamna ces âmes à prendre chair en prélevant une goutte de cette semence pour la confier au ventre d'une femme. Les âmes en avaient beaucoup d'épouvante, comme si elles pressentaient déjà les malheurs de l'incarnation. C'est pour les apaiser et surtout pour leur faire perdre toute mémoire de l'état paradisiaque que Dieu chargea les anges d'accompagner les âmes dans leur nouveau destin et d'étendre la main sur l'enfant au

---

1. *La Naissance du monde*, Sources orientales.

moment de sa sortie au jour, pour effacer en lui tout souvenir de son parcours antérieur et lui permettre ainsi de vivre presque aveuglément les épreuves du voyage sur la terre[1]. »

À la fin du Moyen Âge, les frères du Libre-Esprit tentèrent de retrouver cet état originel, l'innocence heureuse du paradis.

Hommes et femmes se baignaient nus dans une eau pure, joignaient leurs corps, se mêlaient les uns aux autres et à la nature, et, ce faisant, revivaient inlassablement l'acte créateur.

*
* *

II- *Le point de vue de la science*

Il était une fois, il y a treize milliards d'années, un nuage de gaz...

Pour écouter cette histoire vraie, je n'ai pas eu à voyager beaucoup. Le palais de l'Institut se trouve à Paris, 23, quai de Conti, face au musée du Louvre. Y siègent les cinq académies, dont celle des sciences.

L'astronome Pierre Léna a pour passion, et métier, de guetter le ciel, notamment les jeunes étoiles encore enfouies dans leur cocon de poussière. Parallèlement, il n'a de cesse de faire partager son savoir. Au fond à droite de la troisième cour, il m'a reçu dans un petit local dédié à l'éducation scientifique, qui jouxte le célèbre Bureau des longitudes.

---

1. Telle est, tirée de la Genèse, la très troublante légende racontée par l'écrivain Claude Mettra, *Le Grand Livre de l'eau, op. cit.*

Il était une fois, il y a treize milliards d'années, un univers, le nôtre, qui n'était que gaz.

Des époques, des matières et des forces qui ont précédé ce temps-là nous n'avons encore qu'une connaissance bien limitée. Ce gaz universel ne cessa de se refroidir. Lorsque sa température atteignit trois mille degrés (la moitié de celle de la surface du soleil d'aujourd'hui), les protons et les électrons dont il était fait s'associèrent soudain pour former le premier atome, le plus simple qui puisse se concevoir : l'atome d'hydrogène (un proton, un électron). L'hydrogène est l'élément premier de la grande Combinatoire atomique dont est issue toute matière. Peu à peu, je veux dire au fil de milliards d'années, le nuage immense s'est dilué tandis que l'espace s'étirait. Sous l'influence de l'universelle gravitation, des grumeaux sont apparus, des concentrés de matière et d'énergie... Ces grumeaux sont les étoiles. Et les étoiles sont les chaudrons dans lesquels s'est mitonnée et progressivement élaborée la cuisine de la matière. L'hydrogène, dans ce chaudron nucléaire, a produit l'hélium. Les atomes d'hélium se combinant ont engendré à leur tour le carbone, ancêtre de toute vie. L'émergence de l'oxygène ne va plus tarder : il suffit que ce carbone réagisse lui aussi avec les atomes d'hélium.

Ainsi sont nés tous les éléments chimiques, premiers constituants de la matière.

De temps en temps, ces réactions thermonucléaires s'emballent. L'étoile explose, rejetant dans l'espace les éléments qu'elle a créés. L'univers ayant continué de s'étendre, sa température moyenne continue de diminuer. La course des atomes se calme. Quand ils se rencontrent, ils prennent le temps de s'unir. C'est ainsi qu'apparaît la molécule d'hydrogène, fruit de la liaison de deux atomes.

De même naîtra la molécule d'eau, engendrée par la rencontre de l'hydrogène et de l'oxygène.

Quittant Pierre Léna, j'ai longtemps marché le long de la Seine. Je tentais de poursuivre l'histoire.

Il était une fois notre toute jeune planète...

Il était une fois de l'eau, partout, arrivée notamment du ciel : des comètes n'arrêtaient pas de bombarder la terre et les noyaux cométaires sont principalement constitués de glace et d'eau...

Il était une fois une soupe géante animée en permanence par d'innombrables réactions chimiques...

Il était une fois des algues bleues, il était une fois des êtres humains, il était une fois une évolution de plusieurs milliards d'années...

C'est ainsi que nous devons à l'eau *la* vie (toute la vie sur terre) en même temps que *notre* vie. De notre double dette vient ce souvenir bien enfoui au plus profond de la mémoire, cette sensation d'appartenance à l'eau. Une sensation vague, diffuse mais inaltérable, que le psychanalyste hongrois Fedor Ferenczi nomme le « sentiment océanique ». L'embryon humain flotte neuf mois dans un liquide qui ressemble à la mer (96 % d'eau).

J'en savais maintenant un peu plus sur l'eau. Ce personnage était bien moins simple que je ne l'avais cru. L'heure était venue de partir à sa rencontre. Je choisis pour premier étape l'Australie, une île-continent où, justement, l'eau manquait.

II

Sécheresse
(Australie)

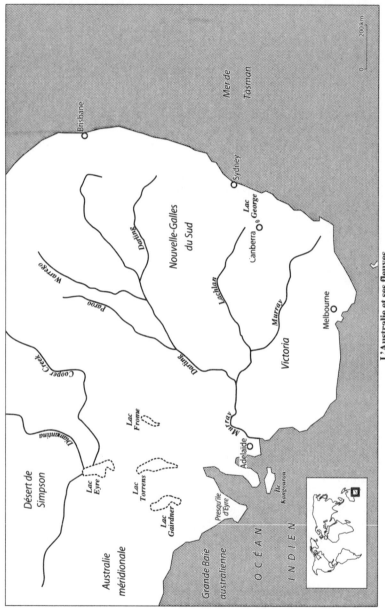

L'Australie et ses fleuves

J'avais traversé la moitié de la planète pour assister à la pire des sécheresses, et voici qu'il pleuvait. Il pleuvait sans discontinuer depuis un mois. Pourquoi ne m'avait-on pas prévenu ? De quoi avais-je l'air ? Bonne nouvelle, annonçait la télévision, demain il pleuvra aussi ! Nous sommes sauvés, répétaient les fermiers de Nouvelle-Galles. À Sydney, les passants, trempés, s'adressaient de grands sourires de victoire. Heureusement, on prit ma très mauvaise humeur pour de la fatigue liée à l'énorme décalage horaire. Heureusement (*bis*), dès le soir un météorologue me rassura : ces averses avaient certes reverdi le paysage, mais elles ne changeraient rien au fond de l'affaire : l'île-continent traversait une crise profonde et durable de liquidités, qui, selon toute probabilité, réchauffement aidant, ne ferait qu'empirer.

Je m'endormis rasséréné.

Il n'est pire égoïste qu'un auteur.

Éloge du kangourou

Parmi toutes les gaffes que je m'étais promis d'éviter venait au premier rang le kangourou. De même qu'un Français déteste être considéré par les étrangers comme seulement capable de produire du parfum ou des sacs de luxe – il préfère qu'on lui parle du TGV –, de même pensais-je indélicat de saluer l'île-continent comme la patrie d'un animal à poche, boxeur et sauteur.

Or voici que le lendemain de mon arrivée, dès mon premier déjeuner, l'homme qui me faisait face, un quinquagénaire chaleureux et joyeux convive, aborda de lui-même la question. Notre hôte venait de lui révéler mon intérêt pour l'eau.

– Alors, s'exclama mon charmant vis-à-vis, vous devez étudier le kangourou !

Je l'écoutai avec d'autant plus de passion qu'on me l'avait présenté avec grand respect : il s'appelle Tim Flannery et vient de recevoir le titre d'« Australien de l'année 2007 » pour ses travaux sur l'environnement.

Tout mon savoir sur ce prodigieux marsupial, je le lui dois :

1. La femelle kangourou a l'intelligente capacité de retomber enceinte alors même qu'elle allaite son nouveau-né. L'allaitement et l'engendrement entraînent, comme nul ne l'ignore, un accroissement de la température du corps. Celui – ou celle – qui peut mener en même temps ces deux tâches économise de l'énergie.

2. La même intelligente femelle kangourou peut moduler la durée de sa gestation en fonction de la nourriture dont elle dispose. Comment ne pas saluer ce chef-d'œuvre d'adaptation au milieu ?

3. Tous les kangourous, mâles et femelles, sautent, c'est bien connu. Les ignorants et les ricaneurs, parmi lesquels l'ensemble des Français, trouvent grotesque cette manière de se déplacer. Tim est formel : le bond, toutes les études sérieuses le confirment, l'emporte largement sur la marche et sur la course pour se rendre d'un point à un autre, en s'épuisant le moins possible. Essayez, vous m'en direz des nouvelles.

Tim et moi échangeâmes nos adresses. Ma recherche en cours sur les lichens du Grand Sud l'intéressait. Après tout, l'Australie et l'Antarctique avaient fait continent commun quelques dizaines de millions d'années durant. Nous nous quittâmes presque amis. Ce très vieux pays doté d'une population très jeune et très américanisée, comment allait-il s'adapter à la sécheresse ? Grâce à Tim, j'abordai la suite de mon séjour avec l'œil neuf que donne le recul de la paléontologie.

Mobilisation générale :
portrait de deux combattantes

La Tyrannie de la distance[1]. Comment mieux résumer l'histoire de l'Australie ? La tyrannie, ou la bénédiction ? Une île géante, mais oubliée. Les grands courants de l'évolution passaient à son large, sans l'atteindre. Sans même la voir.

L'inconvénient des explorateurs, c'est qu'ils découvrent. Et, ce faisant, rompent l'isolement.

Cook, le marin génial, y jetant l'ancre le 5 mai 1770, amarre l'Australie au reste de la planète. Les commerçants prendront le relais : ils tissent des liens, c'est leur métier.

L'évolution du climat a parachevé l'œuvre de rapprochement ébauchée par Cook : l'Australie appartient au lot commun. Le réchauffement la frappe, et peut-être même plus durement qu'ailleurs.

L'inquiétude montait. Jamais, de mémoire de statistiques climatiques, l'Australie n'avait connu pareille sécheresse : 6 millimètres de pluie en août, et pas plus de 40 durant chacun des mois d'hiver. Le plus grand réservoir alimentant Sydney était tombé à moins de 40 % de sa capacité... La population,

---

1. Geoffrey Blainey, Melbourne, 1966.

l'une des plus grosses consommatrices d'eau de la planète, se rend enfin compte que l'insouciance traditionnelle et le gaspillage généralisé devaient laisser place à l'action.

*
* *

Décidément, j'ai du mal avec les Mme Wong. La Mme Wong chinoise, reine mondiale de la chaussette, avait refusé de me recevoir dans son usine de Datang. Elle détestait que des étrangers mettent leurs longs nez dans ses affaires cotonnières[1].

Je n'ai pas plus de chance avec son homonyme australienne, Mme Penny Wong, malaisienne d'origine, ancienne avocate et notaire, pour l'heure ministre du Changement climatique et de l'Eau. Mais comment aurais-je pu lui tenir rigueur de son manque de disponibilité ? Le gouvernement tout entier avait choisi la date de mon séjour pour exprimer aux peuples aborigènes son regret officiel de les avoir si mal traités. En première page de tous les journaux, l'Australie présentait ses excuses :

Our Nation Apology

Today we honour the indigenous peoples of this land. The oldest continuing cultures in human history. We reflect on their past mistreatment...
We apologize for the laws and policies...
We apologize for the removal of children from their families...

---

1. Cf. *Voyage aux pays du coton*, Fayard, 2006.

For the indignity and degradation thus inflicted
on a proud people, we say sorry...

La lecture solennelle de ce texte devant le Parlement par le Premier ministre Kevin Rudd ouvrait une série de manifestations auxquelles, bien sûr, Mme Wong se devait d'assister. Que cette dame se rassure, mon cœur est sans reproche.

D'autant que deux autres femmes d'importance allaient me renseigner. La première est longue, blonde, chaleureuse et déterminée. Elle s'appelle Wendy Craik. Elle dirige l'agence de bassin des deux rivières principales du pays : la Darling (longue de 2 740 kilomètres), qui se jette dans la Murray (2 530 kilomètres). La superficie du bassin représente deux fois la France (plus d'un million de kilomètres carrés). Son importance est capitale : c'est là le centre de l'agriculture australienne.

Mme Craik me montre les photos de ses deux chères rivières. À l'évidence, elle les aime. Et, comme s'il s'agissait de ses enfants, nous nous extasions un instant sur leur beauté, leur élégance, la longueur de leur parcours. Je n'ai pas de mal à louanger : l'Australie est le paradis de la nature. Mais Mme Craig n'est pas du genre à s'attendrir longtemps. Hélas, ses enfants-rivières ont un gros, très gros défaut : leurs humeurs, je veux dire leurs débits, sont d'une irrégularité maladive. Pour étayer son affirmation désolée, elle me tend une feuille. Je ne peux que constater la gravité du dérèglement australien.

D'une année sur l'autre, le flux global de l'Amazone ne change guère ; celui du Rhin ou du Yangtsé peut doubler de volume ; celui de la rivière Darling peut varier de 1 à 4 700 !

Abasourdi, je compatis. D'une tape sur l'avant-bras, Mme Craig me redonne courage.

– Qu'y pouvons-nous ? L'Australie est ainsi. À nous de trouver des solutions. D'autant que le réchauffement climatique ne va pas calmer ces fantaisies, bien au contraire. Quelle population peut survivre dans une telle incertitude ? Alors nous avons épargné l'eau quand elle nous arrivait en abondance. Nous avons construit des barrages. Qu'est-ce qu'un barrage ? Un grenier à eau, non ? Allez jeter un coup d'œil à nos retenues, elles le méritent : le barrage Dartsmouth (près de 5 milliards de litres) ou le lac Eucumbene (près de 6 milliards).

Mme Craig me montre d'autres photos. Je vois un sol jaune parsemé de taches bleues.

– Nos paysans aussi creusent des barrages. Je les comprends. Ils font provision quand ils peuvent. Mais l'eau qu'ils capturent est de l'eau que mes rivières ne recevront pas. On ne pourra pas continuer longtemps à ce rythme.

Mme Craig me glisse une nouvelle carte. Les points bleus représentent les barrages paysans en 1994 : déjà un beau nuage. Les points rouges sont les nouveaux barrages creusés depuis dix ans. Entre les bleus et les rouges, il ne reste plus d'espace. Pauvres précipitations ! À peine le sol atteint, elles sont piégées. Aucune chance d'atteindre la rivière.

Puisqu'on en est aux mauvaises nouvelles, Mme Craig continue. Elle évoque pudiquement les autres défauts des enfants dont elle a la charge, ses deux chères rivières :

– Ce sont des batailles qu'il faut mener une à une, même si le système est global.

Mme Craig compte sur ses doigts. Aura-t-elle assez de doigts ? Montée du taux de salinité des eaux : 500 000 tonnes de sel sont retirées de la Murray chaque année. Dérèglement des écosystèmes et réduction de la biodiversité : certaines espèces de poissons qui s'adaptent mieux se développent à grande vitesse au détriment des autres. Du fait de la sécheresse, multiplication des feux de forêt : que faire des cendres, et comment lutter contre la dégradation et l'érosion des sols ? Du fait de l'élévation des températures, l'évapotranspiration des forêts s'accroît : les racines des arbres pompent plus avidement l'humidité du sol (du moins celle qui reste)...

Pour clore son exposé de combattante, Mme Craig m'a montré un autre visage de la Murray : un trait bleu (la rivière) coupant de gros ronds rouges (les réservoirs), relié par d'étranges zigzags à des taches vertes (les marais), haché par des triangles sombres (les barrages et les écluses, au nombre d'une bonne trentaine), encadré presque tout du long par des traits gris (les canaux), traversé par d'autres traits, jaunes ceux-là (les dérivations), donnant naissance à des sortes de peignes (les récupérateurs de l'eau tombant sur les forêts), saupoudré de petits carrés rouges (les échelles à poissons), de papillons bordeaux (les pompes) et de pictogrammes incompréhensibles (les stations avaleuses de sel et les capteurs de bore)...

Pauvre rivière Murray ! On dirait le cliché radiologique d'un polytraumatisé avec les attelles, les longues vis perçant les os, les plaques de fer, ces très ingénieux bricolages qui sauvent les jambes ou la vie.

Mme Craig hoche la tête : ma comparaison lui paraît pertinente. « *Yes, a highly regulated river system.* » On se demande comment et où les photographes peuvent encore prendre des clichés de nature sauvage ! Mais, pour éviter tout sentimentalisme et ne pas donner la moindre impression de relâche dans sa guerre, elle lance le chiffre :

– Deux milliards de dollars.
– Le coût global des infrastructures ?
– Pour l'instant.
– Ça suffira ?
– Avec le réchauffement climatique ? Bien sûr que non. L'Australie est un pays riche. Elle va payer. Elle n'a pas le choix.

*
*   *

L'autre combattante mène la bataille sur un autre front. Mme Kerry Schott est nettement plus petite que sa consœur, et légèrement plus large, mais tout aussi aimable, précise et déterminée. Avant le rendez-vous, je m'étais plongé dans sa fiche biographique. Plutôt impressionnante : successivement associée gérante de banque d'affaires, responsable de l'autorité régionale de l'environnement, présidente d'une société de production (cinéma, télévision), directrice générale d'une compagnie aérienne... Présentement, elle dirige une administration publique qui s'appelle, tout simplement, Water Sydney. C'est-à-dire qu'elle emploie son énergie (d'évidence inépuisable) à la résolution d'une question insoluble. Comment, dans un climat de sécheresse croissante, fournir chaque jour de l'eau de bonne qualité à 4,5 millions d'Australiens citadins répartis sur 12 000 kilomètres carrés en 42 municipalités et dépourvus du moindre sens de leurs responsabilités ? Chacun de ces 4,5 millions d'Australiens utilise quotidiennement 260 litres d'eau, seulement dépassé dans ces mauvaises habitudes par le Canadien (330) et l'habitant des États-Unis (300). À titre de comparaison, l'Italien consomme 200 litres, le Français 160 et le Belge 120.

Comme je m'y attendais, Mme Schott m'a parlé des remèdes classiques : dessalement de la mer, traitement des eaux usées, recyclage...

– À propos, vous auriez pu discuter avec un groupe d'Israéliens. Ils viennent de me quitter. Ce sont des experts, vous savez. Le recyclage en Israël dégage près de 300 millions de mètres cubes par an. Exemple à suivre !

Mme Schott continue. Elle me raconte ses luttes quotidiennes. Lutte contre les fuites du réseau :

– Avec nos 9 %, nous battons déjà Londres, où elles dépassent 12 %. Mais nous sommes encore loin du modèle, Singapour, avec ses 5 %.

Lutte pour le recyclage :

– À peine 12 % aujourd'hui. Et nous ne sommes toujours pas capables de bien récupérer les eaux de ruissellement ! Savez-vous qu'ici il pleut deux fois plus qu'à Londres ? Quand je songe à ces rivières entières que nous perdons ainsi, je me sens pleine de rage !

Mon interlocutrice soupire.

Le soir tombait sur la ville. La fatigue de Mme Schott, très compréhensible après une longue journée d'un travail acharné, est-elle entrée en résonance avec mon décalage horaire ? Toujours est-il que, dans son vaste bureau, nous nous sommes mis à philosopher. Plus exactement, j'ai mobilisé ce qui me restait d'attention pour l'écouter m'expliquer l'esprit pionnier. Le pionnier croit que, une fois parqués les aborigènes, l'espace à sa disposition n'a pas de limite. Il suffit de travailler pour le mettre en valeur. Excellente disposition mentale pour la croissance économique. Mais tendance désastreuse à oublier que certains biens considérés comme inépuisables, telle l'eau, sont, en fait, rares. Et vont le devenir plus encore dans les années futures.

Sur le pas de la porte, en me raccompagnant, elle a ajouté dans un grand sourire désabusé :

– J'oubliais : Sydney s'accroît chaque année de 55 000 habitants, pas un de moins, et tous gros consommateurs d'eau, bien sûr. Amusant, non ? Je me demande si je n'aurais pas dû rester banquière... Bon séjour dans ce pays de fous !

Pour ne pas embrasser Kerry Schott, j'ai dû convoquer toute mon éducation et mobiliser mon sens aigu du protocole. Que cette dame formidable sache qu'elle a échappé de peu à mes effusions admiratives.

Mines australiennes

À 560 kilomètres au nord d'Adélaïde, bien enfoui dans la terre chaude des abords du grand désert, se trouve un trésor : la première réserve d'uranium de la planète, la quatrième de cuivre, la cinquième d'or... Ce trésor est la propriété de la première compagnie minière du monde : BHP Billiton. 39 000 employés ; 100 sites ; 25 pays ; chiffre d'affaires en 2007 : 47 milliards de dollars ; profits : 13,7 milliards... La croissance économique réclamant de plus en plus de matières premières, leurs cours s'envolent. L'avenir pour Billiton s'annonce plus lumineux.

Cette mine, nommée Olympic Dam (« Barrage olympique »), consomme déjà 35 millions de litres d'eau par jour. Une mine a toujours grand besoin d'eau. Mais de gigantesques travaux ont commencé pour accroître la production du site. Il faut des sources nouvelles d'énergie, il faut des trains, il faut des logements. Et il faut de l'eau. Seule réponse possible : la mer. Qu'elle soit distante de 320 kilomètres n'a inquiété personne. Il suffit de poser un pipeline jusqu'à l'usine de dessalement en cours de construction.

Autre mine, autres besoins.

L'exploitation du site aurifère New Moon (« Nouvelle Lune »), à 150 kilomètres au nord de Melbourne, pollue fortement. Aucune surprise : peu d'activités humaines dégradent plus la nature que la recherche industrielle de l'or. L'âge du mépris de l'environnement étant passé, la compagnie propriétaire de cet autre trésor (la société Bendigo) doit organiser, et financer, le traitement des considérables – et dangereux – rejets : arsenic, métaux lourds, sel, manganèse... Sans oublier la puanteur. En l'absence de mesures appropriées, la si belle campagne australienne n'exhalerait pour tout parfum en cet endroit que le remugle bien connu des enfants souffrant d'otite et pour cette raison condamnés aux cures thermales : l'œuf pourri.

Pour nettoyer la Nouvelle Lune, il faut de l'eau, beaucoup d'eau : 7 millions de litres par jour. C'est la société française Veolia qui s'en charge.

Les produits miniers représentent pour l'Australie plus de 10 % de sa production intérieure et surtout, hausse récente des cours mondiaux aidant, 55 % de ses exportations. On peut parier que la demande d'eau de ce secteur demeurera prioritaire.

Le destin d'Ingrid

Pour atteindre le paradis, j'ai dû rouler longtemps et lentement derrière une file presque ininterrompue de ces petits camions râblés transformés en maisons roulantes, les *mobil homes*. Il faut s'y faire : l'Australie est sillonnée de *grey nomades*, des voyageurs aux cheveux gris, autrement dit des retraités. Avec le réchauffement de l'atmosphère, le vieillissement des populations riches est l'autre grande tendance de notre époque.

Le charme de la campagne, doucement ondulée et généreusement boisée de mimosas et d'eucalyptus géants, ne parvenait pas à calmer mon impatience : Ingrid allait m'attendre. Heureusement que le nom des localités traversées prêtait à toutes sortes de suppositions. Derrière ces façades tranquilles, dans ces pavillons quiets se déroulaient peut-être des cérémonies sauvages, rythmées par d'énormes tambours. Autrement, pourquoi avoir appelé ces villages Bong-Bong, Mittagong, Wollongong... ?

Autre interrogation : pourquoi partout tant de panneaux « À vendre » ? Pourquoi tant de gens voulaient-ils se débarrasser de ces charmants logis ?

Je finis par atteindre ma destination, Pines Pastoral.

Le domaine ? Une des versions possibles du paradis terrestre. Deux vallées se rejoignent. Leurs pentes se mêlent. Tant elles sont douces, ces pentes, que le paysage semble avoir été dessiné pour apaiser le regard. Pour le distraire, aussi : les petites taches sombres des bêtes se meuvent lentement sur le vert pâle des prés, sur le vert plus gris d'un peuple d'eucalyptus.

– Vous seriez venu deux mois plus tôt, me dit Ingrid après deux mots de bienvenue, la seule couleur était le jaune. Je préfère encore le noir de la terre qui suit l'incendie. Un incendie finit par s'arrêter ; le jaune de la sécheresse, lui, peut durer des mois, des années. Vous comprenez ?

J'ai hoché la tête. Mais ni elle ni moi ne sommes dupes. Personne, à moins d'être paysan, à moins d'élever des bêtes, ne peut comprendre ce qu'est cette interminable brûlure.

*
* *

Psychanalyste, romancière, professeur réputé, Julia Kristeva est l'une des personnalités remarquables de la scène intellectuelle française. Évadée de Bulgarie aux pires moments de la guerre froide, elle sait ce qu'il en est des zigzags du destin.

Mais pouvait-elle deviner ce qu'il adviendrait de cette Ingrid Orfali, normalienne suédo-française dont elle dirigeait la thèse ? Son titre, alléchant, ne laissait rien prévoir : « Les images fantasmatiques dans la littérature érotique française (l'exemple de Pierre Klossowski) ». Son doctorat sitôt en poche, la demoiselle abandonne la sémiologie pour la photographie. Réussite rapide et internationale. C'est lors d'une exposition à Sydney qu'elle rencontre Robin Dove-Grundy. Cette jeune femme partage son temps entre la sculpture et la gestion d'une ferme, sur la route de Canberra. Sa famille y élève du bétail depuis cinq générations. Robin y emmène Ingrid, qui ne repartira pas.

Ingrid parle vite. Elle parle comme on boit après une longue marche : sans reprendre haleine. Et je suis loin de tout comprendre. Paillettes, embryons, congélations, « bonnes receveuses »... Pourtant, c'est du français. Mais ma connaissance en génétique appliquée est maigre. Ce que je conclus de ce premier flux de paroles se résume en quelques mots : la mondialisation frappe aussi les espèces ruminantes. Un taureau ou une vache moderne est un Lego d'identités, un assemblage de pedigrees prometteurs venus des quatre coins de la planète (États-Unis, Canada, Nouvelle-Zélande...). Et sa destination dépend du marché. Qui va payer le plus cher le kilogramme de viande persillée ? Au grand jeu du marché, souvent le Japon l'emporte. Ingrid vend au pays du Soleil levant la plupart de ses veaux. Ils s'y rendent par avion pour l'engraissement final. Mais quels sont les dix-sept *caractères* requis par l'Angus Society pour mériter son label ? Quelle est la différence entre un *angus stud bull*, un *heifer bull* et un *marbling bull* ? Autant de questions qui demeureront pour moi sans réponse.

Vous l'avez deviné, Ingrid et Robin élèvent des bêtes.

Il commence à pleuvoir. Quelques grosses gouttes qui résonnent en tombant sur la terre du chemin.

Une bouffée tiède – foin et bouse – monte du sol. Le visage d'Ingrid se ferme.

– Cette averse ne veut rien dire !

Ingrid gronde. Je la devine prête à engueuler sa chère Australie. Hypocrite Australie ! Aride, mortellement aride des mois durant, et il suffit qu'un petit Français vienne examiner sa sécheresse pour qu'elle joue au pays normal, aussi pluvieux que sa chère et détestée Angleterre.

– Venez !

Ingrid m'entraîne. Elle marche à grandes enjambées rageuses. J'ai du mal à suivre.

– La seule couleur de la sécheresse, c'est le jaune. Ma vallée est restée jaune deux ans, ça vous dit quelque chose ? Entièrement, totalement jaune, feuilles des eucalyptus exceptées ! Et que voulez-vous qu'elles fassent, les bêtes, dans une vallée jaune ? Elles meurent une à une. Si je n'avais pas creusé ces mares, elles seraient toutes mortes de soif...

Maintenant, nous dévalons vers ces mares. J'aurai droit à la visite complète, mare après mare. Ce sont de jolies mares, bien rondes et bien piétinées sur les bords. Une bouée flotte en leur beau milieu. J'aurais préféré m'attarder un peu auprès des vaches. Les Angus considèrent notre agitation. Interloquées ? Indifférentes ? Je n'en saurai pas plus. Nous passons à une autre mare.

– Parce que vous croyez sans doute que ces mares se remplissent toutes seules ?

Je n'ai rien dit, bien sûr. Mais Ingrid est dans sa guerre. Mon imagination commence à se réveiller. Saisis par la fièvre d'Ingrid, mes yeux sont devenus daltoniens : on les interrogerait, ils vous jureraient dur comme fer qu'autour de nous tout est jaune paille.

Nous approchons d'une grande cabane. Sous son chapeau de cuir aux bords luisants (un gel anti-mouches), le visage d'Ingrid s'éclaire. Connaissant son enfance imprégnée de religion (méthodiste), je crois deviner qu'il s'agit d'une chapelle. Erreur. C'est le local des pompes. Ingrid me les présente une à une, avec respect et compétence. L'une d'entre elles se met en marche. Ronronnement qui a le don de ravir Ingrid. Son sourire gagne encore en intensité.

– Vous avez remarqué les flotteurs, sur les mares ? Ils mesurent la profondeur. Dès qu'un animal boit et que donc l'eau descend, l'avertissement est donné à la pompe, qui se déclenche. Ce bruit veut dire qu'une vache a bu. Venez voir les réservoirs...

D'un pas aussi vif, et tout aussi cérémonieuse-ment, nous avons été saluer les deux grands réser-voirs (respectivement 5 et 10 millions de litres). Ce sont les armes ultimes contre la sécheresse. Lorsque, semaine après semaine, la pluie ne vient pas ; lorsque les paysages deviennent des champs d'une paille aussi dure et acérée qu'une herse renversée ; lorsque les bêtes, abreuvées à grand-peine, n'ont plus rien à ruminer ; lorsque le moment approche où il va falloir les vendre trop tôt, ou les mener à l'abattoir ; lorsque la ferme, comme tant d'autres, ayant épuisé tous ses recours et la patience des banques, va devoir se mettre en faillite – la seule solution est d'irriguer.

On attend que le soleil se couche. Et on arrose. Quarante-cinq nuits durant, jusqu'à ce qu'il ne reste plus une seule goutte dans les réservoirs.

Ingrid et Robin ont trop craint de tout perdre,

voilà deux ans, quand la sécheresse a frappé. Alors elles ont rassemblé toutes leurs économies pour financer ce système de défense : les mares, les réservoirs, 7 kilomètres de tuyaux, les pompes, les machines à arroser. Coût : près d'un million d'euros. Une ruine pour une exploitation de petite taille (300 hectares, 200 bêtes). D'autant qu'il a fallu acheter à des voisins les seuls champs *plats* disponibles, les seuls qu'il vaut la peine d'irriguer, car l'eau y demeure au lieu de ruisseler.

Nous voici maintenant sur le point culminant de Pines Pastoral, une plate-forme naturelle où, bientôt, Ingrid et Robin auront leur maison. Les travaux ont à peine commencé. Mais Ingrid me fait visiter : là sera la cuisine, prolongée d'un salon, là notre chambre. De nouveau je m'émerveille du paysage, du dialogue tranquille de ces deux vallées. On dirait deux grandes vagues immobiles. Elles attendent avant de déferler l'une sur l'autre. Aujourd'hui, elles sont vertes.

– De votre lit, vous pourrez surveiller toute votre propriété !

– Exact.

– Mais votre ennemi ne vient pas du sol...

– Il faudrait des toits en verre pour guetter l'arrivée des nuages. Nous y avons pensé. Mais ce serait trop déprimant, n'est-ce pas ?

Au retour, nous longeons un alignement de gros cylindres recouverts d'une enveloppe de plastique gris bleuté. Ingrid m'explique qu'il s'agit de sa réserve de fourrage. Sous le plastique, il fermente et gagne en sucre. Très nutritif !

– On dirait des soldats...

– Ce sont mes soldats.

Il faut bien me résoudre à partir.

– Vous m'appellerez ? Pour une fois que je rencontre ici quelqu'un qui a connu Pierre Klossowski et Julia Kristeva !

Dans le rétroviseur, je vois Ingrid, la sémiologue, agiter son grand chapeau à bords luisants.

– Revenez vite. Je vous présenterai Robin. Elle sera si heureuse...

*
* *

Le soir, au motel de Wollongong, je me rappelai ma visite précédente, au siège de Pernod Ricard Australie, dans la banlieue de Sydney, et la superbe dégustation qui s'était ensuivie, organisée par un chef vigneron dont je vous recommande la fréquentation : Philip Laffer.

Vertiges de la globalisation, cartes brouillées, repères chamboulés, rassurantes simplifications aujourd'hui interdites... Le principal exportateur de vins australiens, donc l'un des plus féroces concurrents des viticulteurs français, est cette société... française !

Elle exporte plus de 65 millions de litres chaque année, dont 70 % vont en Europe. La zone principale de sa production se trouve dans la vallée de Barossa, non loin de Victoria. Ses vins les plus connus s'appellent Jacob's Creek, du nom de l'endroit où, en 1847, fut plantée la première vigne.

Si la sécheresse et le réchauffement se poursuivent – ce qui est presque certain –, s'ils s'aggravent – ce qui est probable –, la société Pernod Ricard pourra-t-elle continuer de produire autant ? Ou bien serat-elle contrainte de déménager ses vignes vers des terroirs plus frais ? Ne devra-t-elle pas monter en gamme, se concentrer sur les vins les meilleurs, donc les plus chers ? Déjà, la quantité de raisins vendangés baisse (d'au moins 15 %). Déjà, beaucoup de viticulteurs abandonnent le cépage pinot noir pour le chardonnay, moins sensible à la chaleur.

Dans la viticulture, comme dans tous les autres secteurs de l'agriculture, la rareté et, par suite, la cherté de l'eau vont entraîner des réorientations parfois dramatiques.

Le *groupe de Cairns* a été créé en août 1986 à l'initiative de l'Australie. Il rassemble dix-neuf pays exportateurs de produits agricoles (Australie, Canada, Afrique du Sud, Brésil, Argentine, Malaisie, Nouvelle-Zélande...) et, dans les négociations commerciales internationales, lutte contre les entraves à la concurrence inventées par les États-Unis et l'Union européenne pour défendre leurs propres agricultures (barrières douanières, normes sanitaires, subventions diverses...). Dans ce groupe, l'Australie, de par sa puissance, jouait un rôle majeur. Ce rôle décline au fur et à mesure que, faute d'eau, sa production baisse. Dans dix ans, dans vingt ans, quel sera le poids des exportations australiennes sur les marchés agricoles mondiaux ?

Dans mon motel, avant d'éteindre, je jette un dernier regard sur la petite carte que m'avait laissée Ingrid :

The Pines Pastoral
MOSS VALE
A farm is a dream !
Buy the right bull !
Call Robin 0418 200 138

Lac George

Peu avant d'arriver à Canberra, la grand-route de Sydney longe une légende. Un lac. Immense. Le lac George. Il n'y manque rien, ni les berges maçonnées, ni les bancs pour admirer le paysage, ni la ligne de petites montagnes qui en délimitent le contour, ni le vol si lent des hérons gris. On y attend seulement le personnage principal, qui tarde à faire son entrée : l'eau. Puisque la place est libre, des moutons mérinos se promènent tranquillement dans cette absence de lac, broutent l'herbe apparue sur ce qui en fut le fond.

Ce lac, dit-on fièrement dans le pays, remonte à la nuit des temps. On a trouvé sur ses bords des traces de peuplement remontant à – 100 000 ans. Si le nom donné par les aborigènes est Weereewaa (« Mauvaise Eau »), c'est que ce lac, malgré certain pouvoir médical reconnu, n'a globalement pas bonne réputation. Des tempêtes s'y lèvent, soudaines et terribles. Surtout, il aurait tendance à avaler ceux qui ont la malchance d'y tomber ou, même, l'inconscience d'y nager. On ne compte plus les corps – et même un avion – qu'il n'a jamais rendus.

Le lac George a son caractère. À sa guise il disparaît, peut-être lorsque l'évolution du monde lui déplaît ou, plus sûrement, lorsqu'on lui a manqué de respect. Une fois calmé, il réapparaît.

Personne, ici, pour expliquer ces sautes d'humeur lacustres, ne s'abaisserait à évoquer le régime des pluies ou la sécheresse.

On préfère craindre qu'un jour, rendu furieux par on ne sait quoi, on ne sait qui, le plus vieux lac du monde ne s'avale lui-même et ne quitte à jamais l'Australie.

À propos du libéralisme,
du centralisme et du commerce extérieur

Canberra.

Comment administrer un pays qui a la taille d'un continent ? À l'évidence, les bonnes vieilles méthodes centralisatrices, chères à Paris, ne peuvent convenir à un espace géant, vaste comme quinze fois la France. Pour ceux qui n'ont pas naturellement dans l'œil les ordres de grandeur, rappelons que Perth (à l'ouest) est plus distant de Sydney (à l'est) que Brest d'Istanbul, et que Darwin (au nord) est aussi éloigné de Melbourne (au sud) qu'Oslo de la Sicile...

Ajoutons la longueur des voyages avec Londres, la capitale de l'ex-empire, située aux antipodes.

C'est dire si le goût et la pratique de l'indépendance sont constitutifs de l'âme australienne. C'est dire si, une fois venue l'heure de l'indépendance, un savant équilibre interne a dû être trouvé, qui laisse de larges responsabilités aux régions (ici nommées États).

Parmi ces prérogatives, jusqu'à présent intangibles, était la gestion de l'eau.

Pas question pour le Queensland ou le Victoria de s'en remettre à Canberra pour les trop sensibles répartitions de mètres cubes. Sans eau, pas d'agriculture. Et qu'est-ce que l'Australie sans blé, sans maïs, sans vignes, sans élevage ? Or voici que la sécheresse a rendu nécessaire un changement des règles. Un *water act* dépossède désormais les autorités régionales de leurs fameuses prérogatives sur l'eau pour les transférer à une entité fédérale unique.

Le besoin croissant des grandes villes du Sud-Est (Sydney, Melbourne...) oblige à reconsidérer la priorité absolue accordée jusqu'alors à l'agriculture. Mais la bataille sera rude. Il faut dire que ce secteur représente encore aujourd'hui plus de 3 à 4 % du produit intérieur brut, et plus de 15 % des exportations.

Le nouveau système est simple : chaque agriculteur reçoit une allocation d'eau correspondant à la superficie qu'il exploite. Si ses besoins excèdent cette dotation, il peut se fournir sur un marché de l'eau dont le prix s'établira, comme de juste, à la rencontre de l'offre et de la demande. Dans le cas contraire, le fermier pourra vendre sur ledit marché les parts d'eau qu'il aurait en surplus.

Ce système aura deux conséquences que nul ne déplorera :

– la nécessité pour les agriculteurs d'économiser enfin cette eau dont ils faisaient un usage inconsidéré. Le taux d'évaporation est faramineux en Australie. Il faut dire qu'il n'est pas rare de voir les interminables rampes arroser le maïs en plein cagnard... L'île-continent va devoir se mettre au goutte à goutte. Comme partout ailleurs ;

– autre progrès : la fin des aberrations les plus criantes. Est-ce bien une vocation australienne de produire du riz pour le vendre aux Japonais ? Tout dépend, dit le libéralisme, des coûts de production comparés. Mais à quel prix l'eau entre-t-elle dans ces coûts ? Si, comme présentement, l'eau est quasi gratuite, va pour le riz des alentours de Wentworth, Mildura et Swan Hill (bassin des deux rivières Murray et Darling). Mais si l'eau est plus justement évaluée, la Thaïlande et la Malaisie, mieux arrosées naturellement, reprennent le dessus. Pour condamner les subventions de l'Europe à son agriculture, nul pays ne brandissait plus haut que l'Australie l'étendard de la libre concurrence. En oubliant l'essentiel. Dis-moi combien tu paies ton eau, je te dirai quelles subventions secrètes tu reçois...

L'Australie pourra-t-elle demeurer le fer de lance du groupe de Cairns si le manque d'eau freine sa production ? Le Canada, l'Argentine et le Brésil, qui, eux, ne souffrent pas de la sécheresse, pourraient bientôt perdre un allié (et concurrent) de taille.

D'ores et déjà, les exportations agricoles de l'Australie se sont réduites en quantité (baisse de 20 % en moyenne). Seule la hausse générale des cours mondiaux a permis de compenser ce déclin et de maintenir, à peu près, les revenus.

Des bus dans la campagne

Les campagnes australiennes n'ont pas le monopole du suicide. En Inde aussi, ces derniers temps, des milliers de paysans ont mis fin à leurs jours. Écrasés par les dettes, contraints de travailler des parcelles de plus en plus petites, au sol de moins en moins fertile, ils ne voyaient plus aucun moyen de nourrir leurs familles.

La situation de l'île-continent est différente. La richesse était venue, ou du moins la prospérité, à force de travail. Et la sécheresse vient tout ruiner. On imagine la détresse des fermiers.

À l'angoisse du lendemain s'ajoute la honte. Trois ou quatre générations de mes ancêtres ont défriché, aménagé, valorisé cette terre, notre propriété. Et c'est moi qui vais rompre cette chaîne, c'est moi qui vais trahir l'héritage. On imagine, sous le ciel désespérément bleu, les assauts de la culpabilité. Les chiffres effraient : un fermier se suicide tous les quatre jours.

Alors les autorités affrètent des bus. À leur bord, des experts agricoles, mais aussi des assistants sociaux et des psychologues, tous agents de Centrelink, l'organisme national de sécurité sociale.

L'objectif premier de ces équipages est de s'atta-

quer aux solitudes. Plus les fermes sont éloignées
– et Dieu sait si l'Australie a le génie de la distance –,
plus grand est le risque de suicide.

J'imagine au bout du désert le bus qui s'arrête
devant un portail. Une psy en descend, marche vers
la ferme et frappe à une porte. Comment faire
comprendre à un fermier que c'est la planète entière
qui souffre de réchauffement, qu'il n'est pas, lui et
lui seul, responsable du manque de pluie ? Comment lui donner, redonner cette humilité qui le sau-
verait ?

Australie, conclusion

C'est en pensant à mon nouvel ami Tim Flannery et à ses animaux préférés que je m'envolai vers Singapour. Parmi tous les kangourous, l'espèce *euro* est sans doute la plus remarquable. Elle survit à toutes les sécheresses quand la plupart des autres animaux ont disparu. Son secret : l'*euro* utilise au mieux la moindre particule d'eau qui lui arrive. Ses crottes sont si sèches qu'on peut sans mal y mettre le feu. Et sa machinerie interne lui permet de transformer son urine en salive. En d'autres termes, le kangourou *euro* est le modèle de la cité-État [1].

---

1. Ceux qui veulent en apprendre davantage sur cet animal d'exception liront avec bonheur et profit l'ouvrage de Tim Flannery, *Country, a Continent, a Scientist and a Kangaroo*, Fext Publishing, Melbourne, 2004. Quant à ceux qui décident d'en faire profession, ils ne peuvent échapper à la somme de Terry Dawson, *Biology of the Largest Marsupials*, University of South Wales Press, Sydney, 1995.

III

Compter sur ses propres forces
(Singapour)

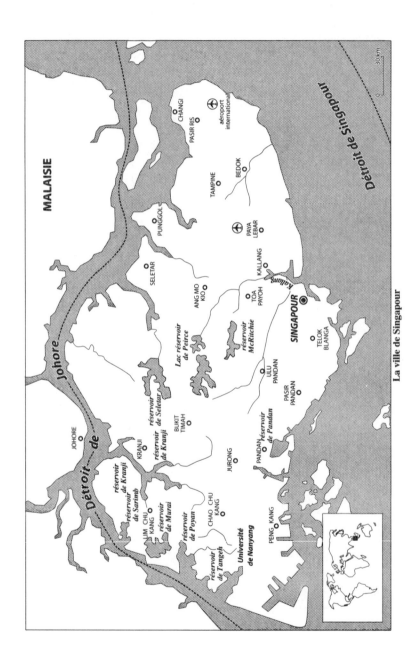

La ville de Singapour

À propos du charme

Qu'est-ce que le charme ?

Impossible à définir. À moins, peut-être, de passer par la négative.

Qu'est-ce que l'absence de charme ?

Réponse : le Grand Copthorne Water Front Hotel de Singapour.

Son breakfast excepté (pantagruélique et multi-culturel ; du porridge au jambon serrano en passant par le riz gluant et le cake au coco, on peut trouver toutes les recettes inventées par les humains pour se donner le courage d'affronter un nouveau jour), le Grand Copthorne Water Front Hotel rivalise avec les meilleurs dans une compétition pourtant redoutable : le championnat du monde de l'usine à sommeil la plus dépourvue de charme. Sitôt rassasiés, je conseille aux clients de sortir au plus vite. Dans toute ville, même la plus impersonnelle, on finit par trouver, à l'écart des grands flux, un petit coin qui nous rappelle à l'émotion de vivre. Non sans mal, j'ai découvert, ce matin, un temple minuscule, une niche plutôt, creusée dans un mur. Une bougie électrique rouge salue un boud-dha écaillé. Une vieille femme s'est assise sur un banc. Elle fixe entre ses jambes un sac plastique qui semble rempli d'oignons. Elle sort une cigarette. Elle regarde le bouddha. Va-t-elle lui demander du feu ? Elle préfère interpeller un couple de joggers. Sans succès.

En contrebas, sur un très modeste canal dont j'apprendrai plus tard qu'il s'appelle « rivière Singapour », passe et repasse une barque bleue occupée par deux Tamouls. Ils portent des vestes orange fluo. Le premier conduit, main gantée sur le moteur hors-bord ; le second, avec un grand filet, ramasse les ordures flottantes. On m'a prévenu : la propreté est l'une des obsessions de l'île. Tout acte engendrant de la saleté est réprimé par une amende. Par exemple, si je me laisse aller à cracher par terre, il m'en coûtera 300 dollars. De l'autre côté de l'eau, une sirène retentit. Il doit être sept heures. Ma montre en est restée au temps de l'Australie. Il fait déjà si moite. Je me souviens d'Abidjan. Qui organisera un autre championnat du monde, celui de la moiteur ? J'aimerais qu'une institution, telle celle de l'ONU, multiplie les championnats de ce genre : ça occuperait les esprits. Des colonnes d'ouvriers montent dans un immeuble en construction. Les murs viendront plus tard, on ne voit que des tranches : le plafond d'un étage est le plancher de l'autre.

Que s'est-il passé ? Rien. Et pourtant un signal m'est venu. Comme si s'ouvrait une porte. Comme si quelqu'un (qui ?) venait de me donner l'autorisation d'entrer dans Singapour.

Et, oubliant le Grand Copthorne, je pars plein de vaillance pour mon premier rendez-vous.

M. Tan Gee Paw

La fée Géographie ne pouvait faire à Singapour plus beau cadeau. L'île occupe une position clef : juste au sud de la Malaisie, à l'entrée du détroit de Malacca qui relie l'est et l'ouest de l'Asie, l'univers de la Chine à celui de l'Inde. Singapour a quelque chose de Gibraltar, sauf que l'Angleterre, ici, n'a pu se maintenir.

Jalouse de ce cadeau, la sorcière Histoire n'a pas épargné l'île : tout le monde s'est battu pour elle, les princes et les sultans locaux, puis les Portugais, puis les Hollandais. Avant qu'en 1819 un certain Stanford Raffles, agent de la Compagnie des Indes orientales, n'en prenne possession pour l'Angleterre. Suivent cent quarante-trois ans de paix relative et de commerce intense, interrompus soudain, le 15 février 1942, par l'irruption de l'armée japonaise. Occupation, libération, indépendance (en 1959), création d'une fédération avec la Malaisie (en 1963). Le couple ne dure pas : trop de dissemblances. Le 9 août 1965, divorce.

La petite île se retrouve seule. Que faire ? se demande le Premier ministre Lee Kuan Yew. Que vais-je faire de mon tout petit pays de 580 kilomètres carrés et 1,5 million d'habitants, dont 20 % chôment ?

Moins de quarante années plus tard, Singapour a triplé sa population, gagné sur la mer 120 kilomètres carrés, construit à marches forcées (8 % de croissance annuelle moyenne ; chômage inférieur à 3 %) une puissance économique et commerciale mondiale. La prospérité est très appréciable : 36 000 dollars de revenu par personne, niveau égal à celui de la France.

Oublions – pour un temps – le quasi-million de travailleurs étrangers, peu payés et point protégés. La recette principale du formidable succès de Singapour mériterait d'être méditée en Europe : l'alliance d'un État fort, stratège et honnête (du moins en apparence ; la corruption est lourdement punie), et d'un secteur privé dynamique, pour une bonne part étranger.

La politique de l'eau y est l'illustration parfaite de cette alliance.

*
* *

M. Tan Gee Paw est une puissance. Tout s'apprenant vite dans la petite île, on ne cessera de m'interroger sur ce personnage avec envie et crainte jusqu'à la fin de mon séjour :

– Il vous a gardé combien de temps ?
– Impénétrable et glaçant, n'est-ce pas ?
– Il a vraiment une ambition internationale ?

J'ai gardé de M. Tan Gee Paw le souvenir d'un Chinois dans la bonne cinquantaine, élégant, affable, précis et calme. Aucun dossier sur son immense bureau de teck. Aucune impatience dans l'entretien.

– Vous vous intéressez à l'eau ? Nous aussi...

Petit rire pour introduire le bref exposé sur la situation de l'île. Un paradoxe :

– Nous avons beaucoup de pluie (2,5 mètres par an), du fait de notre position sur l'équateur. Pourtant, nous manquons d'eau. Donc nous dépendons de notre voisin, la Malaisie. Nous aimons échanger, mais nous n'aimons pas dépendre. Je suis sûr que la France non plus n'aime pas dépendre... Et quand on ne veut pas dépendre, il faut travailler. Nous aimons travailler, à Singapour. Ceux qui n'aiment pas travailler n'ont pas leur place à Singapour. Nous avons quatre robinets : l'eau de pluie, l'eau usée traitée, l'eau dessalée en provenance de la mer, et l'eau vendue par la Malaisie. Je m'occupe de ces quatre robinets. Voilà mon métier

En fait, M. Tang Gee Paw préside un établissement public nommé PUB (Public Utilities Board), qui, en absolu monopole, gère toute l'eau de Singapour. Un peu comme si, en France, il dirigeait à la fois les six agences de l'eau (gestion des ressources), les sociétés privées de production et de distribution d'eau potable (Suez, Veolia, Saur...), les directions des services départementaux de l'environnement, de l'assainissement, mais aussi de la sensibilisation des enfants et collégiens, le syndicat interdépartemental pour la collecte et le traitement des eaux usées, l'école nationale des Ponts et Chaussées pour la formation...

M. Tan Gee Paw me cite la devise de PUB : *Water for all : conserve, value, enjoy.*

– Une belle devise, n'est-ce pas ? C'est notre engagement.

Il me sourit avec douceur, presque tendrement :

– Votre pays est riche et vieux, monsieur

79

Orsenna, il peut s'offrir de nombreuses sources de décision. Mais notre pays ne peut se permettre ce luxe ! Et comme nous n'avons pas de passé, aucune habitude ne nous retient, nous pouvons agir plus vite, seule importe l'efficacité. D'ailleurs, rien de tel qu'une obligation pour être efficace. Imaginez que la Malaisie arrête ses livraisons...

– Mais vous avez un accord prévu pour durer jusqu'en 2061, je crois ?

– Nous préférons ne jamais laisser trop de place à la confiance, monsieur Orsenna ; la confiance est dangereuse, surtout lorsqu'elle engendre la paresse.

Un moment, nous parlons de dessalement. L'avantage d'habiter une petite île, c'est d'avoir toujours la ressource de puiser dans la mer... Mais l'énergie nécessaire est déjà si chère, et comment s'en remettre au prix de l'énergie avec toutes ces menaces, le terrorisme, la spéculation...

– Avec mes quatre robinets, je suis comme un père, monsieur Orsenna. Un père n'a pas le droit d'aimer l'un de ses enfants plus que les autres. Mais la préférence est humaine. Moi, je préfère la pluie. Quand je pense au cadeau du ciel qu'est la pluie et que tant, tant de gens gaspillent... Avez-vous vu nos réservoirs ?

Il cite les noms, compte sur ses doigts. On dirait vraiment qu'il dresse l'inventaire de sa famille :

– Poyan Reservoir, Sarimb Reservoir, Kranji Reservoir, Upper et Lower Peirce Reservoirs, McRitchie Reservoir... J'en oublie toujours un. Nous en avons quatorze. Nous en aurons dix-sept.

Hérités des Britanniques et sans cesse agrandis depuis lors, multipliés, aménagés, fleuris en permanence, embellis et propres jusqu'à la maniaquerie, les réservoirs constituent à juste titre l'orgueil national : à la fois jardins prodigieux et hommages aux jungles anciennes ; lieux de promenades familiales, de joggings incomparables, de loisirs nautiques ; et symboles apaisants de maîtrise : Singapour y affirme et réaffirme tranquillement sa capacité de maîtriser tant la nature que l'avenir. Les réservoirs sont le Fort Knox de Singapour : ce stock d'eau vaut bien une encaisse-or.

Mon enthousiasme pour les réservoirs conforte la bonne opinion qu'a de moi M. Paw. En me raccompagnant, il donne ses ordres : M. Orsenna doit être l'invité de Singapour à la première Semaine internationale de l'eau. Je dis ma fierté, puis, aimant flatter depuis l'enfance, je souhaite bon vent à ce futur « Davos de l'eau ».

J'ai prononcé la phrase de trop. M. Paw me jette un ultime regard, plutôt froid. Comment peut-on une seconde en douter ? Dès juin prochain, la *water week* sera LE rendez-vous mondial de l'eau.

Qu'importe ce léger raté. On dirait que la ville entière a consulté sa montre à l'instant même où je sortais du bureau. Désormais, je suis entouré de respect : je suis le Français à qui M. Paw a accordé presque une heure (51 minutes) de son temps si précieux.

Recycler

Monaco, Hong Kong, Andorre, Saint-Marin...
Toutes les villes-États de la planète mènent une
guerre acharnée contre le même ennemi : l'exiguïté.
Économisé sur terre ou gagné sur la mer, chaque
mètre carré supplémentaire est une victoire chantée
par les journaux, et une aubaine vendue à prix d'or.
À Singapour, les six usines de traitement des eaux
en prenaient trop à leur aise. Elles étalaient leurs
bassins de filtrage et de décantation sur des dizaines
d'hectares. Les boues méritent certes le respect, mais
ce n'est pas une raison pour les laisser dévorer l'espace. Le gouvernement, dans sa sagesse hyperactive,
décida de mettre fin à ce gaspillage.

Dans le sud-est de l'île, près de l'aéroport international, une seule installation, géante mais com-
pacte, va remplacer les six autres. Elle traitera
chaque jour 2,5 millions de mètres cubes.

Pour construire l'usine, 6 000 ouvriers étrangers
ont travaillé durant deux ans. Ils couchaient dans
des dortoirs, le long du chantier. Ils n'avaient pas le
droit de sortir du site.

Les eaux usées arriveront par un canal souterrain.
Il est déjà creusé. Il serpente sous l'île, à 50 mètres
de profondeur. Je suis descendu pour m'y promener. On pourrait presque y faire circuler un métro :

il dépasse 50 kilomètres de longueur, pour un diamètre de 6 mètres.

Les résidus seront rejetés loin en mer tandis que les eaux lavées et relavées seront vendues aux utilisateurs. Sous le nom de *New Water*.

C'est là, au fond du grand trou bétonné de frais, mon casque de chantier bien vissé sur la tête, que j'ai compris les deux moteurs de Singapour, ses deux grands rêves contradictoires : se suffire à soi-même et en même temps devenir le *centre* du monde.

À l'origine, le mot anglais *hub* signifie « moyeu », la pièce autour de laquelle tourne la roue. Le sens de ce mot s'est élargi. Il désigne maintenant tout point vers lequel convergent des rayons, tout centre de réseau.

Né *hub*, grâce à la géographie, Singapour n'allait pas s'arrêter là et s'en tenir aux seules activités maritimes. Son port est, bien sûr, l'un des plus importants au monde et, chaque jour, 900 bateaux de plus de 100 mètres y passent ou y abordent. Mais son aéroport n'a presque rien à lui envier : 79 compagnies y atterrissent en provenance de 177 villes, un trafic comparable à celui de Roissy Charles-de-Gaulle.

Séduites par ces infrastructures, 4 000 entreprises internationales se sont installées là, souvent pour rayonner à partir de cette base dans l'Asie entière. C'est ainsi que, le premier *hub* engendrant d'autres *hubs*, Singapour est devenu l'une des premières plates-formes du capitalisme mondial.

La stratégie est simple : choisir quelques secteurs d'avenir, dont l'industrie de l'eau. En attirer les acteurs majeurs, banalement par des contrats, mais aussi par toutes sortes de propositions (facilités d'installation, partenariat avec l'université...). Et constituer ainsi un pôle à vocation planétaire.

Singapour, ultra-pureté

Les usines succèdent aux usines. Cheminées, gazomètres, colonnes refroidissantes. Singapour n'est pas seulement la patrie des services. Sur des terrains arrachés à la mer, elle a développé des filières lourdes. Nouvelle leçon pour ceux qui croient que l'industrie est aussi démodée que sale ; que, par suite, mieux vaut l'abandonner à d'autres... Nous devons progresser vers des zones de plus en plus sensibles, car les grillages ou les murs gagnent en hauteur et, maintenant, du haut des miradors, des soldats montent la garde.

C'est une grosse, très grosse boîte grise. La société Showa Denko vous souhaite la bienvenue. Sans chaleur excessive. Caméras partout. Contrôles minutieux. La voix de mon accompagnateur tremble de respect.

– Cette unité fabrique 10 % de tous les disques durs de la planète...

J'imagine ces gigas de gigas, ces mémoires accumulées, le dixième de tous les souvenirs de tous les habitants de la planète... Je regarde d'un autre air, avec une nouvelle révérence, la très grosse société grise. Hélas, je n'entrerai jamais dans la fabrique de mémoire. Je devrai me contenter de l'annexe. Après avoir satisfait à diverses procédures. Dont celle des chaussures, qu'il me faudra plusieurs fois enlever, puis remettre, avant de les échanger contre d'autres. On veut bien m'expliquer que mes pieds ne sont pas en cause, mais les poussières. Les poussières sont les ennemies personnelles de Showa Denko. Et nous sommes là justement parce que Showa Denko a confiance dans la capacité de Veolia à créer de la pureté. Nous ne saurons sans doute jamais rien, ni vous ni moi, de la fabrication d'un disque dur. Apprenez seulement qu'aucun assemblage ne réclame autant de propreté. À chaque étape, il faut chasser les copeaux, les éclats. Il faut nettoyer. À grande eau. Encore faut-il que l'eau du lavage soit pure, *ultra-pure*, débarrassée de toutes les particules qu'elle contient naturellement, à commencer par les sels minéraux. À quoi servirait d'enlever certaines saletés du disque dur pour le souiller avec d'autres ?

Tel est le liquide miraculeux produit dans un coin du gros cube gris. N'allez pas croire qu'on produise facilement de l'*ultra-pureté*. L'eau normale doit suivre un long et tortueux parcours, une série d'épreuves initiatiques plus ou moins douloureuses, toutes sortes de filières, des traitements chimiques, un bombardement d'UV, une montée en pression, la traversée violente d'une muraille de membranes... Faites confiance aux gestionnaires de Showa Denko. Si l'*ultra-pureté* était si facile à fabriquer, ils n'accepteraient jamais de verser chaque année 7 millions d'euros à leur fournisseur.

Je suis ressorti de la zone industrielle avec une question et une envie. Commençons par la question : quels dérèglements peut-on constater dans le fonctionnement d'un disque dur fabriqué sans hygiène ? De quels troubles de mémoire souffrira-t-il ?

L'envie, soudaine et impérieuse, était de me *débrancher*. Téléphone portable, BlackBerry, iPhone, l'homme moderne est toujours connecté, *always on*. C'est-à-dire toujours relié à l'un de ces disques durs fabriqués par Showa Denko ou par l'un de ses confrères. C'est-à-dire toujours relié à l'ultra-pureté. Avouons que des idées très, très sales me sont venues, le soir, dans ma chambre du Grand Copthorne Water Front Hotel. Mais je me suis dit que les jeunes femmes polyglottes dont on m'offrait gentiment les services étaient elles aussi, forcément, ultrapures. Alors j'ai préféré dormir. Les rêves ne sont pas toujours propres.

Singapour propagande

Visite systématique, par les écoles, du centre d'information sur l'eau ; omniprésence dans la ville de la mascotte PUB : une goutte d'eau, tantôt petite, en peluche, tantôt de taille humaine, arpentant les rues ; distribution à la moindre occasion de toutes mignonnes bouteilles multicolores, *New Water* oblige ; multitude d'émissions télévisées, d'animations sportives, sociales ou culturelles... J'ai d'abord cru que cette action psychologique d'envergure avait pour seul objectif de faire accepter à la population l'idée peu ragoûtante de boire ses propres déchets. Cette idée n'allant pas de soi, autant s'y habituer dès l'enfance. Et je m'émerveillais, une fois de plus, de la cohérence singapourienne et de cette capacité à inscrire toute action dans le temps. Une fois un plan décidé dans l'île-État, on le déroule, phase après phase, dans ses moindres détails et implications, sans précipitation mais sans retard, sans états d'âme.

Et puis un soupçon s'est installé. Le refrain de l'eau revenait trop souvent, avec trop d'enthousiasme, pour être tout à fait honnête.

Sans se départir un seul instant de son sourire aussi gentil qu'extatique, M. Peng Kah Poh, le directeur de la communication de PUB, me commentait des photos tout à fait plaisantes de joutes nautiques, de pêches aux ordures, de promenades en famille sur des berges délicatement paysagées, de réservoirs changés en lacs presque sauvages, de cérémonies touchantes où un groupe décidait solennellement d'adopter un morceau de la rivière Kallang...

Sans me forcer, je disais mon admiration devant le travail accompli. Et que bien des communes d'Europe pourraient venir apprendre ici ce qu'économie et assainissement veulent dire. En 1994, chaque Singapourien consommait chaque jour 176 litres ; le chiffre est tombé à 155.

Mais les paroles de la chanson de l'eau résonnaient étrangement à mon oreille. Qu'on en juge : « Cultivons la confiance envers notre eau et notre sens de la responsabilité », « Rejoignez la Water Watch Society (l'association de ceux qui veillent sur l'eau) », « Unissons-nous dans l'amitié et le respect de l'eau », « Resserrons nos liens avec l'eau de la communauté »...

À tant entendre évoquer l'eau à la manière martelante de certains rituels religieux, la répétition des *mantras* par exemple, vous vous dites forcément que ce discours en cache un autre. Singapour a beau craindre un jour de manquer d'eau, comme la plupart des capitales du monde, cette mobilisation générale et permanente dépasse quelque peu son objet.

Alors l'évidence vous saisit tandis que grandit de quelques degrés supplémentaires votre respect pour l'intelligence des autorités locales. L'eau, c'est la métaphore parfaite du lien. Célébrer l'eau, c'est glorifier la société. S'y dévouer, c'est prouver son civisme. Qui aime l'eau, aime Singapour et, par suite, ses dirigeants. L'amour de l'eau est une déclaration d'adhésion, un vote quotidien. De même qu'aucune personne douée de bon sens n'ira s'opposer à la gestion responsable de l'eau, qui ira contester les institutions qui font, depuis tant d'années, la prospérité de la cité ?

Autre avantage : sous couvert d'eau, on peut parler d'argent, le vrai roi de Singapour. Les mots qui vont pour l'une vont pour l'autre. L'argent, comme l'eau, c'est la vie. La croissance économique, comme l'eau, doit être « soutenable »...

L'eau a bon dos, on le savait déjà.

Conversation au Raffles
avec le représentant de Veolia

Je lui présente mes excuses. Par sa secrétaire, j'ai appris que je le privais de sa séance quotidienne de natation. Il sourit :

– À Singapour, il faut avoir une bonne condition physique...

– Pour résister au climat ?

– Au climat des affaires. La concurrence est totale. Que les entreprises privées cherchent à vous tailler des croupières, rien de plus normal. Mais les administrations...

Il m'annonce un nouveau contrat en Chine de SGI, la filiale internationale de PUB.

– Je suis sûr que M. Paw, votre nouvel ami, ne s'en est pas vanté !

Je confirme.

– Ici, personne ne se vante. Il suffit de constater. Un matin, vous vous réveillez et vous êtes mort.

Marina Barrage

Dernier matin. Je croyais pouvoir flâner un peu, je veux dire retourner au Jardin botanique, revoir notamment la collection d'orchidées et vérifier quelques données. Avais-je bien lu les écriteaux ? La banane appartenait-elle vraiment à la famille du gingembre ?

Hélas, un message m'attendait : le directeur de Marina Barrage se tenait à ma disposition pour me présenter l'ouvrage : « Ce sera notre dix-huitième réservoir, en toute humilité le plus beau. »

Comment ne pas comprendre qu'une telle invitation était un ordre ? Peut-être les autorités de Singapour retiraient-elles leur passeport à tous ceux qui dédaignaient les réservoirs ?

Au lieu de botanique, me voici donc de nouveau parmi les bulldozers.

Cette entreprise est pharaonique. Le gouvernement a décidé tout simplement d'élever un barrage « réactif » juste à l'embouchure de la principale rivière, la Kallang. Du fait de la communication avec la mer, l'eau de cette immense réserve sera d'abord saumâtre. Mais elle s'adoucira rapidement. En deux années, prévoient les experts, l'eau venue de la rivière aura chassé sa dernière trace de sel.

La machinerie du barrage est aussi gigantesque que simple est son principe. Lorsque la réserve, trop alimentée par la rivière, dépasse son niveau d'équilibre, l'intelligent barrage réagit. Si la marée est basse, il se contente d'ouvrir les vannes, et le surplus s'écoule. Si la marée est haute, sept pompes entrent en jeu, capables de rejeter à la mer 280 mètres cubes par seconde.

Cet équipement aura coûté 2 milliards de dollars. Qu'importe, sa triple utilité n'a pas de prix. D'abord, c'en sera fini des inondations terribles qui, à chaque mousson, continuaient d'envahir les bas quartiers. Ensuite, un dix-huitième réservoir ajoutera quelques millions de mètres cubes au stock stratégique déjà constitué. À lui seul, il devrait répondre à plus de 10 % de la demande nationale. Enfin, cet incomparable plan d'eau, propice à tous les amusements nautiques, a décuplé l'agrément – et la valeur – des terrains qui le bordent. On vient de toute l'Asie pour s'y arracher, sur plans, les appartements. D'autant que Singapour a décidé d'en finir avec l'un de ses derniers restes de puritanisme. Pourquoi refuser les jeux d'argent ? Pourquoi se priver de revenus supplémentaires ? Pourquoi s'interdire de concurrencer Hong Kong et Macao ? C'est à cet endroit, au cœur de Marina Barrage, que s'élève désormais l'un des plus grands casinos du monde.

Je voulais de la botanique. Je suis servi. Sagement alignés et les pieds emprisonnés dans des mottes parfois énormes, des milliers d'arbres et d'arbustes attendent d'être plantés. Un jardin va surgir en même temps que les immeubles.

– Il faut bien plaire à la clientèle, soupire le chef de chantier. Notre peuple aime la nature...

Drôle de nature, semblable à ces îles en forme de palmier qu'invente le golfe Persique et que construisent les mêmes travailleurs fantômes, pakistanais, indiens ou bangladeshis.

Quel est ce monde que préparent l'Orient proche et l'Orient extrême ? Où puisent-ils cet inépuisable ressort et ce dédain de l'ancien ?

Devant ces quartiers entiers qui comme par magie sortent de terre (souvent gagnée sur la mer), le voyageur européen ne peut que se demander si cette planète est bien la sienne. Sans doute, profitant de son sommeil, un vaisseau spatial l'a-t-il emporté dans une autre galaxie, celle où deviennent réels les espaces électroniques dans lesquels jouent ses enfants. Si tel n'est pas le cas, si aucun vaisseau n'est venu, si cette planète est bien la sienne, alors le voyageur européen, pourtant jusqu'alors fou de vivre, ressent comme un soulagement d'avoir son âge (avancé) : de la généralisation de ces marinas, il n'aura vu que l'avant-garde. Il lui reste encore des grèves bretonnes et des laminaires antarctiques.

Des camions se succèdent. Une file ininterrompue. Ils sont tous bleus. Ils s'appellent tous « Concrete Island ».

Même si, je le sais bien, en anglais, *concrete* signifie « béton », une tendresse soudaine me vient pour le propriétaire de l'entreprise de transport. Il doit partager mes doutes sur la réalité de Singapour. Il veut se rassurer, il veut des camions concrets pour une île concrète.

IV

L'eau, c'est aussi la mort
(CALCUTTA)

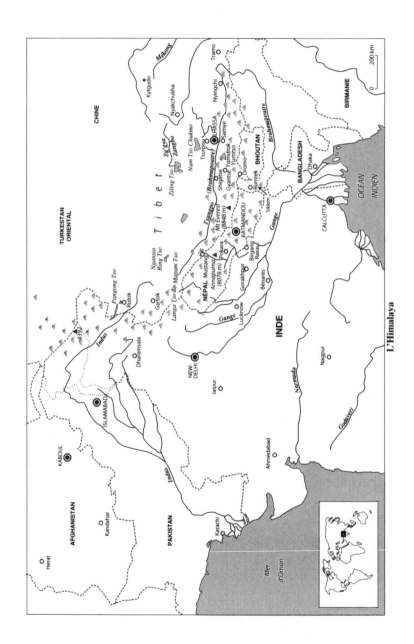

L'Himalaya

Leçon de mousson

Concernant l'aéroport de Bangkok, je me permets d'indiquer aux voyageurs qui ne veulent pas rater leur correspondance que, premièrement, mieux vaut, ici plus qu'ailleurs, se promener léger : toute valise enregistrée, sans doute saisie par le vertige sexuel de la Thaïlande, a de grandes chances de se perdre et ne sera jamais retrouvée. Que, deuxièmement, la porte 1A existe bel et bien, malgré son absence de tous les écrans. Il suffit simplement pour l'atteindre (au pas de course) de grimper au deuxième étage, de redescendre au rez-de-chaussée et de ne pas se tromper de file. Que, troisièmement, les affichettes annonçant les destinations des vols jonchent le sol. Je n'incrimine personne, c'est sûrement la faute au climat humide. Toujours est-il que le papier collant tient mal sur les comptoirs de plastique. J'avais le choix entre Kuala Lumpur, Hô Chi Minh-Ville et, par chance, Calcutta, l'endroit où le choléra m'attendait. Enfin, installé dans le très vieux Boeing 727, je m'apprêtais à traverser le golfe du Bengale. Le moment était venu pour moi de réviser les leçons du météorologue Jean Labrousse.

La mousson ressemble de loin aux brises maritimes de nos étés.

Rappelons-nous. Le soleil réchauffe la terre. L'air, au-dessus d'elle, devient plus léger : la pression atmosphérique diminue. Ce même soleil caresse la mer, laquelle a sans doute des pudeurs : elle se réchauffe moins vite. L'air au-dessus de l'eau reste plus froid, donc plus dense. Le vent allant toujours des hautes aux basses pressions, la brise vient de mer. La nuit, changement de direction. La terre, l'inconstante, se refroidit plus vite. L'air y devient plus dense, tandis que l'air au-dessus de l'eau garde de la chaleur, donc reste plus léger. La brise viendra de terre. Ces circuits locaux du vent sont bien connus des plagistes et des régatiers tout au long de nos côtes.

La mousson n'est que l'amplification planétaire de ce mécanisme. Et le rôle moteur de l'alternance du jour et de la nuit y est remplacé par celui des saisons. Qu'elle tourne en vingt-quatre heures sur elle-même ou qu'elle parcoure son chemin annuel autour du soleil, c'est notre Terre qui donne le rythme. L'été, le soleil à son zénith embrase les continents tropicaux. Leur chaleur intense attire, aspire le vent. D'énormes flux d'air humide arrivent de la mer. Des ascendances l'emportent. Condensation. Déluge.

L'hiver, mouvement inverse : les continents, plus froids, exportent du vent.

Le marché aux fleurs de Mullik Ghat

Sur le pont Howrah passent et repassent les foules de Calcutta : les unes vont à la gare, les autres en viennent. Ce qui fait que, selon toute probabilité, sur aucun autre pont du monde ne marchent autant d'êtres humains.

Sous le pont Howrah coule le fleuve Hooghly. Dans le fleuve Hooghly, des hommes et des enfants jouent, se savonnent et pissent. Entre les deux rives croisent les ferries. Peu d'activités m'ont paru autant dépourvues d'espoir que cette concurrence menée par ces minuscules bateaux contre l'immensité du pont. Les femmes lavent le linge. Les chiens regardent. Les corneilles et d'autres enfants farfouillent dans les ordures. L'air sent la merde et, par bouffées, des parfums timides, sucrés, d'une délicatesse extrême. C'est que le long du fleuve, côté centre-ville, entre les anciens établissements de bains et la ligne de chemin de fer, se tient, caché, le marché aux fleurs.

Le sol est aussi sale qu'ailleurs, luisant, graisseux, noirâtre, gluant, boueux d'une boue qui ne serait pas de terre. Sauf qu'ici, les fleurs et les feuilles le recouvrent presque entièrement. Il y a des ronds rouges, blancs, jaunes. Il y a des tas orange ou bleus. Les bronchiteux ont fort à faire pour cracher à côté des couleurs. Ils y parviennent. Quand il fait trop chaud, on va chercher de l'eau dans le fleuve pour rafraîchir les fleurs. Dans ce seul marché-là, les femmes sont aussi nombreuses que les hommes. Ils ou elles tressent sans fin des colliers. Ou construisent des œuvres d'art délicates ou flamboyantes, sans doute pour des mariages, ou des enterrements, comment savoir puisque aucune parure n'est moins gaie que les autres ? Celles et ceux qui n'ont pas de qualités reconnues de créateurs vendent les fleurs au poids. Ils tiennent leur balance entre le pouce et l'index. Sur un plateau, le morceau de fonte ; sur l'autre, la petite colline multicolore et parfumée.

Il faut arriver juste avant le coucher du soleil. Les acheteurs professionnels ne viendront plus. On peut acquérir un monceau de couleur ou un collier pour presque rien. Peut-être pour rien. Sur le petit pont qui surplombe la voie pour monter au marché aux fleurs, j'ai croisé un vieillard très beau, très net dans sa veste râpée beige, raie parfaite séparant en deux parties ses cheveux blancs. Quelque chose de trop tenu, en lui, me fit penser qu'il était depuis peu seul au monde, et d'une tristesse infinie.

Je vous l'accorde : les fleurs ne sont pas au centre de mon sujet. Mais le choc de la rencontre avec Calcutta est si violent, les informations que l'œil reçoit à chaque seconde sont si nombreuses et si contradictoires qu'il faut, sous peine de perdre tout contrôle, toute raison, reprendre haleine un moment. Je me suis accroché à ce marché aux fleurs comme à une bouée découverte par hasard au milieu d'un océan tumultueux. J'ai dédaigné les propositions de tous ordres, historiques, sexuelles, médicales, culturelles ou politiques, pour revenir encore et encore à mon cher marché.

Et maintenant je peux le proclamer fièrement : certes, je ne comprends rien à Calcutta, ni ne connais le reste de la ville, pas même le Victoria Memorial, mais plus rien du fonctionnement de son marché aux fleurs ne m'est étranger.

Ram Chandra Goenka
Zenana Bathing Gat

Le vieux palais des bains veille sur le petit peuple des fleuristes. Dans ses entrailles délabrées, il leur offre de l'ombre, de la fraîcheur et de longues tables de pierre. À la belle époque, on devait y masser les personnes importantes. Aujourd'hui, on y prépare les fleurs, on y coupe les queues, les feuilles. L'Inde n'a pas l'air d'aimer les tiges, ni le vert.

Et lorsque le travail est fini, les hommes s'allongent sur la pierre.

Alors le palais devient morgue, tant ces corps enfin immobiles restent immobiles.

Tôt le matin, en même temps qu'arrivent par camions des jardins entiers, les lutteurs commencent leur entraînement.

Pourquoi avoir choisi cette improbable proximité ? Les esprits vulgaires et logiques, je veux dire les Occidentaux, répondront : l'odeur. Demander au parfum des fleurs de bien vouloir couvrir les effluves des athlètes en sueur. Je préfère suivre une autre piste dictée par le spectacle offert.

Les corps de deux lutteurs s'aiment. Pour l'ignorer, il faut n'en avoir jamais vu s'empoigner, se malaxer, se rouler, s'écraser. Leur violence est tendre, ils ahanent à l'unisson, ils restent immobiles l'un contre l'autre de longs moments. Chaque prise est un mot d'amour. De même que chaque fleur.

Qui se ressemble s'est assemblé.

Mère Teresa n'avait pas le monopole de l'amour, à Calcutta.

En route vers le Centre de recherche

« Que se passe-t-il aujourd'hui ? » demandais-je
toutes les cinq minutes.

Le chauffeur hochait la tête. Je l'avais choisi pour
des raisons quasi botaniques : l'invraisemblable pilo-
sité qui sortait de ses oreilles. Des cotons-tiges
oubliés avaient dû y germer, suite à l'humidité du
climat. Le phénomène n'est pas rare, semble-t-il, à
Calcutta : des arbres s'échappent par les fenêtres de
vieux immeubles classés. C'était le genre de taxi
moraliste qui aime son métier : le ridicule de ses
passagers l'enchantera toujours. Dans le rétroviseur
cassé, je voyais son œil rieur.

– Calcutta, c'est Calcutta. Aujourd'hui, c'est Calcutta. Demain, ce sera Calcutta. L'important, ce
n'est pas le jour, c'est Calcutta...

J'avais fini par m'habituer à sa manière de parler,
très embrouillée et volontiers sentencieuse. Sa
réponse signifiait simplement qu'à Calcutta les
embouteillages sont permanents.

Mon ami le chauffeur hyperpileux m'avait prévenu : il ne s'approcherait pas du Centre de
recherche. Il craignait trop la maladie et n'accordait
aucune confiance aux personnels des laboratoires.
De source sûre, il savait que ces gens-là ferment mal
leurs bocaux.

– Et alors ?

– Alors les microbes s'échappent. Des microbes fabriqués, bien pires que les microbes naturels...

De temps en temps, par à-coups, avançait l'amas de voitures multicolores à laquelle appartenait notre vieille Ford. Je reprenais espoir, un espoir qui ne durait pas. L'élan s'arrêtait. De nouveau il nous fallait subir l'échappement du camion de bières qui nous précédait. Une heure passait. Je négociais. Je disais l'importance pour moi du rendez-vous, je parlais de politesse, la moindre des politesses qui est de prévenir quand on aura du retard. Le chauffeur soupirait et finissait par sortir de sa poche une anti-quité, un téléphone portable gros comme un talkie-walkie de chantier ! Et chaque fois la même voix grésillante nous confirmait que le professeur Bala-krish Nair ne quittait jamais son bureau avant la nuit.

– Vous voyez bien, disait Amitav en raccrochant.

Une demi-heure après, sur ma pression, nous rap-pelions pour annoncer un retard supplémentaire.

Nous avancions pourtant, dans un espace incer-tain. Un mélange de ville et de campagne : des mares, des champs, des terrains en friche, des cités délabrées et, soudain, deux, trois immeubles flam-bant neufs. Des écoles entières nous dépassaient, petits garçons et petites filles en uniforme : connais-saient-ils seulement l'existence de l'Angleterre ? L'enseignement semblait l'obsession locale. Des dizaines d'échoppes proposaient des cours sur tous les sujets possibles. L'une d'elles, modeste pourtant, deux pièces en moellons sous un toit en tôle, avait plus d'ambition. Son titre même annonçait qu'elle répondait à tous les besoins :

Seule sa voisine relevait le défi : « *Test the ulti-mate herbal experience.* »

Le chauffeur commentait :

– À quoi ça ressemble, tout ça ? L'Inde hésite. Nous ne savons plus ce que nous voulons...

– Parce qu'un jour vous l'avez su ?

– Je suis communiste.

J'avais oublié que Calcutta était depuis longtemps une municipalité rouge. Amitav ne décolérait pas. Le maire venait de décider une révolution. Désormais, l'eau serait payante. Seuls les habitants des taudis en seraient exemptés.

– L'eau, c'est la vie. Comment peut-on faire payer la vie ?

J'étais tout ému. Rencontrer un vrai collectiviste est une rareté, de nos jours.

– Vous vous rendez compte ? Un adjoint a voulu mesurer, vous m'entendez, mesurer la quantité d'eau consommée par chacun. Comme si l'on mesurait la quantité d'air que nous respirons !

– Qu'est-ce qui a été décidé ?

– Une taxe générale. Je sais bien : les compteurs finiront par arriver. C'est la tendance. Heureusement que je suis vieux. Je ne les verrai peut-être pas. Quelle fraternité entre humains peut survivre à la mesure de l'eau ?

Depuis quelque temps, depuis que nous avions enfin atteint le quartier Beliaghata, je voyais les doigts d'Amitav battre sur le volant. Dans le rétroviseur, ses yeux ne souriaient plus. Une toux sèche lui secouait les épaules. J'ai mis fin à sa torture. Je connais l'hypocondrie. Il s'est garé. C'est donc à pied, après une assez jolie marche, et non sans émotions diverses (angoisse montante : rien n'est plus contagieux que la terreur d'un taxi ; gratitude envers ma femme : grâce à ses leçons patientes, je ne pénétrais pas en terrain inconnu ; attendrissement devant deux bambins quasi nus qui jouaient dans une flaque avec un chien...), que j'ai franchi la porte du centre hospitalier où se trouve le National Institute of Cholera and Enteric Diseases, la Mecque de la recherche mondiale et le quartier général de la guerre de l'Inde contre le vibrion.

Le docteur Balakrish Nair, directeur de l'institut, s'est confondu en excuses : il devait recevoir une délégation de médecins et de donateurs japonais. Une bienveillance inexplicable des dieux de la circulation avait permis qu'ils arrivent exactement à l'heure prévue, laquelle venait de sonner.

– Le temps est un ennemi pire que le choléra, n'est-ce pas ? Je vous confie donc à mon adjointe, directrice des épidémies, le docteur Dipika Sur.

Et je vis arriver l'exacte jumelle du docteur Balakrish Nair. Même visage rond sur un corps rond. Même œil brillant : intelligence, autorité. Même évidence d'une inépuisable énergie. Elle m'a emmené dans son bureau. L'instant d'après, une dizaine de joyeux jeunes gens surgissaient, tous médecins, à peine la trentaine – son commando.

Choléra

On ne pénètre pas sans frissonner au quartier général du choléra.

Avant de partir, j'avais, comme de coutume, pris ma leçon. L'un des avantages d'avoir choisi pour épouse un médecin, c'est qu'elle vous documente sur vos terreurs. L'inconvénient, c'est qu'elle accroît d'un même mouvement et votre savoir et votre angoisse : à peine avez-vous compris la mécanique d'une maladie, à peine un certain apaisement mental vous est-il venu de cette compréhension, que votre délicieuse mais trop consciencieuse épouse réveille à nouveau le caractère intrinsèquement morbide de votre imagination en abordant le chapitre « trop souvent négligé » des complications.

Elle m'avait d'abord reproché de ne pas parler des autres maladies d'origine hydrique, et notamment du paludisme.

– Le paludisme vient de moustiques qui viennent de l'eau. Le paludisme tue beaucoup plus que le choléra. Pourquoi choisis-tu le choléra : parce que c'est plus exotique ?

Avec toute la diplomatie conjugale dont je suis parfois capable, je lui expliquai que je ne pouvais aborder l'ensemble des questions concernant l'eau, qu'il me fallait sélectionner, qu'après tout c'était MON livre, que si elle voulait écrire elle-même, il y avait là, dans le deuxième tiroir du buffet, une pile de feuilles qui n'attendaient que sa prose.

Bref, brouille. Mon éducation ne reprendra que deux jours plus tard, une fois mon épouse et moi réconciliés.

Le choléra a pour responsable une bactérie en quasi-forme de spermatozoïde, un noyau prolongé d'une longue queue très mobile, un flagelle. Cette forme lui a valu son nom, *vibrio cholerae*. Les vibrions présents dans l'eau ou dans les aliments sont avalés avec eux. S'ils sont assez nombreux, ils réussissent à traverser l'estomac en résistant à l'agression des sucs gastriques. Les voici arrivés dans cette première partie de l'intestin qu'on appelle le duodénum. Ils s'installent sur sa paroi et, s'y sentant bien, s'y multiplient.

Cette paroi est, en fait, une usine hautement sophistiquée qui gère les échanges d'eau et d'éléments divers entre le canal intestinal et le reste du corps. C'est par cette paroi-usine que nous parviennent les nutriments et le liquide dont nous avons besoin pour vivre.

Et c'est cette paroi-usine à laquelle les vibrions s'attaquent. Ils libèrent une toxine qui en détraque le fonctionnement. En quelques heures, le subtil mécanisme de filtres et d'écluses se dérègle. Toutes les vannes s'ouvrent. Les cellules perdent leurs eaux, qui déferlent dans l'intestin. D'où ces diarrhées claires et terribles (parfois plus d'un litre par heure).

Cette eau ne s'en va pas seule. En s'écoulant, elle emporte notamment le potassium nécessaire au fonctionnement du muscle cardiaque.

Les principaux moteurs sont atteints, les reins se bloquent, faute de recevoir assez d'eau. On tombe en syncope. Et puis, très vite, on meurt : le cœur, qui est une pompe, se désamorce. Il s'arrête. Cette maladie est aussi redoutable que simple est son traitement. Il suffit, dans un premier temps, de réhydrater le patient, c'est-à-dire de lui rendre l'eau qu'il perd. Dans un second temps, on lui administrera les antibiotiques qui tueront les vibrions. La guérison est spectaculaire. D'autant que les vibrions n'ont pas pénétré dans l'intérieur du corps. Ils sont demeurés à la surface de la paroi-usine, s'amusant à la rendre folle. L'heure d'avant, le malade mourait. Et soudain, ses circuits internes ayant été réalimentés, il se lève et marche, se demandant quel mauvais sort lui avait été jeté.

Notons qu'avec un peu de patience (et de réhydratation), ces malfaisants vibrions seraient partis d'eux-mêmes. Au bout de six ou sept jours, ils se lassent. Leur grand jeu de désorganisation de la paroi-usine ne les intéresse plus. Ils s'en vont.

Le choléra est une maladie de l'eau, LA maladie de l'eau. Mais le seul vrai remède à cette maladie de l'eau, c'est l'eau.

Les bactéries, elles aussi, se sont mondialisées. Jusqu'au début du XIXe siècle, le choléra restait une spécialité du sous-continent indien, avec pour réservoir d'origine le delta du Gange. Les transports maritimes se développant, la contamination a gagné d'autres régions du monde. Une première pandémie éclate en 1917. Six autres suivent à intervalles irréguliers. La septième pandémie, qui sévit encore aujourd'hui, a commencé en 1961. Son parcours est exemplaire : début dans les îles Célèbes (archipel indonésien) ; extension à toute l'Asie du Sud-Est deux à trois ans plus tard. L'URSS est touchée, puis l'Afghanistan, l'Irak, l'Iran, l'ensemble du Moyen-Orient. En 1970, l'Afrique est atteinte. Le choléra va devenir endémique dans la région des Grands Lacs, avec des poussées paroxystiques. Durant l'été 1994, 25 000 morts. L'Amérique latine est envahie *via* le Pérou en 1991. Les trois années suivantes, on dénombrera un million de cas[1].

Depuis 1992, une autre épidémie se développe. Née, cette fois, dans le sud de l'Inde, elle est peu à peu remontée jusqu'au Bangladesh.

Bref, le choléra revient en force. En 2006, 236 896 cas ont été déclarés, et 6 311 décès, la plupart en Afrique.

Et ces chiffres-là sont les données officielles. Aucune pudeur n'égale celle des autorités dès qu'il s'agit du choléra. Elles nient, elles cachent, elles sous-estiment. L'OMS peine à savoir. Quelle est la réalité ? Pire, sans doute aucun. Le choléra a pour terreau l'urbanisation anarchique, sans accès à l'eau potable, sans réseau d'assainissement Ces conditions n'ayant aucune chance de s'améliorer, on peut considérer que le choléra appartient à l'avenir de notre planète.

---

1. Cf. Michèle Lavallée, *Actualités du choléra*, Médecins du monde, 2006.

Taudis

Chaque habitation, deux pièces en général, mesure entre 12 et 15 mètres carrés. Dans chaque habitation vit une famille, soit huit ou neuf personnes. Et ces habitations se regroupent autour d'une sorte de cour.

Dans cet espace exigu vivent de 60 à 70 personnes. Elles se partagent un point d'eau de la ville, parfois un puits et une toilette surélevée.

Le puits vient d'une nappe phréatique ou d'un bras de rivière (tous deux hautement pollués). L'eau de la ville est d'autant moins potable qu'elle arrive par intermittence. Entre deux flux, les agents contaminants ont tout le temps de s'installer et de proliférer. Autre dommage lié à l'intermittence : l'eau est conservée dans toutes sortes de récipients ouverts où les enfants, mais pas seulement les enfants, plongent leurs mains sales... Quant aux toilettes, elles sont dangereusement proches des sources d'eau.

Les médecins (qui m'accompagnent) secouent la tête. Ce sont les jeunes adjoints du docteur Sur.

– La diarrhée est bonne fille !

Je ne comprends pas.

– Des épidémies devraient éclater bien plus souvent. Tout favorise la contamination...

Pour la millième fois, les médecins expliquent qu'il faut se laver les mains. Pour la millième fois, ils dessinent un bocal à long col : « Comme ça, vous ne pourrez pas y plonger les doigts. » On acquiesce. On promet. Les médecins sourient. Nous passons à une autre cour. Et tout recommence.

Décidément, l'hygiène a des raisons que la raison ne connaît pas. Ces pauvres parmi les pauvres sont d'une propreté personnelle méticuleuse. Surtout les femmes, souriantes, coquettes. Leurs saris flamboient. Mais, dans les seaux, l'eau qui servira tout à l'heure à la cuisine dégoûterait n'importe quel têtard européen !

Des ateliers alternent avec les habitations. Ils se suivent, ils se ressemblent, on travaille comme on dort : entassés. Dans des pièces de 15 mètres carrés, on se réunit à huit ou neuf pour fabriquer des clous ou des casseroles (vacarme), des sandales ou des boîtes à chaussures (puanteur de colle). Heureusement qu'on reste accroupi, le plafond écraserait les têtes (à moins de deux mètres). La seule ouverture est la porte. À quelle température doit monter ce qui reste d'air en été ?

J'ai vu pire. Un hangar de bois dont le sol est inondé. Canalisation éventrée. Mare et boue verdâtre. On monte à l'étage par une échelle. Sorte de grenier divisé par des tissus. Aucune fenêtre. Des trous dans le toit. Que se passe-t-il quand tombent les folles averses de la mousson ? Entre chaque tissu, une famille. De la taille habituelle : huit ou neuf personnes. Elles se pressent autour du réchaud où cuit le riz. Le chef du quartier dit trois mots, je devine qu'il me présente. Que peuvent-ils comprendre à

112

quelqu'un qui vient de France et s'intéresse à l'eau ? La plupart ne lèvent pas la tête. Les autres sourient.

Je demande s'ils viennent d'arriver, désolés comme ils sont, de quelque village lointain. Je m'accroche à cet espoir.

Le chef de quartier ne me comprend pas.

– Pourquoi voulez-vous ? Je les connais depuis au moins dix ans. À part les enfants, bien sûr...

– Combien d'enfants ?

– Nous aimons les enfants, en Inde.

Pourtant, au centre-ville, j'ai vu affichées sur des bus des publicités vantant les familles peu nombreuses.

*

* *

Depuis tout à l'heure, j'avais déjà remarqué ce petit homme portant un grand cahier. Son comportement ne manquait pas d'intriguer. Il entrait dans chaque maison pour en ressortir cinq à six minutes plus tard. La manière dont on l'accueillait, l'amabilité des habitants à son endroit tendaient à invalider l'hypothèse d'un inspecteur des impôts (d'ailleurs comment Calcutta, municipalité communiste, aurait-elle le front de faire payer des taxes à des habitants de *slums* ?) ou d'un releveur des compteurs (je vous rappelle que cet instrument n'existe pas encore à Calcutta).

Les médecins, mes guides, me présentèrent des excuses embarrassées. Comment avaient-ils pu oublier un élément central du dispositif ? Ils firent venir l'homme, ils ouvrirent son cahier. Chaque famille avait sa ligne, et chaque mois sa colonne.

Une sorte de V était porté au crayon quand tout allait bien. Dans le cas contraire étaient inscrits les renseignements résumés sur l'épisode. Ainsi pouvait-on suivre l'état de la santé, quartier par quartier, et déterminer les zones les plus régulièrement infectées. Son parcours effectué – près de mille familles –, le contrôleur de diarrhées recommençait.

*
* *

– Puisque vous voulez tout savoir du choléra, allons jeter un coup d'œil à l'hôpital !

L'un de mes jeunes amis médecins m'entraîne. Son collègue s'amuse.

– Le sahib ne va pas s'évanouir, au moins ?

Me voici tout de suite dans le vif du sujet : les draps sont en plastique vert, percés en leur milieu d'un joli trou rond, lequel est prolongé d'un tuyau de même matière qui donne dans un seau.

– Vous arrivez en période calme, me dit une toute petite dame en blanc, l'infirmière en chef. Les diarrhées ont deux hautes saisons : avril et mai, quand la chaleur monte ; la nourriture se dégrade alors plus vite, les germes prolifèrent. Et puis juste après la mousson, lorsque les inondations recouvrent la moitié du pays : elles mêlent toutes les eaux, les bonnes et les mauvaises. Durant le seul mois d'août 2007, par exemple, l'hôpital a traité 21 500 patients. Nous avons été obligés de monter des tentes. Elles débordaient sur la rue...

Ma visite continue.

Salle des enfants. Ou plutôt salle des mères et des

enfants. Car un unique enfant est seul. Tous les autres sont dans les bras de leur mère ou allongés contre elle, caressés par elle, bercés par elle. Petites choses perdues dans les saris multicolores. Petits visages creusés. Petits bras, parfois petits crânes piqués de perfusions. Petits regards égarés, indifférents au dessin animé qui passe sur les écrans de télévision. Aujourd'hui, ils sont quatre-vingts. L'infirmière avait raison : basse saison pour les diarrhées.

Autre salle : les cas graves, les complications rénales souvent, ou respiratoires. Un staff entier, trois médecins, deux infirmières, entourent un être minuscule. Un masque à oxygène lui mange la moitié du visage.

Dernières salles : réhydratation et réalimentation. Ces enfants-là sont sauvés. Il s'agit surtout d'apprendre aux mères à préparer des repas équilibrés dans toute la mesure de leurs possibilités, autrement dit de leur pauvreté. Un plateau modèle leur est présenté. Il y a une pomme de terre, un oignon, du riz, un morceau de poisson. Combien pourront acheter tout cela tous les jours pour chacun de leurs enfants ?

Diagnostic général : diarrhées. Je ne saurai jamais où, qui sont les cas de choléra. Inutile de créer la panique.

Chasse au *serial killer*

Sitôt un cas soupçonné, l'alerte est deux fois donnée. Urgence aiguë pour le patient. Mobilisation générale contre l'épidémie naissante. Car le choléra est une maladie qui tue vite. Et la source du mal continuera de contaminer aussi longtemps qu'on ne l'aura pas traitée.

On l'a vu, la pire des maladies de l'eau tue en privant d'eau. Par voie orale ou intraveineuse, on va redonner aux organismes le liquide qu'ils perdent. Rien n'est plus facile que de mourir du choléra, rien n'est plus simple que d'atteindre la guérison : du sucre, du sel, de l'eau.

Pendant ce temps-là, jour et nuit, l'enquête continue. Il faut prendre de vitesse le vibrion, éviter qu'il ne frappe à nouveau et, pour cela, le localiser au plus vite. Chaque minute compte, car tout retard est meurtrier.

Les yeux des docteurs Nair et Sur brillent lorsqu'ils se rappellent les traques passées du *serial killer*. Les interrogatoires de plus en plus serrés, les recoupements, la carte étalée sur le bureau, les hypothèses une à une écartées, le cercle des probabilités de plus en plus restreint, puis la conviction, le prélèvement, l'angoisse tandis que le laboratoire travaille

– si jamais le test se révèle négatif, où chercher cette fois ? –, enfin la confirmation, la course pour interdire le périmètre dangereux, en espérant que d'autres foyers ne se seront pas développés dans l'intervalle.

– Tu te souviens du réservoir rouge, il y a cinq ans ? On le croyait étanche, il fuyait goutte à goutte... Tu te souviens de ce Pakistanais arrivé malade à Londres Heathrow ? Il vendait quoi, déjà ? Ah oui, des peignes et des brosses en écaille... Il n'avait pas cessé de changer d'hôtel la semaine précédente, de tout petits hôtels, il ne se rappelait plus lesquels, il était trop faible, en fait il tremblait plus de peur que de fièvre, il avait peur pour sa famille, peur de dénoncer, peur qu'on le dénonce...

Tout soigneur du choléra a peu ou prou, forcément, l'âme policière. Et son terrain d'investigation n'a pas de limite. Car, tout autant que les marchands, les bactéries sont des agents actifs de la mondialisation.

Balakrish Nair lève les mains au ciel.

– Nous faisons de notre mieux. Nous nous agitons. Mais que peuvent les médecins contre la dégradation, ou l'absence, des réseaux d'assainissement ? Dites-le, s'il vous plaît, dites-le dans votre livre : le manque d'eau tue, c'est sûr. Mais plus encore le manque d'assainissement...

Je crois entendre Joël Lagoutte. Ce médecin, qui travaille pour la Croix-Rouge internationale, connaît tout des drames de la planète : Liban, tremblement de terre au Pakistan, tsunami en Thaïlande... C'est un Breton, donc un taiseux. Il faut lui arracher mot après mot le récit de ses missions. J'aimerais tant qu'il prenne la plume, un jour ! Il dirait des vérités inconnues, de celles qui dérangent et donc servent. Un soir, à Paris, dans un petit restaurant de la rue Rousselet[1], il m'a raconté le Sud-Soudan, la ville mythique de Juba. Il travaillait dans l'hôpital dévasté :

– Nous n'arrêtions pas. Peut-être vingt heures d'affilée. Les malades ne cessaient d'arriver. La plupart, des cas extrêmes de dysenterie. Combien en sauvions-nous ? Peut-être trente, quarante par jour. Dans le même temps, à deux cents mètres de là, une station d'épuration avait été détruite. Et personne ne venait, personne ne pouvait la réparer. Résultat : des centaines et des centaines de contaminations. Ce n'est pas grand-chose, la médecine...

Balakrish Nair m'a raccompagné jusqu'à la rue. Il ne voulait surtout pas que j'oublie son message : l'assainissement. Eau potable ET assainissement, *listen to me*, c'est un couple, le couple indissociable de la bonne santé. Tout en parlant, il me souriait. Il souriait avec douceur. Il y a des douceurs dans certains sourires qui sont comme des menaces. J'ai promis. Promesse tenue.

J'ai longtemps cherché mon chauffeur, Amitav. Pourtant, je lui avais donné rendez-vous. Je ne l'ai jamais trouvé. Au dernier moment, la terreur de la contagion avait dû l'emporter sur son sens du devoir. Je suis rentré à bord d'une autre Ford tout aussi vétuste, sur une banquette tout aussi défoncée, avec des ressorts tout aussi désireux de me piquer les fesses.

---

1. *Le Domaine de Lantillac*, 20, rue Rousselet, Paris VIIe. Très bonne cuisine du Sud-Ouest.

Autres messages

A.K. Gosh (329, Jodhpur Park) est un vieux savant à tête de lion malicieux. Il enseigne à l'université de Calcutta et dirige un centre de recherche qui, depuis trente ans, s'intéresse à l'environnement. Longtemps il a travaillé dans un dédain général : seul comptait la croissance économique, quel qu'en fût le prix. Aujourd'hui, les autorités prêtent à ses travaux, notamment sur la pollution et l'appauvrissement des sols (également dramatiques), une attention croissante.

Lui aussi avait pour moi un message :

– Vous arrivez de chez Nair ? Parfait. Mais, croyez-moi, le péril principal de l'Inde ne vient pas des maladies. Venez avec moi...

Il m'entraîna dehors. Pour être franc, c'est aussi qu'il voulait fumer. Il tendit vers le ciel un doigt jaunâtre.

– Vous voyez ?

– Quoi donc ?

Un ciel menaçant surplombait les petits immeubles de ce quartier paisible.

– L'Himalaya.

– C'est un peu loin, non ?

– Peut-être ! Mais tout se jouera là. Les glaciers

fondent. Et, sans glaciers, que restera-t-il de l'Inde ?
Imaginez à Varanasi[1] le Gange ne coulant plus.
Réfléchissez !

Je suivis son conseil et retournai donc, pensif, à
mon hôtel, lorsqu'un jeune homme me tendit ce
papier :

If you free from SEX PROBLEM Then no need to read this
Handbill

The most scientifically run herbal treatment center in your city
offers sure remedies for any sexual problems like nocturnal
emissions, low sperm count, sperm disorder, quickfalls, gonorr-
hoea, syphilis, physical weakness. However serious your condition, never lose hope. Come to us for side-effect-free herbal
treatment.

ANAND CLINIC

(Multi speciality Ayurved & Unani Clinic)
2/H/8, Munshi Bazar Road, Beliaghata Barafkal, Kolkata – 700015
Phone : 2251 1233, Mobile : 9883290337
Everyday 9 a.m. to 9 p.m. (Sunday & other holidays also open)

Décidément, Calcutta avait toutes sortes de
choses à me dire.

*
* *

C'est bien sûr Amitav qui m'a reconduit à l'aéroport. Rendez-vous : quatre heures du matin. Et nous
avons traversé Calcutta dans la nuit, nous avons
longé des centaines et des centaines de corps, endormis sur le trottoir. Ou sous une charrette, à même
la chaussée. Ou sur un tas de journaux aussi haut

---

1. Le nom indien de Bénarès.

qu'un premier étage. Ou sur des bouteilles vides d'eau minérale. Ou sur des sacs, sur des planches, sur des cordages, sur le capot d'un camion, sur toute surface imaginable, qu'importe la douceur pourvu qu'elle offre de l'horizontalité. J'oublie les chiens, en même nombre que les hommes et sur les mêmes sortes de couches. Peut-être, de temps en temps, échangeaient-ils leurs rôles. Toi, demain, tu fais chien, et moi homme. Qui verrait la différence ?

De place en place, les grosses canalisations continuaient de couler. Mais qui pense à se lever lorsqu'il fait encore si noir ?

D'autres corps, pourtant, étaient déjà levés : ils tiraient ou portaient, comme des bêtes de somme, des poids dix fois plus lourds qu'eux.

L'aéroport de Calcutta n'est qu'un hangar. L'argent nouveau de l'Inde n'est pas là. À Calcutta ne viennent que les humanitaires. Et les aéroports-hangars ne gênent pas les humanitaires. Au contraire, ils sont la preuve que leur charité est attendue.

Je n'emporte jamais de vraies valises. Amitav n'a même pas proposé de m'aider. Il m'a souhaité bon vol, je lui ai souhaité bonne route. Nous nous sommes souhaité bonne suite, ce qui voulait dire – comme nous avons le même âge, la soixantaine – bonne fin de vie.

Il se tenait immobile. Il voulait ajouter quelque chose. Il a fini par me confier une mission. La mission d'avertir les Bangladeshis, puisque je me rendais dans leur pays :

– Vous avez vu Calcutta ? Dites-leur, dites-leur bien qu'ils ne gagneront rien à venir ici. Surtout,

121

qu'ils restent chez eux ! On n'a déjà pas assez pour nous...

Dans l'avion vers Dhaka, mon voisin me raconte que la frontière occidentale du Bangladesh est aussi une passoire. Un flux croissant de migrants gagne l'extrême nord-est de l'Inde, la province de l'Assam. Pour tenter de l'endiguer, les autorités indiennes ont décidé de dresser un grillage haut de 3 mètres et long de 76 kilomètres.

Mais le Brahmapoutre tout proche n'aime guère les partages. Il s'amuse à faire bouger les terrains qui supportent l'ouvrage. L'entrepreneur s'arrache les cheveux : comment bâtir une clôture mouvante ? Et l'administration s'indigne : dans quel monde vivons-nous si les frontières elles-mêmes nomadisent ? Les habitants n'avaient jamais vu un engin motorisé de leur vie. Les enfants s'approchèrent des bulldozers et demandèrent quelle était la nourriture de ces gros bestiaux.

– De l'herbe, répondit bêtement le chef de chantier.

Les enfants le crurent sur parole et, les jours suivants, n'écoutant que leur bon cœur, ils bourrèrent d'herbe les radiateurs et les réservoirs.

V

Tous les maux du monde
(BANGLADESH)

L'hôpital flottant

Il était une fois, dans la bonne ville de Dunkerque, une péniche hors d'âge, modèle Freycinet. Ses jours étaient comptés. Un certain Yves Marre passait, steward et marin. Une immédiate sympathie naît entre cet homme et ce bateau d'eau douce. Un projet fou prend forme. Par camion, la Freycinet gagne l'étang de Berre. Mise à l'eau. Les autorités interviennent : pas question de laisser naviguer cette épave ! Mais Yves a des ressources et des connaissances, notamment le fils d'un chef d'État africain, celui de São Tomé et Principe, dans le golfe de Guinée, renommé pour son très parfumé cacao. Le pavillon de complaisance est accordé à la péniche, qui bientôt prend la mer. L'équipage est difficile à constituer. Aucun marin digne de ce nom ne fait confiance au rafiot, dont les fonds fuient. Un type marchait sur le quai, à l'évidence désœuvré. Il est embarqué. Yves, ayant travaillé dans l'aviation, a des amis dans la météo. Un routeur veille aux grains tout au long du parcours. Il guidera la Freycinet de temps calme en temps presque calme. Comme on approche de Suez, la confiance du matelot grandit envers son capitaine. Il ose raconter sa vie : il n'avait jusqu'alors jamais navigué, il sortait de quinze années de centrale. Le canal est franchi, puis l'océan Indien. La péniche longe le sous-continent. Voici le golfe du Bengale. La Freycinet remonte la grande rivière. S'arrête à Dhaka, le temps de quelques travaux.

Depuis six ans, devenue hôpital (géré par l'ONG Friendship), la péniche monte et descend le Brahmapoutre entre le grand pont de Bangabandhu et la ville de Gaibanda. Elle demeure à un endroit quelques semaines, puis lève l'ancre pour aller soigner ailleurs, sept jours sur sept : déjà 290 000 patients. L'âme de l'hôpital flottant et de Friendship, c'est Runa, femme d'Yves Marre. J'ai rarement, très rarement rencontré autant de qualités contradictoires chez un seul être : le charme et l'énergie, l'attention passionnée aux détails et la vue d'ensemble, l'autorité et l'écoute...

Deux fois par mois le programme affiche : « Cataracte ». J'arrive pour la visite de contrôle. Soixante hommes et femmes sont alignés sur le sable, accroupis. Ils ont dormi dans des tentes, sur la rive. Comme rien n'est jamais parfait, Bernard Matussière, l'ami photographe qui m'accompagne, proteste :

– Ils m'ont mis les malades à contre-jour !

Il trouve du plus joli effet ces compresses blanches au-dessus des saris des femmes, safran, carmin, framboise... Il voudrait, pour leur rendre hommage, de la bonne lumière. J'ai toutes les peines du monde à lui expliquer qu'il faut protéger ces cornées toutes neuves. L'un après l'autre, le docteur retire les pansements. Il inspecte l'œil, y laisse tomber trois gouttes. Puis vient la leçon : aux soixante, schéma à l'appui, une infirmière dispense des conseils d'hygiène et des indications de soins. Les soixante se lèvent, retournent chez eux, à petits pas chancelants, vers des villages souvent très éloignés. Les soixante suivants attendent, eux aussi alignés, mais devant la passerelle. Ils ont un sparadrap sur le front, les uns sur la droite, les autres sur la gauche. Méthode infaillible pour indiquer à l'ophtalmo l'œil à opérer.

Pour compléter l'action de la péniche, Friendship a bâti cent cliniques satellites. Cliniques fragiles, puisque installées sur des îles nomades. Lorsque vient l'inondation, on démonte la clinique. On la reconstruira ailleurs, là où la terre aura daigné arrêter, pour un temps, sa dérive.

Îles nomades

« Inondation » ne convient pas. « Inondation » est un mot de pays tempéré. Je le sais bien, certaines de nos inondations sont violentes. Surtout depuis qu'on a macadamisé tous nos sols et drainé tous nos sous-sols. Mais, le plus souvent, nos rivières à nous se contentent de quitter leur lit, d'envahir nos caves, parfois d'endommager des congélateurs dont les victuailles se gâtent.

Flood a la brièveté qui convient. *Flood* sonne comme une alerte. *Flood* est simple, *flood* est noir comme *blood* est rouge. Le noir gagne d'abord le ciel. L'horizon se bouche, un mur avance : c'est la vague n° 1. Puis un rideau tombe, à peine moins noir, c'est la pluie, la vague n° 2, verticale. Puis vient la vague n° 3, celle qui tue : c'est le fleuve en furie.

Après, l'eau a tout recouvert, l'eau a pris sa revanche sur la Création. Plus rien n'existe sur terre et de la terre que la pointe des arbres. L'eau et le ciel se font face, satisfaits de leur forfait. S'ils ont la même couleur gris-bleu, c'est peut-être qu'ils se sourient.

Après, les hommes, les femmes se comptent et comptent leurs enfants, puis comptent les bêtes qui restent. Après, l'eau s'en va. Si l'eau éprouve quelque chose, c'est du regret. Peut-être que ce vacarme, l'immense ruissellement de l'eau qui s'en va, est l'expression du regret de l'eau. La désolation des humains, elle, est silencieuse.

Alors, comme chaque fois, commence la reconstruction du Bangladesh. La reconstruction est le seul vacarme que s'autorisent les humains. On entend les haches sur le bois, les marteaux sur les clous, les pelles et pioches dans le sol détrempé.

Les *chars* sont des îles, mais des îles fragiles, des îles faites de sable seul, des îles que noient la mousson ou les cyclones, des îles que fleuve ou mer emportent, des îles qui s'en vont, des îles nomades, des îles dont la plupart ne réapparaîtront plus.

Il y a des *chars* de mer, comme le *char* Kukri Mukri ou le *char* Maryabali, dans cet archipel de mangroves qu'on appelle les Sundarbans, à l'extrême sud du pays. Il y a des *chars* de rivière. Ces îles nomades sont des centaines, six cents, dit-on. Elles ont pour domicile mouvant le lit du Brahmapoutre, à l'extrême nord du Bangladesh. Pourquoi les appelle-t-on nomades ? Elles ne tiennent pas en place, entraînées par le courant, submergées par le *flood*.

Des hommes, des femmes, des familles vivent sur ces îles. Combien sont-ils, ces délaissés complets, ces abandonnés de tous et d'abord de Dhaka ? Peut-être deux millions sur les îles elles-mêmes, et trois autres sur les rives qui sont tout autant sous menace perpétuelle.

Runa m'a expliqué le calendrier. De décembre à mars, le Brahmapoutre se repose. Il flâne, il méandre. Personne ne pourrait croire à ses violences passées. Les riverains en profitent pour panser leurs plaies.

Début avril, il se réveille : la fonte des glaces himalayennes le rappelle joyeusement à la vie. Début juin, arrive la mousson. Le déluge commence, qui recouvre tout et emporte presque tout.

Cette fois nous avons emprunté l'ambulance, elle aussi flottante, un catamaran dessiné par le grand architecte naval Marc Van Petegen.

Après trois heures de slalom entre les hauts fonds, et quelques hommages rendus aux rares oiseaux locaux, nous avons abordé au pied d'un petit, tout petit monticule.

« Bienvenue sur le *char* Khamar Jami ! »

*
* *

La terre est plate. Le monde est plan. Le ciel règne sans partage, il a envahi tout l'espace. L'œil ricoche lentement sur l'eau gris-bleu. Les heures passent. L'œil qui s'ennuie de cette eau vide doit aller plus loin. Il a pour seul loisir de monter une marche infime, jaune pâle. C'est le sable. De temps à autre interrompu par des surfaces vert tendre : c'est le riz.

Encore plus loin courent deux lignes d'un autre vert. L'une à hauteur d'homme. On me renseigne : c'est du maïs pour bestiaux. L'autre ligne, la seule altitude, c'est celle des arbres. Des arbres pour construire, des arbres pour éviter de devenir fou, des arbres pour guérir le regard du vertige de l'horizontalité. Au-delà, des ombres grignotent un peu du ciel tout-puissant : les collines de l'Inde. On dirait qu'elles verrouillent l'horizon. L'Inde ne laisse pas au Bangladesh le droit à quelque élévation que ce soit.

Lorsque le fleuve se divise en bras, lorsque le chenal se rétrécit, nous devons quitter l'ambulance pour une pirogue. Souvent elle longe des berges, à les toucher. Alors on voit comme s'effrite le sol des îles nomades, comme il s'écoule, ou tombe soudain, par plaques entières, avec la plantation qu'il porte. Cette usure n'est rien, elle a la douceur d'un sablier. Elle annonce les tempêtes à venir. Je comprends que l'eau ne mesure pas seulement le temps. Elle l'accélère. L'eau a des colères, des impatiences que n'a pas le temps. L'eau charrie la sauvagerie du temps.

Une escadrille de canards se montre, dandinant sur le sable. Leurs couleurs ne ressemblent à rien de connu : têtes jaunes, lisérés noirs autour du cou, torses d'un bel orange, ailes blanches et vertes, queues noires... Et pourtant la forme de ces oiseaux me rappelle quelque chose. Quelque chose de doux, d'amical, de familier. Je mobilise ma mémoire. Le mot recherché résiste, joue quelque temps les coquettes comme si souvent les mots quand ils voient bien qu'on les cherche. Enfin le mot cède, qui correspond à la forme : *tadorne*. Ces oiseaux bangladeshis ressemblent comme des frères ou comme des cousins aux dodus canards de ma Bretagne. Ils se creusent de véritables terriers à la manière de leurs ennemis, les renards.

La pauvreté n'a pas de limite : on trouve toujours quelqu'un de plus pauvre que les pauvres. Mais la pauvreté dans les *chars* atteint le fond, le fond du fond de la pauvreté. Vous voulez des preuves ?

En voici une : ne pas pouvoir payer au piroguier le prix du passage de son île à la rive. De 5 à 10 tekas, de 5 à 10 centimes d'euro.

En voici une autre : perdre tout lorsque survient l'inondation, tout le peu qu'on a, perdre sa vache, perdre ses chèvres, perdre, juste avant la récolte, la terre où l'on a planté, perdre sa maison, une mère, un enfant, deux enfants qui ne savent pas nager, qui n'ont pas eu le temps ni la force de s'accrocher à un arbre, tout perdre, à peine a-t-on reconstruit.

Ça ne vous suffit pas ? Que dites-vous de cette situation : ne pas savoir quand, quel jour d'août ou de septembre reviendra la vague qui, de nouveau, emportera tout.

Les îles au Bangladesh ont de courtes, très courtes espérances de vie. De dix à quinze ans au sud, de deux à trois au nord. Mais, du fait du réchauffement, des désordres croissants du climat, ces espérances ne cessent de raccourcir.

Paroles de *chars*

« *Je ne sais pas quel âge j'ai. Je me suis mariée à dix ans. J'ai changé quinze fois de maison à cause des inondations. En 1988, nous avons dû nager pour sauver notre vie. L'eau a tout emporté. J'ai eu sept enfants. Deux sont morts.* »

« *Entre 1978 et 1988, j'ai eu de la chance : ma terre est restée au-dessus de l'eau. Depuis, elle disparaît, réapparaît, redisparaît. Aujourd'hui, il ne m'en reste qu'un tiers.* »

« *Je ne sais ni lire ni écrire. Notre maison a été emportée vingt fois. Mon mari n'a jamais eu la tête solide. Il a disparu.* »

« *Je n'ai jamais voulu aller m'installer sur les îles à cause de l'érosion. Je suis restée sur la terre principale. Ma terre a été avalée quand même, il y a cinq ans* [1]. »

---

1. Gilles Saussier n'a pas seulement rapporté du Bangladesh des photographies poignantes de ces populations. Il les a aussi écoutées : *Living in the Fringe*, First, 1998.

Partout, sur les *chars*, j'ai entendu les mêmes récits.

J'ai aussi entendu ceci. Un vieil homme se tenait immobile au bout d'une île. Nous lui avons demandé ce qu'il faisait.

– Je regarde ma terre.

– Mais il n'y a que de l'eau...

– Peut-être que ma terre reviendra. L'eau l'a avalée, l'eau peut bien la rendre. On ne sait jamais, avec l'eau.

En attendant, l'homme paie la taxe sur la terre...

– Si je ne paie pas la taxe et si la terre réapparaît, le gouvernement la donnera à un autre, je l'aurai vraiment perdue.

Si elles emportent tout, les inondations, à la différence très notable des cyclones (300 000 morts en 1970, 130 000 en 1991), tuent assez rarement. Des barques chavirent dans le courant et quelques personnes se noient. Mais le vrai risque est ailleurs. Lorsque l'inondation arrive, les serpents fuient les flots, comme vous. Quand ils se réfugient sur le même toit que vous, mieux vaut leur laisser la place. Alors vous vous laissez glisser dans l'eau. Vous retrouvez la violence du courant. Vous tentez votre chance sur un autre toit...

Leçons d'autocensure

Dans chaque village où nous abordons, des dizaines et des dizaines de gamins nous font fête. Chaque fois, je fais demander aux femmes :

– Combien avez-vous d'enfants ?

Ces femmes impressionnent : saris multicolores (d'une propreté parfaite, malgré la poussière) et bonne humeur (qui paraît inaltérable). Toutes lèvent deux doigts et la moitié d'un. Et disent :

– Deux sept !

– Pardon ?

– 2,7, précise Runa.

2,7 est le chiffre officiel. Les femmes ont peur que, en annonçant un chiffre supérieur (c'est-à-dire la réalité), les aides des diverses ONG ne leur soient coupées. Je ne suis pas démographe. Je veux bien croire ces spécialistes quand ils nous annoncent que la « transition » est en marche, que le rythme des naissances se ralentit... Mais partout je vois les mêmes familles, très nombreuses. Le Bangladesh dépassera bientôt les 180 millions d'habitants sur le tiers de la superficie française.

Un sentiment géographique

Depuis l'enfance, je suis du doigt sur les cartes le parcours des fleuves. J'ai retenu de ces promenades sur papier de nombreux modèles utiles à ma vie personnelle. Chaque fois, par exemple, que je manque d'audace et de folie, je repense au Niger. Ce fleuve, au lieu de se laisser aller tranquillement jusqu'à la mer, comme font tous les autres fleuves normaux du monde, a décidé d'affronter en duel, par le sud, le Sahara. Comment ne pas tenter de l'imiter ?

Les destins comparés du Gange et du Brahmapoutre ont aussi de quoi fasciner. Ils naissent au même endroit du monde, quasiment du même glacier, à quelque mille kilomètres dans l'ouest de Lhassa. Mais, tandis que le Gange plonge directement vers la plaine indienne, le Brahmapoutre choisit le chemin des écoliers. Il va traverser, sans se hâter, tout le plateau tibétain avant de se laisser enfin aller à son destin de fleuve, c'est-à-dire tomber.

Et voici que, sur un gros bateau en bois, je me trouve à leur confluent. Comme quelqu'un à la gare qui accueille des parents venus de deux trains différents. Pour un peu, je porterais leurs valises. Je me contente de tendre l'oreille. J'espère, on s'en doute, le récit de leurs périples. Mais rien ne vient. Peut-être les deux fleuves sont-ils en froid, depuis l'Himalaya ? Peut-être parlent-ils sans que je comprenne ? Malgré tous mes efforts, je ne dois pas encore bien connaître la langue des fleuves. Ou peut-être, comme deux frères se retrouvant, ne se parlent-ils que l'un à l'autre ?

Les pêcheurs s'activent à la manière lente et précise de ceux qui refont des gestes mille fois répétés. Les dauphins aveugles passent et repassent. Il paraît que les eaux sont plus poissonneuses, à l'endroit des confluents.

Le vieil homme est assis à l'arrière de sa barque, la main sur la barre. Il ne bouge pas. Personne ne rame. Pourtant, sa barque avance contre le courant violent.

Un enfant marche sur la rive, trente pas devant.

Qui pourrait voir la corde couleur de sable ?

C'est l'enfant qui tire le vieil homme et sa barque.

Leçons de géopolitique

Tout paraît si calme, si doux, au fil de l'eau. Comment imaginer que de terribles conflits sont à craindre avec ces fleuves pour enjeu ? L'avantage de naviguer, c'est le temps et le recul. Débarrassé des agitations de la terre dite ferme, on peut réfléchir. Yves et Runa ont étendu sur le pont de grandes cartes de la région.

– Regarde. Ici, vers l'est, le Gange ; là, au nord-ouest, le Brahmapoutre.

Le Gange et le Brahmapoutre sont les deux seuls grands fleuves qu'aucune agence internationale ne gère. L'Inde décide. L'Inde se comporte en puissance coloniale. La Chine mêlera bientôt sa voix au chapitre. Le petit Bangladesh n'a d'autre issue que de compter les mètres cubes qui lui sont laissés.

Juste avant sa frontière avec notre pays, l'Inde, dans les années 1980, a érigé le barrage de Farakka. Les eaux captées dans le Gange ont aidé les paysans indiens. Nous sommes contents pour eux. Et la rivière Hoogli, celle qui traverse Calcutta, en a reçu sa part. Elle s'en est trouvée toute revigorée. Bravo ! Mais le Gange en aval, c'est-à-dire chez nous, ne coule plus assez fort. Le Gange, au Bangladesh, s'ensable.

Les Indiens et aussi les Chinois ont d'autres projets de barrages concernant cette fois le Brahmapoutre. L'Inde veut irriguer le Rajasthan. La Chine a un besoin urgent, désespéré d'eau. Si ces barrages voient le jour, le Bangladesh utile rétrécira peut-être de moitié. Car le flot d'eaux douces apporté par nos deux fleuves ne sera pas suffisant pour contrecarrer la montée des eaux salines venues du golfe du Bengale. Le riz a beau être une plante accommodante qui accepte beaucoup de sel dans son eau, cette fois il dira non. Que faire d'un pays sans riz, car rongé par le sel ?

Pour ne pas ajouter à toutes ces inquiétudes, j'ai gardé pour moi l'avertissement du professeur Gosh : la fonte des glaciers de l'Himalaya.

Le pays sans pierres

J'ai commencé à comprendre ce pays grâce aux taches rouges. L'hydravion de la mission médicale revenait vers Dhaka en survolant des mares et des rizières rouges toutes plantées d'une haute cheminée. J'en demandai l'identité à Runa.

– Notre pays n'a pas de pierres...

La plupart des gens se débarrassent des questions comme d'un moustique, au plus vite, comme s'ils craignaient on ne sait quelle contamination. Runa n'est pas de ce genre. Généreuse, elle l'est aussi de paroles. Elle prend chaque fois le temps de remonter en arrière, de dresser le décor, de camper l'atmosphère, les personnages. J'ai attendu patiemment la suite.

– Notre pays n'a pas de pierres. Alors nous devons moissonner notre sol.

– Moissonner ?

L'explication n'est venue que plus tard, peut-être au bout d'un quart d'heure. La poésie bengalaise n'a que faire de la hâte.

– Notre seul moyen, puisque nous n'avons pas de pierres, c'est d'en fabriquer avec notre terre. Ces taches rouges sont des briqueteries !

Le Bangladesh est né des sédiments charriés de

loin par les fleuves himalayens. Pour y trouver un caillou, il doit falloir remonter à plusieurs centaines de milliers d'années, je veux dire forer à quelques centaines de mètres.

Jusqu'à l'atterrissage, nous avons continué à parler de cette affaire de pierres. Je me doutais bien qu'un pays parsemé de taches rouges, c'est-à-dire manquant de pierres, souffrait de troubles plus graves que la fragilité des cloisons.

Dans un pays sans pierres, comment voulez-vous que se construise une morale ? Les deux anciens Premiers ministres attendent, en prison, leur procès, de même qu'une bonne centaine de leurs collègues, voleurs et voleuses.

Dans un pays sans pierres, comment voulez-vous construire un État solide ? L'administration ne remplissant plus ses fonctions, les ONG s'y sont substituées. En aucun autre pays elles ne sont si nombreuses, si puissantes. La plus connue est celle du prix Nobel Mohammed Yunus. *Grameen* est devenu célèbre pour son action en faveur du microcrédit au Bangladesh et partout dans le monde (Planète Finance). Mais cette ONG agit aussi en d'autres domaines, les plus divers. Récemment, elle a signé un accord avec Veolia. Entre autres maux, le Bangladesh souffre de l'arsenic naturel. Les populations ont le choix : s'empoisonner vite en consommant l'eau des rivières polluées, ou lentement en puisant dans des puits contaminés. Des centres de traitement des eaux leur seront fournis.

*

* *

À propos de pierres, j'apprendrai plus tard une pratique très avaricieuse de l'Inde. Un jour, ce grand pays se rendit compte que le fleuve Brahmapoutre et aussi la rivière Kusiyara charriaient dans leur lit des cailloux, comme tous les fleuves et toutes les rivières du monde, mais des cailloux plus gros que les autres fleuves et les autres rivières, eux-mêmes étant plus puissants. L'Inde ne supporta pas de laisser filer ainsi son capital pierreux. Elle tendit donc des filets en travers de ce fleuve et de cette rivière pour tenter de retenir ces pierres roulantes.

Réfugiés

En nul autre pays les colères de l'eau ne sont si nombreuses, violentes et diverses. Rappelons-nous : les inondations, les cyclones, la montée de l'océan, les sécheresses, le progrès du sel, la menace de l'arsenic...

Où échouent les familles ballottées par l'une ou l'autre de ces colères ? Beaucoup tentent de gagner l'Inde. Celles qui restent au Bangladesh s'entassent à Dhaka.

Si les trains passent au milieu de taudis, c'est que ceux qui n'ont plus rien se sont installés le long des rails de chemin de fer. Car les ballasts restaient, jusqu'à une date récente, les seuls endroits inoccupés de la ville. Car, pour l'instant, personne ne doit payer de loyer pour occuper cinq mètres carrés de gravier.

Alors c'est là que les plus déshérités des déshérités ont planté les morceaux de planche, de toile ou de tôle qui leur tiennent lieu de cabanes, là qu'ils vivent avec leurs six ou sept enfants.

Désormais, cette traînée de misère traverse la ville, elle serpente comme les trains entre les quartiers, elle passe au pied des tours les plus somptueuses, elle sinue entre les immeubles de la classe moyenne. Pas besoin de se déplacer, il suffit de se pencher, on peut voir de son balcon la misère. La traînée s'interrompt le temps d'une gare pour reprendre juste après. Chaque semaine, elle s'allonge. Elle commence à la campagne, elle se poursuit jusqu'à la campagne. On dirait que les voyageurs trop nombreux ont débordé des deux côtés, avant le quai, après le quai, et se sont retrouvés sur la voie. Sauf que ces voyageurs ne sont pas arrivés par une gare, ils ne pouvaient payer le prix d'un billet. Sauf que ces voyageurs n'ont pas non plus de bagages. Dhaka n'était pas leur destination, mais, puisqu'ils n'ont pas de destination, ils resteront à Dhaka. Terminus. À moins que les fleuves ou la mer n'en viennent à inonder aussi les voies de chemin de fer.

Toutes les cinq ou six minutes, un train se présente. La foule attend l'ultime instant pour s'écarter. Un enfant dort sur un aiguillage. Les roues lui ont frôlé la tête. Une petite fille se coiffe de la main gauche. Elle a déposé un miroir sur une traverse. Il lui manque la main droite. Sur une serviette-éponge, une femme expose des bijoux : cinq bracelets de plastique, trois boucles d'oreilles en zinc. Une vieille s'arrête, négocie. Des enfants gloussent : un homme vient de couper le cou à deux poulets, les poulets s'agitent, le sang gicle, les enfants battent des mains. Les femmes qui ne s'intéressent pas aux bijoux préparent le repas : du riz, des morceaux de carottes. Des hommes marchent de long en large sur la voie, très longues marches d'une gare à l'autre. Peut-être jouent-ils au train ? Les heures passent. Deux autres familles arrivent. On les reconnaît à leur poussière. On leur dit d'aller plus loin. Ici, tu vois bien, c'est complet.

Combien de dizaines de millions seront-ils, dans vingt ans, dans trente ans, ces réfugiés « climatiques », et quels nouveaux remblais trouveront-ils pour « s'installer » ?

Esclaves et enfants gâtés

Les voyageurs sont des enfants gâtés, jamais rassasiés de géographie. Je venais de découvrir l'Australie, Singapour, Calcutta, Dhaka, les îles nomades...

Et je ne rêvais que du seul endroit où je n'avais pu me rendre : Cherrapunjee, la capitale mondiale de la pluie. Depuis l'enfance, pour me guérir d'un manque, j'ai trouvé la recette : je me raconte l'histoire de celui ou de celle qui me manque. À échafauder cette histoire, je mets tout mon cœur. Contre toute évidence, l'idée ne m'a jamais quitté que la présence de ceux que j'aime dépend de moi. Si je trouve les mots et la place des mots et la précision et la chanson des mots, celui ou celle qui me manque paraîtra.

C'est ainsi que dans la salle d'attente de l'aéroport de Dhaka, porte 6 (vol pour Doha), je me suis raconté à voix basse l'histoire vraie de Cherrapunjee.

Au nord du golfe du Bengale, les eaux sont peu profondes, car le Gange et le Brahmapoutre, depuis des temps immémoriaux, y déversent d'invraisemblables sédiments. Chauffées à blanc par l'été tropical, ces eaux sont facilement aspirées par les grands courants d'air de la mousson.

Ce sont donc des vents gorgés d'humidité qui arrivent au fond du golfe, sautent par-dessus les mangroves, saluent les plaines à riz et les collines à thé. À l'humidité venue de la mer s'ajoute ainsi la transpiration des plantes.

C'est la fin du chemin pour ces masses nuageuses. Devant elles s'étend l'infranchissable barrière de l'Himalaya contre laquelle les vents les plus violents ne peuvent rien, sinon rebondir.

Aucune autre région de la planète ne rassemble autant d'eau dans l'air. À aucun autre endroit un mur d'une telle taille n'arrête la liberté des nuages. De ce drame, le seul dénouement possible est la pluie. Il pleut donc sur le Meghalaya plus que partout ailleurs : plus de 12 mètres en trois mois (je rappelle : il pleut sur Brest 800 millimètres d'eau par an).

Comme d'autres se donnent rendez-vous à Jérusalem, je me suis donc juré de venir, un jour prochain, à Cherrapunjee.

*
* *

Oui, certains voyageurs sont des enfants gâtés. Et d'autres sont des esclaves.

La première fois, la vision surprend. Dans un aéroport asiatique, devant le bureau d'enregistrement d'un vol pour Dubaï, Riyad ou Doha, un groupe de 40 à 50 hommes attend. Leur originalité, c'est l'uniforme. Ils portent tous le même bleu de travail. Un bleu qui peut être vert, gris ou rouge. Dans leur dos, on peut lire le nom de la société qui les emploie. Histoire, sans doute, de bien leur faire comprendre qu'à partir de ce moment ils ont perdu leur identité. D'ailleurs, leurs passeports ne leur seront rendus qu'à la fin de leur « mission ». Près de 5 millions d'Indiens travaillent dans le Golfe, autant de Pakistanais et près de 2 millions de Philippins.

Très tôt, ce jour-là, dans l'aéroport de Dhaka, leurs bleus de travail étaient orange, d'une nuance très flashy qui n'était pas sans rappeler les habillements carcéraux de Guantanamo.

VI

Dompter les fleuves
et avancer vers la pureté
(CHINE)

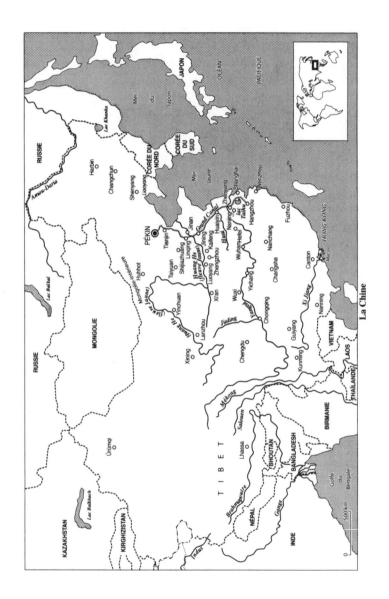

La Chine

Il y a des géographies douces, des espaces bien tempérés. Les peuples n'ont qu'à se laisser bercer. Ainsi la France. Elle a parfois choisi d'aménager. Elle n'avait rien à bouleverser, elle n'eut pas à lutter contre sa terre.

Et puis il y a des malédictions, des peuples toujours contraints de guerroyer. Contre le sable, contre le froid, contre le sol qui glisse ou tremble. Contre l'eau, trop violente ou trop absente. Ainsi la Chine. Dans les conversations, un adjectif revient sans cesse. Il est fait de quatre syllabes. La première, *zāi*, veut dire calamité, catastrophe. La deuxième, *nān* : souffrance. La troisième, *zhēn* : profond. La quatrième, *zhōng* : lourd.

Contrairement à ce que l'on croit, les Chinois ne qualifient pas d'abord leur pays comme une terre de puissance ou une très ancienne civilisation. C'est *zāi nān zhēn zhōng* qu'ils utilisent, l'adjectif de l'adversité permanente. Parfois, les Chinois regrettent leur athéisme. Si nous croyions en Dieu, se disent-ils, Il ne nous aurait pas autant oubliés dans la distribution des bonnes terres et des pluies régulières.

Le maître des eaux

M. Gao Er Kun, directeur général de l'Eau au ministère des Ressources hydrauliques, reçoit comme un chef d'État. Une première hôtesse charmante me confie à une deuxième hôtesse charmante qui me présente à un huissier solennel qui m'introduit dans une grande salle où une hôtesse chef, moins charmante, me conduit à ma place, un gros fauteuil bleu. C'est bien de moi qu'il s'agit et c'est bien là que je dois m'asseoir : une pancarte porte mon nom. À ma gauche, un bouquet de fleurs. De l'autre côté du bouquet, M. Gao. Devant nous, séparés par un tapis qui fait mal aux yeux tant il déborde d'idéogrammes, deux rangées de fauteuils du même bleu, mais de moindre importance. S'y sont installés une dame sévère qui feuillette un cahier d'écolier, sans doute le bras droit de M. Gao, et les interprètes.

Les compliments échangés, le directeur général commence son cours :

– Mon pays est riche de ressources en eau. Nous occupons la quatrième ou la cinquième place mondiale. Mais notre peuple est si nombreux... Et cette eau est si mal répartie dans le temps et dans l'espace...

M. Gao a le parler clair et ordonné des professeurs. À l'évidence, il aime me voir prendre des notes. Passant par-dessus le bouquet de fleurs, son œil ne quitte pas mon carnet. Je vais soigner mon écriture.

– 70 % de notre pluie tombent durant l'été ! Trop d'eau, beaucoup trop d'eau en juillet-août, et presque plus rien après. Maintenant, la répartition dans l'espace. Vous avez en tête la carte de la Chine ? Excellent. Tracez une ligne droite. Elle commence juste au-dessus de Shanghai et s'en va tout droit vers l'ouest. Dans les deux parties de mon pays, le Nord, au-dessus de la ligne, et le Sud, en dessous, vit la même population : 700 millions. Seulement, le Nord ne dispose que de 17 % de l'eau...

Ces premières phrases m'inquiètent : un homme qui aime tellement les résumés et occupe une telle fonction a peu de temps à accorder. Je me trompais. M. Gao, ignorant les regards impatients de la dame sévère, me gardera presque trois heures. Notre passé commun d'économistes l'a peut-être mis en confiance. Mais l'exceptionnelle disponibilité de cet homme, je la dois à la Bretagne. Pour je ne sais quelle rencontre d'hydrologues, il était venu à Paris, où quelqu'un lui avait parlé de cette région humide. Qu'il puisse exister sur cette Terre un endroit où il pleuve tout à la fois suffisamment, calmement et régulièrement, voilà qui faisait rêver l'empire du Milieu, si mal loti en la matière. Je le dis à mes frères et sœurs bretons : la Chine est jalouse de vous, du moins hydrauliquement parlant !

– Vous venez d'un continent tempéré. Vous ne pouvez pas comprendre qu'un même pays puisse connaître à la fois l'inondation et la sécheresse. Et

153

que les deux malédictions puissent tuer autant. Me permettez-vous de commencer par l'inondation ?

Comme la traductrice se perd dans les chiffres, M. Gao la reprend. Il faut que le visiteur venant du continent tempéré se rende bien compte de la violence des éléments en Chine.

Il mentionne trois années d'inondations terribles parmi d'autres à peine moins terribles. 1931 : 145 000 morts. 1935 : 142 000. 1954 : 33 000.

Je me rappelle, enfant, mon premier contact avec la Chine grâce au si cher album du *Lotus bleu*. En lutte contre un réseau de trafiquants d'opium dirigé par le redoutable Mitsuhirato, Tintin réussit à s'évader de sa prison de Shanghai. Alors que, page 42, il cherche à rejoindre Hou Kou, son train est arrêté par une inondation : le Yangtsé a rompu ses digues. Longeant le fleuve, il entend des cris, se jette à l'eau et sauve d'une noyade certaine un jeune Chinois nommé Tchang.

Pendant que je pense à Tintin, M. Gao évoque l'empereur Yao, de la dynastie des Shang (2 000 ans avant notre ère). C'est lui qui eut la bonne idée de désigner Gun, un chef de clan, pour lutter contre les crues de l'autre grand fleuve, au nord, le fleuve Jaune. Le fils de Gun, Yu, « Yu le Grand », prendra le relais. Il réussira à réunir jusqu'à 280 000 personnes de plus de trente clans différents pour édifier des digues.

– Vous voyez, monsieur Orsenna, l'eau est tellement cruelle qu'elle force les hommes à se rassembler !

Qu'importe l'impatience du bras droit sévère – j'ai l'impression que M. Gao lui a donné l'ordre de repousser les rendez-vous suivants –, il lui faut combler les lacunes historiques de son visiteur.

Gun, Yu le Grand, Li Bing... ces noms nous sont inconnus, à nous autres Européens. Mais ils brillent au firmament chinois. Ces ingénieurs sont les généraux de la plus interminable des guerres sans doute jamais livrées sur cette planète, la guerre de l'empire du Milieu contre le dragon Eau.

*
* *

M. Gao est passé à l'autre malédiction, la sécheresse. Personne ne sait ni ne saura jamais le nombre de décès causés par le manque d'eau et par les pertes de récoltes qui s'ensuivent. Dans les années 1959 et 1960, la faim a tué des dizaines et des dizaines de millions de gens...

Le climat, dit-il, évolue sans doute, mais nous avons notre part de responsabilité. Nous avons déforesté. Nous avons vidé les lacs. Nous avons mis en culture les zones humides. Résultat : les terres touchées par la sécheresse s'étendent chaque année. Quittez donc Pékin vers le nord-ouest ; vous n'aurez pas à rouler plus de 80 kilomètres – qu'est-ce que 80 kilomètres ? – avant de rencontrer les premières dunes du désert de Gobi !

Que faire ?

M. Gao passe vite sur les nécessaires économies d'eau, sur le programme de plantation d'arbres. À ce propos, il faut savoir que beaucoup d'arbres plantés ne survivent pas, faute de soins appropriés. Mais M. Gao a l'âme d'un ingénieur. Les ingénieurs ne s'intéressent pas trop à la prévention ni à l'agriculture fine. Ils préfèrent construire. Il me parle un moment des centrales de dessalement.

Je sens bien qu'elles n'ont pas sa préférence.

M. Gao sourit. M. Gao a une autre idée.

Lorsqu'il se met à évoquer la réhabilitation et le développement du Grand Canal, je comprends tout de suite qu'il s'agit de *son* projet. Un projet typiquement chinois. Je souris aussi, car je suis là en pays de connaissance.

Pour préparer ma rencontre avec M. Gao, je cherchais quelqu'un pouvant me raconter l'épopée du Grand Canal. J'ai trouvé Christine Cornet[1]. Elle est universitaire, sinologue et historienne, pour l'heure attachée culturelle près l'ambassade de France à Pékin. Sa thèse sur l'histoire de Shanghai dans les années 1930 fait autorité.

Plus encore que la Grande Muraille, le Grand Canal exprime le génie de la Chine :

– l'ambition de maîtrise. Pas plus qu'on ne se laissera envahir par aucun peuple, on n'acceptera les diktats de la nature ;

– un pays d'ingénieurs. Le pouvoir des lettrés ne doit pas faire oublier que le savoir doit être utile, que la science doit s'appliquer. Réfléchir et méditer, certes. Mais aussi concevoir, bâtir, creuser, réparer, améliorer le fonctionnement du monde ;

– une folie du travail. Une fois la décision prise, quelle que soit la décision, une main-d'œuvre, inépuisable en nombre et en énergie, la réalisera ;

(Cette main-d'œuvre est rarement volontaire. Et alors ?)

---

1. Christine Cornet et François Verdier, *Carnet de Chine* et *Paysans de l'eau*, Actes Sud/Bleu de Chine, 2004.

– une passion pour la symétrie. Pourquoi les fleuves, en Chine, ne coulent-ils que d'ouest en est, et jamais du nord au sud, jamais du sud au nord, jamais d'est en ouest ? Les données de la géographie ne sont pas une excuse. Il faut remédier à ce désordre ;

– une morale de la continuité. Si des ancêtres ont commencé une œuvre il y a trois mille ans, ils avaient une raison. Pourquoi cette raison serait-elle éteinte aujourd'hui ? En conséquence, de quel droit interrompre l'action entreprise par ses ancêtres ?

La construction du Grand Canal a commencé 500 ans avant notre ère, pour transporter des troupes et le tribut (l'impôt payé en grain).

Les objectifs ont changé. Il s'agit d'abord d'apporter vers les villes du Nord des eaux du Sud.

Aujourd'hui, les travaux reprennent.

Ma connaissance du Grand Canal a favorablement impressionné M. Gao. Décidément, semble-t-il se dire, ce visiteur économiste et tempéré est un interlocuteur fréquentable.

Le moment est donc venu pour moi de poser la question qui va fâcher : la pollution. Quel est l'état des eaux chinoises ?

Le sourire de M. Gao s'élargit.

– La pollution est un fléau national ! La Chine met parfois longtemps à repérer son ennemi. Mais quand elle lui déclare la guerre, elle gagne. Toujours. Seule la pollution peut freiner notre développement. Or nous avons besoin de ce développement. Donc, nous vaincrons la pollution !

Il donne un ordre. L'assistante à la montre bondit. En attendant son retour, M. Gao me résume la situation. Comme il y a de moins en moins de terre arable, les paysans utilisent de plus en plus d'engrais. Par ailleurs, en ville, à peine 30 % des eaux domestiques sont traitées avant d'être rejetées. Pour l'industrie, dont les effluents sont plus dangereux, ce taux ne dépasse pas 60 %. Résultat : le tiers des rivières chinoises est sérieusement pollué.

On dirait que M. Gao prend plaisir à ces très mauvaises nouvelles. En tout cas, son message est clair : les plus hautes autorités de l'État connaissent la gravité du problème. Bien loin de la cacher, comme aux époques antérieures, elles veulent que chacun en prenne conscience. Et avertissent que tous les moyens – vous m'entendez ? tous ! – seront mis en œuvre pour y remédier.

L'assistante revient avec deux livrets qu'elle tend à M. Gao. Il ouvre l'un d'eux et lit : « À la lumière de la théorie Deng Xiaoping et de l'importante pensée des Trois Représentants, nous devons poursuivre notre réussite économique et sociale en restant fidèles aux concepts scientifiques du développement. »

Il relève la tête.

– Je ne peux pas mieux vous répondre. C'est le préambule à notre XIᵉ Plan quinquennal 2006-2010. Regardez notre troisième priorité : « Économiser nos ressources et protéger l'environnement ». Et voyez, là, notre priorité suivante : « Construire une société de conservation des ressources et d'amitié avec l'environnement »...

En même temps qu'il referme le document, M. Gao clôt le débat. À l'évidence, un tel engagement national garantit la victoire contre l'ennemi pollution.

L'entretien est fini. M. Gao se lève, à l'immense soulagement du bras droit. Il me tend le deuxième livret. C'est la version anglaise (résumée) du XIe Plan quinquennal. Il m'en souhaite bonne lecture.

– Vous pourrez constater la détermination de la Chine et ses engagements chiffrés...

Quelle meilleure occupation, ce soir, à l'hôtel, que de lire un Plan quinquennal ?

– *Harnessing rivers...*

M. Gao s'est mis à l'anglais. Avant de me quitter, il voudrait que je comprenne bien sa tâche. *To harness* a deux sens. D'abord, harnacher un animal ; en d'autres termes, le domestiquer. Ensuite, exploiter des ressources. Mais la différence entre les deux sens n'est qu'une affaire de chronologie : une fois la bête harnachée, on peut employer sa force.

M. Gao passe vite sur la question de l'énergie hydraulique. Il sait que je vais aller visiter les Trois Gorges.

– Cet ouvrage va nous fournir autant d'électricité que tous vos barrages français. Bien sûr, il déséquilibre un peu l'environnement. Mais vous, habitants de pays tempérés, vous n'avez pas l'air de vous rendre compte. Les Trois Gorges servent d'abord à juguler les inondations du Yangtsé. Comment pourrions-nous, nous autres Chinois, oublier la menace permanente des inondations ?

M. Gao en est revenu à sa hantise.

– Sans vouloir critiquer mes prédécesseurs, je me permettrai de suggérer que, peut-être, ils ont péché par orgueil. On aura beau élever toutes les digues, tous les barrages qu'on voudra – nous avons 85 000 réservoirs en Chine –, un fleuve, s'il le décide, sera plus fort que nous. Au lieu de chercher à défendre tout un territoire, mieux vaut se concentrer sur l'essentiel : le cœur des villes, les usines dangereuses. On peut abandonner le reste à l'eau...

Je ne sais plus les mots exacts trouvés par la très brillante traductrice, mais M. Gao hoche vigoureusement la tête et répète :

– L'eau, comme le feu, a besoin de sa part.

Puis il prend congé de moi :

– Bon voyage ! Et saluez pour moi votre pays tempéré ! Vous voyez, je suis obligé de vous quitter. Quand on n'habite pas un pays tempéré, on est forcé de travailler plus...

*
* *

Retraversant Pékin, dont le sixième périphérique est déjà débordé par de nouvelles hordes d'immeubles je repense au tout petit village de Saint-Denis-des-Puits (120 habitants), département d'Eure-et-Loir, au cœur de ce grenier qu'est la Beauce. Douce France ! Pour avoir de l'eau, il suffit de creuser un peu. Venue de la région voisine du Perche, une rivière souterraine coule juste en bordure des maisons. Le mètre cube d'eau est facturé un euro. Le conseil municipal vient de décider de garder le même prix pour... la décennie à venir. Tous les deux ans, le premier samedi de l'été, le château d'eau est vidé. Et la population, entraînée par son maire, participe joyeusement au nettoyage.

Tianjin

J'imagine que Dieu, après s'être follement distrait six jours durant avec sa Création, se demanda gentiment, le septième, pendant son fameux repos, de quel jouet équivalent Il allait pouvoir faire cadeau à l'espèce humaine. Car si Dieu, à ses heures, est cruel, Il a l'esprit de justice. Pourquoi serait-Il seul à s'amuser ?

C'est ainsi, je pense, qu'Il glissa dans le cerveau des *sapiens sapiens* l'idée de modèle réduit. La répartition des plaisirs devenait équitable. À Dieu, la Genèse. Aux créatures, les maquettes.

Les Chinois ont compris que construire une maquette n'est pas seulement une distraction, ni le moyen d'apprivoiser une réalité trop grande. La maquette est l'alliée de l'action.

Bref, me voici devant la plus imposante maquette qu'il m'ait été donné de voir. Vingt bons mètres de long sur cinq de large : le plan-relief de Tianjin. À force de s'accroître, peut-être que les maquettes changent de nature et deviennent le morceau du monde qu'elles avaient pour tâche de reproduire.

La ville géante a été construite en bois, maison par maison, immeuble par immeuble, les supermarchés, les lieux de culte, les hôpitaux. Tous très éclairés. Les arbres sont plantés dans les parcs, de même que les réverbères le long des projets de promenades. Une grande roue tourne.

– Vous avez vu ce pont, l'un des cinq que nous avons ajoutés aux anciens ? Nous avons voulu saluer Paris. Il s'appelle Beian, le pont de la Paix du Nord, et ressemble comme un frère à son collègue, le pont Alexandre-III...

– Vous le prévoyez pour quand ?

– Déjà fini !

Cela dépasse en magie les vitrines de Noël dans les grands magasins d'autrefois.

J'ai les yeux qui clignent, la mine éblouie. Je retombe en enfance. À bien y réfléchir, l'enfant que je suis redevenu ne détonne pas. Il y a beaucoup, beaucoup d'enfance dans ce très vieux pays : la Chine veut tout, tout de suite, et s'émerveille devant ses nouveaux jouets, qu'elle casse au plus vite pour faire place à d'autres.

*
*   *

À deux heures de Pékin, Tianjin est son port. Aujourd'hui, une agglomération de 14 millions d'habitants. Et, depuis toujours, un poste commercial de première importance. Bâti presque à l'embouchure de la rivière Haie He. *Haie* veut dire mer ; *He*, rivière. Tianjin avait, par cette rivière, accès à la mer. Tandis que par le Grand Canal il recevait des barges venues d'aussi loin que le Huang He (fleuve Jaune) ou le Yangtsé (fleuve Bleu). C'est par Tianjin qu'arrivait, pour nourrir

Pékin, le produit de l'impôt-céréales : le grain prélevé sur les récoltes des riches provinces du Sud. C'est par Tianjin que les Occidentaux pénétrèrent dans le nord de la Chine. Tianjin était l'autre Shanghai, divisé en autant de « concessions », anglaise et française dès la fin des années 1850, puis japonaise, russe, allemande, italienne, belge, austro-hongroise... un vrai catalogue du monde d'avant 14-18 !

La rivière Haie He s'ensablant peu à peu, le port peu à peu s'est déplacé vers l'est. Il s'appelle Tanggu. Son trafic le place au sixième ou septième rang mondial.

Privé de ses bateaux, Tianjin s'était relancé en accueillant l'industrie. D'où forte pollution. Cette époque est révolue. La municipalité a décidé de faire de sa ville la plus agréable de Chine, une sorte d'éco-cité. D'où la maquette. Une maquette donne des yeux à ceux qui n'en n'ont pas, à ceux qui ne croient pas en l'avenir.

Qui va payer ? Question d'Européen. Les autorités prennent en charge les infrastructures. Pour financer la construction et la réhabilitation, les capitaux privés, chinois ou étrangers, se bousculent. Les classes aisées auront le choix entre le neuf ultra-moderne, satisfaisant aux normes environnementales les plus sévères, et l'ancien méticuleusement rénové. Il va devenir du plus grand chic d'habiter, dans les anciennes concessions, une ex-villa française ou austro-hongroise. Les travaux ont commencé pour changer en hôtel de grand luxe le vieil hôpital italien. Dans la salle qui présente le chantier, des films de l'actualité mussolinienne passent en boucle sur des airs de Verdi. Au lieu de raser le passé, selon l'usage habituel en Chine, Tianjin a choisi de s'y réinstaller.

Je cherche dans la maquette, je ne vois plus la moindre usine. On m'indique que les dernières sont en train de déménager, là-bas, vers le port, près d'une autre ville entièrement nouvelle.

– Où vont-elles ?

– Dans une zone prévue.

– Déplacer la pollution, est-ce bien le remède ?

La jeune femme me regarde ébahie et rougissante, comme si j'avais lancé quelque obscénité bien vulgaire. Ce Français si enthousiaste l'instant d'avant, pourquoi gâche-t-il par ses questions méchantes ce climat de féerie urbaine ? Je prends mon air le plus désolé, mais je n'ai pu refréner cette impolitesse. Beaucoup de dirigeants préfèrent éloigner leurs usines plutôt que de respecter les nouvelles contraintes. On peut se demander, n'est-ce pas, quelle est l'utilité de ces déplacements. Une usine attire les ouvriers, lesquels réclament des logements.

– Ces déménagements d'usines sont notre aubaine, me glisse à l'oreille Li Hao, le directeur pour la Chine de Veolia. Qui dit nouvelles installations, dit nouveaux *process* à inventer, de plus en plus respectueux de l'environnement. À nous de trouver des solutions. Les usines les plus propres, vous les verrez ici, pas en Europe...

– Alors, Tianjin sera bientôt la ville parfaite, la ville où rien ne manque ?

– Si. L'eau.

Trop fasciné par ce chef-d'œuvre de maquette, j'en avais oublié mon obsession, cette monomanie qui ne me quitte plus depuis presque deux ans.

J'ai presque crié. On me regarde. Désormais, on

me parlera doucement, comme à un malade. On prendra, pour m'expliquer, tout le temps qu'il faudra. L'eau manque, c'est vrai. Mais, conformément au XIᵉ Plan quinquennal, la Chine répondra à ce défi, comme à tous les autres défis.

Depuis toujours, la ville de Tianjin a dû chercher au loin son eau potable. Elle a cherché vers le nord, dans deux réservoirs construits sur la rivière Luan. Mais ces ressources s'épuisent et Pékin, une capitale qui a de plus en plus soif, lorgne aussi sur elles. Elle a exploré vers le sud et trouvé la rivière Huang, qui a accepté d'apporter son concours autant qu'elle le pouvait. Pas suffisant. Un jour, bien sûr, la cité géante généralisera le recyclage. Un autre jour, elle s'offrira une usine de dessalement.

En attendant ces modernités, Tianjin, comme Pékin, attend son salut d'un très ancien remède, le fameux Grand Canal dont M. Gao m'a tant parlé.

Éloge d'un juge

Changement complet de décor et d'atmosphère. Petite ville de Dujiangyan, province du Sichuan, à 50 kilomètres au nord-ouest de Chengdu. La réserve des pandas est à deux pas. Les premiers contreforts de l'Himalaya nous surplombent. Le ciel est gris, comme d'habitude. « Lorsqu'un chien aperçoit le soleil, nous dit un serveur, il est tellement surpris qu'il aboie. »

C'est à cet endroit que, vers le milieu du IIIe siècle avant notre ère, un certain juge nommé Li Bing décida qu'il était temps d'agir. Outre son rôle principal de rendre la justice, il occupait un rang élevé dans l'administration de la région. Sage cumul de fonctions : mieux la société sera administrée, moins les administrés auront de raisons de commettre des délits.

Or un drame revenait tous les ans, vers l'été : les inondations. Le mot Sichuan veut dire « six rivières ». Demeures emportées, champs dévastés, fruits du travail anéantis, familles dispersées, famines... Quelle catastrophe détruit plus une société, matériellement et moralement, qu'une inondation ?

La rivière Min, affluent du Yangtsé, était la principale responsable de ces désastres. Pendant plusieurs jours, en prenant tout son temps, le juge Li Bing en remonta le cours. Il avait son idée. Il ne voulait pas se tromper d'endroit. Il savait que la nature admet l'intervention de l'homme à condition d'être comprise par lui. Affaire de respect réciproque. Le juge Li Bing finit par arrêter son choix. Et les travaux commencèrent.

Une île fut créée pour diviser le flux, et la malfaisance, de la rivière Min. Un autre lit fut ouvert, le long du pied de la montagne, pour accueillir une part du torrent. Des barrages mobiles furent inventés, puis mis en place : des sortes de rideaux de bambous lestés par des pierres. Des déversoirs furent disposés pour dériver la plus grosse masse des sédiments. En aval, dans la plaine, on creusa des canaux : si l'on parvenait à domestiquer l'eau, pourquoi ne pas s'en servir pour irriguer ?

Depuis 2 200 ans, bien d'autres fonctionnaires ont pris le relais, parmi lesquels Lu Yi, Ding Baozhen, Quiang Wangtai... Leurs statues très colorées accueillent le visiteur dans le temple taoïste qui domine le barrage. Car le barrage est demeuré à l'endroit choisi par le juge Li Bing. Même si le béton a remplacé les bambous, et des vannes les sacs de pierre. Et, depuis 2 200 ans, les inondations ont cessé leurs ravages. L'eau tranquillisée a fait de la plaine de Chengdu l'une des plus riches de Chine.

Cet exemple unique de maîtrise et de continuité, l'Unesco l'a reconnu comme patrimoine mondial de l'humanité.

Rien de plus paisible, quand je m'y trouvais, à la mi-avril 2008, que la petite ville de Dujiangyan. On y jouait aux cartes ou au mah-jong dans l'une des maisons de thé qui bordent la rivière Min, désormais apprivoisée. Qui aurait pu croire que, il y a bien longtemps, des hommes et des femmes avaient redouté sa sauvagerie ? Des enfants venus des écoles voisines se moquaient de nous, de nos longs nez de visiteurs occidentaux. Les chiens n'aboyaient pas, puisque le ciel demeurait gris.

Juste un mois plus tard, j'ai tenté et retenté d'appeler des amis à Chengdu. L'un d'entre eux a fini par répondre. Il m'a donné des nouvelles. Dujiangyan avait été durement touchée. Les spécialistes disaient que l'épicentre du tremblement de terre se trouvait à Wenchiran, à quelques dizaines de kilomètres vers le nord. Il ne restait plus grand-chose des écoles. Au moment du séisme, le 12 mai à 14 h 28, les classes étaient pleines.

La plus grande ville du monde

Ici même, la rivière Jialing se jette dans le fleuve Yangtsé. Les eaux de la Jialing sont claires, plutôt vertes. Les eaux du Yangtsé sont boueuses, marron foncé. Quel poète daltonien l'a baptisé « fleuve Bleu » ? Pendant quelques kilomètres, ces eaux coulent côte à côte sans se mélanger.

Depuis la nuit des temps, ce confluent bicolore fut un comptoir commercial prospère. Les bateaux allaient et venaient depuis la mer, depuis Shanghai, jusqu'à ce cœur de la Chine.

À Chongqing, un peu partout – dans les restaurants, les halls d'hôtel, les bâtiments publics –, on voit des peintures ou des sculptures de haleurs. La ville sait ce qu'elle leur doit. Sans eux, avant les machines à vapeur, comment la moindre embarcation serait-elle remontée jusqu'ici ? Le courant du Yangtsé est si violent... Faute de chemin, dans les gorges, où puissent passer les chevaux, c'était à des hommes de haler. Ils s'encordaient à cinq, dix ou plus, selon la taille du bateau. Ils entraient dans le fleuve, parfois jusqu'au cou, et tiraient, de l'aube jusqu'à la nuit, jusqu'au bout de leurs forces, glissant, trébuchant sur les galets, tombant dans des trous...

Pour se donner du courage, ils chantaient. Ces chansons de travail sont pieusement conservées dans les archives de la ville.

Plus tard, les géologues ont découvert dans la proche région de l'aluminium, du gaz, du baryum, du strontium. L'industrie s'est installée, minière mais aussi mécanique, automobile, pharmaceutique, électronique...

Le développement de Chongqing a une autre origine, plus sombre et plus héroïque.

Depuis septembre 1931, les Japonais occupent la Mandchourie. En 1937, ils déclenchent une grande offensive vers le sud. Lorsqu'ils se rapprochent de Shanghai, le gouvernement de Tchang Kaï-chek décide de se réfugier dans le cœur de la Chine. Chongqing, protégé par ses montagnes, est choisi. Des dizaines d'entreprises déménagent pour accompagner les officiels, de même qu'un grand nombre d'enseignants, de poètes et d'artistes.

Six ans durant, devenue capitale de la Chine nationaliste, la ville sera le siège d'une intense activité économique, culturelle et politique.

Tandis que, régulièrement, par les airs et par le fleuve, les Japonais lancent des assauts meurtriers.

Avec vaillance, Chongqing résiste.

Dès 1941, Churchill rendra hommage à cette cité inconnue.

La paix revenue, Chongqing a continué à croître au rythme chinois habituel, c'est-à-dire effréné. La ville comptait déjà, vers la fin des années 1980, 10 millions d'habitants. Chiffre très insuffisant, décident soudain les autorités. Il s'agit de forcer l'allure. Chongqing doit devenir le grand pôle de l'Ouest. Message reçu. Des usines arrivent, et 8 millions de paysans pour y travailler. Ils n'avaient pas d'autre issue, leurs terres étaient trop petites pour survivre.

Il faut bien loger tous ces gens. Donc le bâtiment s'emballe. Il faut aussi les nourrir, le moins cher possible. La grande distribution débarque, spécialité française. Carrefour ouvre la voie.

Selon les dernières statistiques, 33 millions d'êtres humains vivraient à cet endroit où le Yangtsé avale la Jialing. Où commence une ville et où finit-elle ? Et de quoi parle-t-on, de la ville seule ou de l'agglomération ? Il faut être précis si l'on veut établir un record.

Sans prétendre forcément au titre convoité de *plus grande ville du monde*, vous m'accorderez, j'espère, qu'avec aujourd'hui 33 millions d'habitants, Chongqing a toutes les chances de monter sur le podium.

Mexico, São Paulo, Lagos, Calcutta, Pékin... j'ai quelque expérience de l'urbanité. Mais aucun vertige n'approche celui qu'engendre Chongqing. Car la folie des hommes a construit cette ville dans un site impossible : au milieu de montagnes. Des montagnes peu élevées, mais terriblement escarpées.

Si bien que les ponts succèdent aux tunnels. L'infinie jungle d'immeubles est morcelée. Au bout de chaque tunnel, on croit en avoir fini. Une jungle nouvelle se présente, une autre ville, encore 3 ou 4 millions. De même, en franchissant chaque pont, on n'ose relever le nez de peur d'apercevoir juste ce qu'on redoutait : paraît une autre ville qui semble plus petite que la précédente, à première vue seulement 2 ou 3 millions d'habitants...

Milliers et milliers d'immeubles presque semblables, d'au moins vingt-cinq étages. Perchés sur les crêtes, accrochés sur des pentes ou dans des creux, on se demande comment. Dans les intervalles, des maisonnettes, quelque taudis. On sent bien qu'ils n'en ont pas pour longtemps, qu'ils vont se faire dévorer par la jungle des immeubles tous pareils.

Les seuls espaces qui résistent, et survivront peut-être, sont des jardins. Des potagers microscopiques, réfugiés là où personne ne construira jamais, des terrains pour chamois ou pour alpinistes. Des hommes y cultivent pourtant. On voit çà et là leurs chapeaux de paille. Leur présence et la petitesse de leur royaume redonnent au visiteur l'oxygène dont il a besoin au moment même où il allait suffoquer.

*

* *

M. Guo Mingjun, numéro deux de la société franco-chinoise des eaux de Chongqing, n'avait, ce matin-là, aucune envie de me recevoir : les éclats de sa colère, résonnant dans le couloir, avaient précédé son entrée. Et maintenant, deux yeux sombres et dédaigneux me toisaient derrière d'énormes lunettes à monture d'écaille noire. Plus je me présentais, plus sa bouche s'affaissait en une moue méprisante. Nul besoin d'être devin pour suivre le cours de sa pensée. L'Académie française ? Sûrement une machine à parlotes. Un voyage autour du monde pour expliquer la question de l'eau ? Il y a du temps et de l'argent à perdre...

Sans intelligence aucune, j'ouvris notre dialogue sur la seule information aquatique dont je disposais de Chongqing : en 1900, les 200 000 habitants que comptait alors la ville recevaient de 10 000 porteurs l'eau dont ils avaient besoin.

– Et alors ? La France n'a jamais eu de passé ?

Le traducteur s'efforçait vaillamment, mais sans y réussir, d'alléger l'ambiance. L'affaire olympique n'allait pas tarder à resurgir. On se souvient que la France, soucieuse du Tibet, n'avait pas très bien accueilli la torche...

– Nos clients sont des enfants. Ils croient à la magie. Ils prennent des robinets pour des sources, des millions de petites sources d'eau pure, distribuées un beau jour à chacun par un dieu gentil... Ils n'imaginent pas une seconde que derrière les robinets il y a des tuyaux, des tuyaux bien réels, des tuyaux posés dans le sol par des ouvriers qui n'ont rien à voir avec des dieux gentils... D'ailleurs, si le dieu de l'eau était gentil, il n'aurait pas créé de montagnes, ou alors il n'aurait pas donné l'idée aux autorités de créer une ville ici, dans ce lieu très joli mais impossible pour les tuyaux ! Quand le sol monte et descend, les tuyaux montent et descendent. Pourtant, il faut garder la même pression dans tout le circuit. Cela, l'enfant-client ne prend pas la peine de le comprendre. Et dans les montagnes il arrive que le sol glisse, surtout quand il pleut, et des morceaux de sol tombent dans la vallée. Qu'arrive-t-il aux tuyaux présents dans le sol qui glisse ? Ils cassent. Alors, la source miraculeuse ? Le client a beau taper sur le robinet, il ne coule plus. Alors le client téléphone. Et qui répare, qui doit réparer dans l'heure ou les deux heures qui suivent ? Sûrement pas le dieu gentil !

Tout au long de sa tirade, sa main droite mimait

le relief de Chongqing. On aurait dit qu'il racontait une étape alpine du Tour de France.

*
* *

Quelle est la vraie couleur du fleuve Bleu ? J'ai vu s'y déverser de l'orange, du verdâtre, du rouge vif, de longues traînées sépia, j'ai humé du puant, du franchement suffocant, je me suis cru poursuivi par des bulles monstrueuses, des mousses grisâtres hautes d'un bon mètre...

Il reste deux ans aux autorités pour faire respecter les objectifs du XIe Plan : un développement « ami de l'environnement ».

Trois Gorges et trente-deux turbines

À partir de la petite ville de Yichang (4 millions d'habitants), une autoroute spéciale mène au barrage. Un détachement des WUSI, la police armée populaire, en interdit l'accès aux voitures qui ne possèdent pas LE badge. Il faut rouler doucement. Les policiers populaires vous dévisagent. Vous tâchez de faire bonne figure. À la moindre inquiétude, ils vous feront rebrousser chemin, quelles que soient les autorisations présentées. Les WUSI, une unité d'élite, sont responsables de la sécurité du site. Les autorités ont la hantise d'un attentat.

Au fil des longs, très longs tunnels, votre paranoïa grandit. Vous voyez des caméras partout. Dans les rares portions de ciel libre, le paysage vous fait frissonner : vous longez de hautes montagnes aiguës et désolées, creusées de vallées profondes. Pour parfaire un peu le sinistre de l'ambiance, il pleut à verse. Votre impression s'affirme d'avoir été transporté sans vous en rendre compte dans un film de James Bond. Vous vous approchez d'une base secrète, à l'activité bénéfique et vitale, que les puissances du Mal rêvent d'attaquer.

Je ne verrai du plus grand barrage du monde, dit des Trois Gorges, qu'une maquette commentée extatiquement par une guide vêtue d'un imperméable en vinyle léopard. J'ai encore dans l'oreille sa rafale de chiffres que j'ai tous oubliés.

Nous sortons. La guide léopard monte dans une voiture officielle noire. Nous suivons à vive allure. Le convoi ne doit s'arrêter sous aucun prétexte. Toujours la crainte de l'attentat.

Une masse sombre surgit. J'apprendrai plus tard, à l'hôtel, qu'elle mesure 2 309,5 mètres de long et 185 de haut. Pour retenir le Yangtsé, un petit réservoir de 10 milliards de mètres cubes. J'aperçois sur le sommet d'étranges structures, des bras désarticulés. Il me semble qu'elles sont de couleur orange. Les Trois Gorges donnent-elles sa chance à la jeune sculpture chinoise ? Il s'agit, monsieur, de grues. Elles relèveront les vannes en cas de défaillance des autres systèmes.

Je suis rassuré. D'autant que la pluie redouble. Imaginons que le barrage cède...

– Demain, jure Maurice, nous reviendrons. Mais qu'avez-vous fait à la Chine ? Je suis là depuis quatre ans et je n'ai jamais vu un tel mauvais temps. Ce doit être la faute au Tibet !

Je ne vous ai pas encore présenté Maurice... Pérou, Brésil, Zaïre, Indonésie, Albanie, Colombie..., Maurice Casali a passé la plus grande partie de sa vie sur les barrages pour y installer des turbines Alstom.

C'est Maurice qui, depuis ce matin, m'accompagne. Un être corpulent, généreux, volubile et pudique. Il porte sur l'avant-bras gauche un tatouage qui ressemble à un point d'interrogation. Peu à peu, je fais connaissance avec une nouvelle famille, la famille des turbines. Elles ont pour noms

Pelton, Francis, Kaplan... Mis en confiance, Maurice commence à puiser dans son réservoir à récits. Surtout que la pluie a écourté notre visite, une pluie drue, aussi efficace que la brume pour m'empêcher de voir les Trois Gorges, un épais rideau gris qui ne vous lâche pas, vous enveloppe et, bien sûr, vous trempe malgré le parapluie, trop petit, généreusement prêté la guide léopard.

Maurice a vécu des moments difficiles. Par exemple, dans les Andes. Une portion de route s'effondre juste devant son camion. Puis une autre juste derrière. Ils resteront, son chauffeur et lui, trois jours prisonniers de cette terrasse miraculeuse qui, vous l'aurez deviné, surplombe un précipice. Ils seront nourris grâce à une canne à pêche (je recommande la technique : un premier lancer atteint les réfugiés, ils attachent une corde au fil, et dès lors le tour est joué).

Une autre fois, au Zaïre, ses ouvriers tardent à venir. Il s'étonne, puis s'inquiète, s'en va jusqu'à leur village où il les trouve, avec femmes et enfants, tous égorgés.

C'est dire si Maurice a la peau dure. Les superviseurs de chantiers internationaux sont des êtres à part. Jour après jour, ils doivent justifier leurs gros salaires. L'obligation de trouver une solution, quelles que soient les circonstances, laisse peu de place aux états d'âme. Mais ces Trois Gorges font souffrir Maurice. Il s'agit bien sûr des turbines. Avec ses deux filles, vous avez compris qu'elles sont l'amour de sa drôle de vie.

– Quatorze ! Quand tout sera fini, le barrage en comptera trente-deux. Et nous en aurons construit et posé quatorze. Quatorze signées Alstom. Mais les dix-huit autres, d'après vous ? Ce sont des copies d'Alstom. Pour signer le contrat des quatorze, il a fallu livrer les plans, tous les plans. Ils n'ont eu qu'à reproduire. Vous savez, ce qui me fait de la peine, enfin, quand je dis peine... c'est qu'Alstom n'est cité dans aucune histoire du barrage, dans aucun document. Vous avez vu le nom d'Alstom sur un seul des panneaux ? Jamais. À croire que les Chinois ont tout fait tout seuls !

Les yeux dans le vague, Maurice se rappelle que, dans d'autres pays, les télévisions, les journaux l'ont interviewé, le jour de l'inauguration. On a fait fête à Alstom, on a reconnu le travail...

– Ici nous ne sommes rien, rien que des sous-traitants. Si tu n'es pas prêt à avaler la couleuvre, tu n'as qu'à repartir...

– Alors, notre industrie n'a plus aucune chance ?

– Il nous reste l'expérience, seulement l'expérience. Notre bureau d'études a cent ans. La Chine moderne a vingt ans. Mais elle rattrape vite son retard. Il nous reste encore un peu d'avance, juste un peu...

Plus tard, dans sa Citroën Picasso, Maurice me fait visiter la partie nouvelle de Yichang.

– Il y a dix ans, vous auriez vu des champs. Ils ont commencé par construire une avenue, rien qu'une petite avenue, mais une avenue complète : les canalisations, la chaussée, les trottoirs, les lampadaires... Ils ont construit les immeubles après : deux kilomètres d'immeubles par an !

L'énergie lui est revenue. Ses yeux brillent.

– J'avais oublié la meilleure ! Une montagne gênait par là, vous voyez ? À hauteur du Carrefour. En deux temps, trois mouvements et quelques dizaines de bulls, ils l'ont évacuée ! Ah, j'en ai vu tomber, des montagnes !

Quand on a comme Maurice le culte de la solution, on ne peut que saluer les Chinois. Il me quitte sur un grognement :

– On dira ce qu'on voudra. Ces gens-là, quand ils décident, ils font !

Le vague à l'âme ne dure jamais longtemps chez Maurice.

*
* *

Décidément, je pourrais me morfondre des jours durant dans le coquet petit bungalow du Guobin Garden Hotel de Yichang, je ne verrais jamais rien des Trois Gorges. La pluie chinoise, sans doute jalouse de mon admiration pour les déluges de Cherrapunjee, me montrait ce dont elle était capable. Une autre explication était possible. Paranoïa locale aidant, je m'étais tout à fait convaincu qu'une autorité supérieure, administrative ou divine, avait prescrit à la brume et à la pluie de s'unir pour me cacher le site et certains effondrements de montagne dus à la trop forte pression des eaux. À l'évidence, cette apocalypse climatique était aussi destinée à m'empêcher de rencontrer les habitants d'un village englouti (qui n'ont toujours pas touché les compensations promises).

L'aérodrome venait de fermer. Ayant appris la nouvelle, imaginez que ma première réaction fut la fierté ! Décidément, ON mettait les grands moyens pour m'interdire de voir !

C'est dire si je perdais la raison.

Il me fallait m'échapper au plus vite. Les opposants au barrage, je pourrais toujours entendre leurs protestations plus tard. Je trouvai une voiture.

Lorsque l'Autorité (administrative ou divine) fut certaine que j'abandonnais mes furetages malsains, elle interrompit la pluie. À cinquante kilomètres de Yichang, le ciel, par miracle, s'éclaircit. À l'évidence, ON avait tout fait pour éviter que mon esprit critique ne salisse ce chef-d'œuvre de barrage. Et maintenant ON allait me montrer à quoi servait ledit chef-d'œuvre : à pacifier, enfin, la campagne.

*
*   *

La plaine s'étend, sans un relief, jusqu'à l'horizon. Seuls les arbres montent quelque peu vers le ciel, car les maisons sont basses. Et l'eau, partout, dialogue avec la terre. On ne voit presque personne. Les êtres humains doivent se faire discrets pour ne pas gêner cette conversation entre les éléments. Ces hommes et ces femmes ont travaillé dur, pourtant, et depuis des millénaires. On comprend bien que le morcellement de l'espace est leur œuvre : une alternance de rectangles, les uns bleu-gris, les autres verts – les rectangles des piscicultures qui s'entremêlent aux rectangles des champs.

Dans un coin, dépassant à peine des herbes, quelques pierres dressées. Un cimetière. Un amas de fleurs et de cœurs en plastique violets indiquent un enterrement récent. Des rubans flottent. La vie de celui ou de celle qui repose depuis peu, en quoi fut-elle différente d'autres vies d'il y a mille, deux mille ans ?

De loin, j'avais cru voir un attroupement, une armée grise bien alignée. Ce n'était qu'une briqueterie. Mes soldats supposés n'étaient que des entassements de briques, protégés chacun des intempéries par un sac à ciment (ou peut-être à riz).

Développement forcené ou non, il reste des buffles, beaucoup de buffles en Chine, du moins entre Yichang et Wuhan. Ils sont, avec l'eau, la terre et les paysans discrets, les quatrièmes personnages. Soit qu'ils sommeillent, debout, soit qu'ils tirent pas à pas un soc de charrue dans la boue, on dirait qu'ils donnent la mesure, une mesure infiniment lente, à l'ensemble.

Comment imaginer univers plus paisible ?

Il faut que de longues et hautes levées rappellent de temps à autre la réalité : l'état de guerre. Elles longent les rivières pour tenter d'en contrôler les violences soudaines.

Admettons que mon invisible barrage des Trois Gorges rende inutiles ces défenses. Admettons que soit, grâce à lui, enfin gagnée la guerre contre l'ennemi multimillénaire, l'inondation. Une autre menace pèse sur ces campagnes. Combien de temps pourra perdurer cette paix ? Pour nourrir les villes, toujours plus de gens dans toujours plus de villes (600 villes, déjà, dépassent les 100 000 habitants), il faudra forcément, un jour, très vite, augmenter les rendements, remembrer ces parcelles, changer ces villages en usines agricoles.

Deux hôpitaux pour s'occuper du fleuve Jaune

Jusqu'à une date récente, le dragon Huang He (*alias* le fleuve Jaune) pouvait diviser pour régner. C'était à chacune des neuf régions traversées de gérer sa portion. Dans les cas graves, Pékin apportait son concours, mais, le reste du temps, fermait les yeux.

En 1999, l'État central se réveilla. Non seulement cinq grands barrages n'avaient pas réussi à vaincre les inondations, mais la pollution s'accentuait. Et l'on prélevait tant d'eau en amont que, de plus en plus souvent, et pour des périodes de plus en plus longues, le fleuve Jaune se perdait dans les sables avant d'arriver à la mer. Destin inacceptable pour un cours d'eau tellement lié à l'identité de la Chine.

Une agence de bassin fut créée, installée à Zhengzhou et divisée en deux administrations, chacune installée dans un bâtiment géant. On dirait deux hôpitaux.

Le premier hôpital traite de la qualité des eaux. Sur un mur immense, un long trait lumineux figure le fleuve. Il part de la gauche (le Tibet) et commence par être bleu. Cette pureté montagnarde ne va pas durer. En avançant vers la droite (vers la mer), le grand malade va passer par toutes les couleurs.

Dans l'autre hôpital, même salle immense, même tracé lumineux sur un même mur immense, et même malade : toujours le fleuve Jaune. Mais la vingtaine de petits écrans clignotants, échelonnés tout au long du parcours, renseignent sur une autre de ses maladies, la plus terrible : l'instabilité de son débit. En temps réel, on peut lire la variation du volume des réservoirs, la quantité de mètres cubes à tel ou tel endroit crucial, bref, l'état de la menace. Comme dans une salle de réanimation, on suit en permanence les paramètres vitaux.

Elle est loin, la période où le fleuve pouvait tuer sans prévenir. Désormais, ses mouvements d'humeur sont traqués. À peine a-t-il commencé à nourrir une mauvaise intention qu'elle est connue et aussitôt disséquée.

Est-ce à dire que le dragon est enfin jugulé ?

Nul officiel ne prendra le risque de l'affirmer. Pour répondre à votre question, les médecins du fleuve useront du conditionnel et se garderont bien d'exclure la possibilité d'une catastrophe.

– Hélas, l'information n'est pas la guérison !

– Nous devrions pouvoir maîtriser l'essentiel des désordres...

– Oui, sauf l'exceptionnel, les crues qui reviennent tous les soixante ans.

– Allons, allons, tu peux aller jusqu'à cent...

– Souviens-toi de 1998 ! Wuhan sous les eaux. Cinq millions de personnes !

On se croirait à Los Angeles, à discuter avec des

sismologues attendant le *big one*, le tremblement qui ravagera tout.

*
* *

La troisième maladie du dragon Huang He, on ne la voit pas sur écran. Et pourtant c'est une maladie grave, un taux qui laisse prévoir des dérèglements sévères : 36 kilos de sable par mètre cube d'eau ! En longeant le sud de la Mongolie, le fleuve s'engage dans un haut plateau friable. C'est alors qu'il se charge de sable arraché aux rives. Pour bien vous rendre compte de la situation, gagnez la ville de Kaifeng, 70 kilomètres à l'est de Zhengzhou, et levez la tête. Le fleuve coule 15 mètres au-dessus de la plaine. Le lit est *suspendu.*

Quand le débit est suffisant, le sable est emporté. Mais lorsque les villes et les industries pompent trop en amont, le flux ralentit, le sable se dépose, le lit monte. Pour tenter d'éviter ses débordements, on construit des digues. Les dépôts s'accroissent. Le lit continue de monter. On augmente la hauteur des digues...

Au Vietnam, le fleuve Rouge surplombe parfois de 30 mètres champs et maisons... Un jour, bientôt, la digue lâchera.

*
* *

Inondations... Comment faire comprendre une hantise plusieurs fois millénaire ?

J'ai interrogé Gu Yilin. Pas seulement parce que j'aime son livre[1].

1967. La Révolution culturelle a un an. Puisque professeur (d'architecture), le père de Yilin a été incarcéré. Sa mère, également professeur, est harcelée, critiquée chaque semaine en public. Yilin, quinze ans, est brillante élève de l'École des langues étrangères de Shanghai. On l'a exclue des gardes rouges, car née dans une « mauvaise » famille. Elle décide de se purifier en allant travailler à la campagne. Deux camarades du même âge ont fait le même choix : on leur désigne un village près de Kaifeng. C'est une région très pauvre, à 100 kilomètres au sud du fleuve Jaune, régulièrement envahie par sa boue liquide. Le chef de village les conduit à un bloc de terre sèche percé de trous en guise de fenêtres : une maison.

– Vous habiterez là.

Rappelons que, jusqu'ici, Yilin n'a connu que la ville et un appartement « bourgeois ». Elle refrène un sursaut et, en bonne militante, demande :

– Nous ne prenons la place de personne ?

– Noyés tous les quatre, l'été dernier. Ils devaient dormir. Quand ils se sont réveillés, il était trop tard : l'eau les entourait. À partir de juillet, il vaut mieux ne dormir que d'un œil. Nous ne sommes qu'en janvier, vous avez le temps...

J'ai tenté d'imaginer cette première nuit glacée des trois adolescentes en compagnie des quatre fantômes du Huang He. Et puis je me suis livré à un calcul,

---

1. *L'Eau : un éternel défi pour la Chine*, édition spéciale réalisée à l'occasion du Ve Congrès mondial de l'eau, Pékin, 2006.

stupide je l'avoue. J'ai multiplié les angoisses des jeunes filles par le nombre de nuits d'été depuis que coulent les fleuves en Chine, et encore multiplié ce sous-total, déjà impressionnant, par le nombre d'êtres humains qui ont habité le voisinage de ces fleuves depuis la nuit des temps...

Le chiffre obtenu n'a aucun sens, je vous l'accorde, et d'ailleurs je n'y suis jamais parvenu. Mais il donnerait peut-être une idée de la hantise chinoise.

L'histoire de Yilin n'est pas finie.

Les jours passent. Les filles travaillent dur, ne serait-ce que pour manger à leur faim. La distribution de céréales est directement liée au labeur fourni. Cinq garçons, issus eux aussi de « mauvaises » familles, sont venus rejoindre au village les trois filles. C'est bien connu : les hommes ont moins de résistance que les femmes et leurs nerfs sont plus fragiles. Hua, particulièrement, ne supportait pas cette vie. On le voyait dépérir. Innombrables furent les suicides, à tous les âges, durant la Révolution culturelle. Yilin s'inquiète. Le Parti a remarqué son ardeur et sa discipline. Lorsqu'on lui propose un poste à l'usine voisine, où l'on est mieux nourri et mieux logé, elle l'offre à Hua. Lequel remercie, les larmes aux yeux.

L'été suivant, il mourait, emporté à son tour par les eaux du fleuve Jaune.

Inondations volontaires

Piste cyclable, route ombragée, restaurants, kiosques à musique, petits bateaux à louer pour une heure ou pour la journée... Les rives du fleuve Jaune sont appréciées des Chinois. De Zhengzhou, on y vient se promener et regarder le dragon endormi. Sans oublier un instant que l'été prochain il se réveillera. Des échelles graduées rappellent la hauteur des crues (record : 1998). Et des tas de pierres rouges, en tout point semblables à certaines installations qu'affectionne l'art moderne, prouvent que le peuple est prêt à réparer les digues en cas de trop violente attaque des flots. D'ailleurs, ces digues ont plutôt l'air de remparts. Il faut, pour les décrire, user d'un vocabulaire militaire. Au fond d'une vaste place circulaire luxueusement pavée de marbre, un long bas-relief raconte un épisode de la guerre sino-japonaise. Le fleuve Jaune y joue un rôle décisif et particulièrement meurtrier.

Juin 1938. L'armée japonaise continue de progresser vers le sud. Elle vient de prendre la ville de Kaifeng. Zhengzhou, nœud ferroviaire capital, est menacé. Le général Tchang Kaï-chek décide d'appeler en ultime renfort le fleuve Jaune.

Je me souviens de la Flandre. Lorsqu'un général

n'avait plus d'autre solution pour retarder l'avancée de l'ennemi, il ouvrait quelques vannes. Et la mer du Nord envahissait les polders. Après, des décennies durant, alors que plus personne ne se souvenait de la bataille, et moins encore de son enjeu, les paysans s'acharnaient à laver la terre du sel qu'elle avait reçu.

Tchang Kaï-chek consulte les cartes. Il hésite entre plusieurs lieux. Finalement, il se décide pour les abords du village de Huayuankou, ici même. Depuis des siècles, peut-être depuis des millénaires, une digue le protège tant bien que mal de la furie du fleuve.

Dans la nuit du 8 au 9 juin, les soldats du Kuomintang se mettent à l'ouvrage. Ils ont reçu pour ordre de casser les digues. Dès le petit matin du 9, les eaux se mettent à déferler. Rien ne leur résiste. Pour mieux surprendre l'armée japonaise, les populations locales n'ont pas été prévenues. Près d'un million de personnes vont périr noyées (827 000, d'après les statistiques officielles). Dix millions perdront tout, maisons et champs. La surface inondée dépassera 55 000 kilomètres carrés, le dixième de la France...

On ne commencera à réparer les digues qu'en 1946. Il faudra des années et des années, comme en Flandre, pour retirer du sol le sable charrié par les eaux.

Greenpeace China

L'ONG Greenpeace China ne dispose que d'un seul bureau officiellement autorisé : Hong Kong. Mais l'implantation à Pékin, « tolérée », compte déjà une bonne quarantaine de militants. Ils s'entassent au dix-neuvième et dernier étage d'un gros immeuble du quartier est.

Quarante filles et garçons dans leur trentaine, tous habillés en étudiants, pull-overs souvent troués aux coudes et toujours trop larges, tee-shirts « politiques » (un slogan devant, un slogan derrière), cheveux plus longs pour les garçons que pour les filles. Les pieds, quand on les voit, portent des baskets ou des boots. Chacun figé, la mine grave, devant son ordinateur comme un radiologue devant un cliché : il cherche à repérer l'étendue d'un cancer, en l'espèce un nouveau désastre écologique.

Il paraît qu'un bon tiers d'entre eux travaillaient dans la finance avant de s'engager en faveur de la nature. Il paraît aussi que Greenpeace refuse du monde. Chaque jour affluent des dizaines de candidatures.

Cette jeunesse ne reste pas tout le temps enfermée dans les bureaux. Elle part sur le terrain photographier, interroger et recueillir des données. Y. est elle aussi une ancienne *golden girl* de la Bourse de Shanghai. Elle préfère que je ne cite pas son nom, on ne sait jamais. Elle me montre sa dernière récolte, qui confirme mes observations. Les mêmes traînées violettes, orange ou vertes, ou franchement roses... Petit exemple de la polychromie du Yangtsé à hauteur de Chongqing. Y. me raconte ses difficultés d'enquêteuse. Le plus souvent, les tuyaux d'évacuation des usines débouchent en profondeur. Impossible de recueillir un échantillon. Les saloperies se dispersent. Ni vu, ni connu. Personne ne retrouvera la société coupable.

Heureusement que, vers avril, le niveau des eaux baisse. C'est alors qu'il faut venir, les pollueurs sont plus facilement démasqués.

Le plus dur commence : les faire condamner ou, du moins, les obliger à cesser leurs pratiques. Pourtant, la toute jeune Y. au pull bleu pâle qui bâille croit en une amélioration prochaine.

– La prise de conscience progresse. À tous les niveaux, les gens se rendent compte qu'ils sont ou seront victimes de la pollution. Vous savez combien de personnes ont été privées d'eau à la suite du déversement de benzène dans la rivière Songhua ? Cinq millions ! Pendant une semaine ! Et le lac Taihu, vous en avez entendu parler ?

À l'ouest de Shanghai, au cœur du delta surpeuplé du Yangtsé, le lac Taihu est, par son étendue, la troisième réserve naturelle de Chine. C'est dans ce lac que puisent les usines chargées de fournir en eau potable la région, et notamment la ville riveraine de Wuxi.

Au printemps 2007, des algues vert-bleu se mettent à proliférer, des végétaux malfaisants bien connus des côtes septentrionales de Bretagne. Ces algues aiment les eaux chaudes et peu profondes. Et sitôt qu'elles reçoivent avec un peu d'excès leurs nutriments favoris – à commencer par le phosphore et les nitrates –, plus personne ne peut maîtriser leur croissance. Une grave pollution s'installe. L'eau, même traitée, devient impropre à toute utilisation. En mai, plus d'un million de personnes se retrouvent ainsi privées d'eau potable.

Trois semaines durant, les supermarchés épuisent quotidiennement leur stock d'eau minérale en bouteilles. Une ronde ininterrompue de camions-citernes tourne dans les quartiers pour subvenir aux besoins prioritaires de la population. Facture pour la municipalité : 10 millions d'euros.

Les plus hautes autorités – à commencer par le président et le Premier ministre – viennent constater le dommage. Les responsables ont bien compris que ce désastre en annonçait d'autres, lesquels seraient de moins en moins acceptables politiquement et de plus en plus coûteux. En argent public et en perte de croissance.

Car les pollueurs du lac Taihu, inutile de chercher bien loin, étaient les entreprises voisines : usines textiles, industries chimiques, métallurgiques, papeteries, brasseries...

Il fut donc décidé de déménager au plus vite ces activités nécessaires, mais malfaisantes. Et quarante-quatre bateaux furent commandés à l'un des principaux chantiers navals de Shanghai : puisqu'on ne peut empêcher les algues de naître, fauchons-les, sitôt apparues, et transportons-les sur la rive pour les brûler !

Plus au nord, dans la baie de Qingdao (site des

régates olympiques), les mêmes causes ont produit les mêmes effets : une mer envahie par les algues.

Greenpeace Chine a concentré son action sur quatre thèmes : la défense des forêts, la lutte contre les rejets toxiques, la promotion des énergies renouvelables et, dernièrement, les questions d'eau.

En collaboration avec le SEPA, ministère de l'Environnement, Greenpeace présente désormais chaque année un bilan national.

Les ONG jouent un rôle croissant en Chine. À condition de louvoyer habilement entre les différents pouvoirs. La décentralisation n'a pas que des avantages. Le gouvernement, qui de Pékin ne peut pas grand-chose contre les dérives des puissances locales ou régionales, s'appuie sur ces ONG pour que soient révélées les pollutions majeures. Il y a peu, toutes étaient encore étouffées par les industriels ou par ceux dont les industriels graissent la patte, maires ou gouverneurs. Mais si leurs dénonciations s'attaquent à de trop fortes puissances, les ONG risquent toutes sortes d'ennuis, à commencer par leur dissolution.

Le réseau des ONG, comme celui des internautes (plus de 300 millions) ou celui des envoyeurs de SMS, participe de l'émergence d'une véritable opinion publique. Il sera de plus en plus difficile de la bâillonner.

Les communistes avaient toujours considéré le respect de l'environnement comme un souci de privilégiés. Ce respect, au moins à Pékin, devient aujourd'hui prioritaire.

En attendant, la Chine pollue autant qu'elle croît : follement. Ses émissions de CO_2 ont dépassé celles des États-Unis.

L'université des fleurs pures

Contiguë au jardin du Yuanming Yuan, l'ancien palais d'Été, se trouve la très prestigieuse et très puissante université de Tsinghua, une véritable ville où se succèdent résidences, salles de cours et... sociétés privées appartenant à l'université, telle la Future Internet Technology Company. La présidence occupe, tout au fond, de très anciens bâtiments de bois. Des végétaux rares ajoutent encore, s'il est possible, de l'agrément. Pour ceux qui raffolent de précisions botaniques, il s'agit, par exemple, d'un *sophora japonica pendula* et d'un *malus sargentii*. En apprenant le thème de mon enquête-promenade, le vice-président et professeur Jining Chen sourit :

– Pour bien s'occuper de l'eau, dit le proverbe, il faut faire appel à neuf dragons...

Depuis une demi-heure, je l'écoute me présenter la longue liste des programmes lancés par l'université dans le domaine de l'hydraulique. De la recherche la plus pointue à la formation des maires, principaux décideurs, l'éventail est complet et continue de se compléter, tant s'affirme chaque année davantage la priorité donnée par le gouvernement aux questions d'environnement.

Soudain, mon interlocuteur s'arrête. Et me demande quelle est d'après moi, à la suite de mes voyages, la plus redoutable des raretés. Je lui réponds sans hésiter :

– Le manque croissant de terres arables.

Il lève les bras au ciel. Un grand sourire éclaire son visage jusqu'alors concentré, appliqué. Il sort de sa poche un petit carnet.

– C'est aussi mon avis. En 2001, notre pays en possédait 127 millions d'hectares. Ce chiffre est tombé à 121 millions. Pollution, érosion, urbanisation. L'année dernière, malgré tous nos efforts, nous avons encore perdu plus de 100 000 hectares...

Le vice-président me raccompagne jusqu'à la porte des bâtiments anciens. Il me secoue vigoureusement la main. *Scarcity of land, that is the question.* Il m'invite à revenir. Bien sûr, je promets. Alors il me montre le linteau de bois où brillent deux idéogrammes. Il relève la tête. Heureusement, les plus hautes autorités se préoccupent maintenant du problème. Il traduit. *Tsing* veut dire pureté, ou pureté de l'eau, et *Hua* veut dire la fleur, le bois et aussi la Chine...

L'université de Tsinghua est donc l'université des fleurs pures, ou de la Chine pure, ou de la pureté par les fleurs.

– Vous voyez, nous avons encore devant nous bien du travail à abattre pour mériter notre nom...

VII

Glaciers et barrages

Les glaciers fondent-ils ?

Comme beaucoup de folles passions, mon amour des glaciers a débuté par l'impossibilité de nous rencontrer, eux et moi. Affligé depuis l'enfance d'un vertige maladif, les routes longeant des à-pics m'étaient interdites. Jamais en montagne, comment aurais-je pu m'approcher des glaciers ?

À défaut de présence physique, je passais des heures devant leurs photos.

Et voici que la mer, grande marieuse, vint à mon secours.

Je m'étais embarqué pour Ushuaia. Objectif : le cap Horn. Une fois celui-ci doublé, il nous restait quelques jours. Le capitaine de notre bateau, le *Balthazar*, décida d'aller nous promener dans l'ouest du canal Beagle.

Et là, miracle : les glaciers de la cordillère Darwin, nul besoin d'escalade, descendaient jusqu'à nous. Je pouvais voir, de mes yeux, leur couleur bleutée ; entendre leurs craquements de début du monde ; toucher du bout des doigts la pointe des icebergs qui dérivaient vers nous. Bref, mon amour s'incarnait.

Depuis, je n'ai cessé de me renseigner sur ces grosses bêtes vivantes.

Elles n'annoncent rien de bon.

Cassandre aujourd'hui serait de glace.

*
* *

À l'image du capitaine du *Balthazar*, Bertrand Dubois, skipper des latitudes extrêmes ET guide de haute montagne, la plupart des observateurs de glaciers sont, en même temps que scientifiques, alpinistes. Il faut ces qualités pour aller forer des carottes et implanter toutes sortes de capteurs dans des endroits impossibles à atteindre, à des altitudes dépassant souvent les 6 000 mètres.

Non contents d'escalader les parois, les guetteurs de glaciers doivent ruser avec les administrations. Les glaciers ne résident qu'en montagne. Et les chaînes de montagnes servent souvent de frontières aux pays. Les États voient toujours d'un mauvais œil de petites silhouettes étrangères se promener sur leurs confins et s'y livrer à des travaux bizarres. Sous couvert de science, ces intrus ne seraient-ils pas venus espionner ?

Rares, sur la planète, sont les régions plus *sensibles* que le Tibet et ses bordures : à l'ouest, l'Afghanistan et le Pakistan (hauts repaires d'islamistes), le Kashmir (où la guerre est latente) ; au sud, le Népal (guérilla « maoïste » aujourd'hui triomphante), le Bhoutan (château d'eau régional) ; au nord-est, la province du Xinjiang, régulièrement secouée par les revendications de la minorité musulmane ouïgoure. Songez à la difficulté d'obtenir des autorisations pour se rendre dans ces zones stratégiques !

La grande ignorance dans laquelle nous sommes

encore des glaciers de l'Himalaya n'a donc pas pour seules raisons les altitudes extrêmes et la rigueur du climat.

En Inde, par exemple, seuls *huit* glaciers sont mesurés. Il faut donc se garder de tirer de données partielles des conclusions hâtives et générales. Cependant qu'ils surveillent les Andes, les Alpes, le Kilimandjaro ou l'Himalaya, nos savants-grimpeurs croient pouvoir affirmer qu'une tendance est à l'œuvre : depuis le début du XXe siècle et surtout depuis la fin des années 1970, les glaciers observés régressent. En d'autres termes, et pour commencer de répondre à la question angoissante précédemment posée : oui, ils fondent. On ne connaît que de rares exceptions liées à des conditions de précipitations très particulières : la Scandinavie, la Nouvelle-Zélande et l'est du continent Antarctique.

Les glaciers vivent. Ce sont de grosses bêtes sensibles et jamais tranquilles. Au fil du temps, ils n'ont pas cessé de changer de taille. Du Xe au XIIIe siècle, la température moyenne de la planète dépassait d'un bon degré celle d'aujourd'hui. Conséquence : recul général des glaces. C'est l'époque où les Vikings colonisent une « terre verte » (le Groenland) et y font pousser des céréales. Puis le froid revient. Le Petit Âge glaciaire s'installe jusqu'au XIXe siècle.

On constate un réchauffement depuis le début du XXe siècle. Il connaîtra lui aussi des phases. Ainsi, durant vingt ans (1955-1975), le recul général des glaciers a marqué une pause.

Mais la fonte a repris depuis 1980 à une vitesse et avec une ampleur jamais constatées auparavant.

Alerte !

Les glaciers sont des bienfaiteurs de l'humanité. Loin de moi l'idée d'oublier le rôle de la pluie. Par ruissellement, elle emplit nos rivières et réalimente les nappes phréatiques.

Mais les glaciers montrent plus d'intelligence dans leur générosité : durant les mois froids, la neige tombée devient glace et s'accumule. Cette réserve fond et s'en va soutenir le débit des rivières juste au bon moment : durant la saison chaude, lorsque les populations ont le plus besoin d'eau. Plus les glaciers régresseront, moins l'humanité disposera de ces formidables retenues naturelles.

Au lieu de régulariser les apports d'eau tout au long de l'année, la fonte accélérée des glaciers va contribuer à rendre plus sévères les phénomènes extrêmes. Dans un premier temps, la fonte massive engendrera des inondations souvent redoutables. Auxquelles succéderont, une fois les ressources épuisées, de longues périodes de sécheresse.

Autre catastrophe à craindre : la « vidange » de certains lacs. Les moraines sont les cailloux, rochers et détritus divers charriés par les glaciers en marche. Ces moraines s'amoncellent sur les bords et au front du glacier, pour constituer de véritables barrages. Lorsque le glacier fond trop vite, il donne naissance à un lac que retient la moraine. Lorsque trop d'eau s'y accumule, le barrage de moraine finit par céder. Des éboulements monstrueux peuvent ainsi se produire.

Le 13 décembre 1941, la ville de Huaraz (Pérou) a ainsi été rayée de la carte (4 000 morts).

Au Népal, le 4 août 1985, un lac voisin de l'Everest, soudain comblé par une avalanche, s'est vidé. Cent millions de mètres cubes ont dévasté une centrale hydroélectrique.

Le Bhoutan compte 2 500 lacs glaciaires, parmi lesquels 24 présentent des risques majeurs.

*

* *

Mais attention ! Cette tendance générale à la fonte, si elle se confirme, n'aura pas les mêmes conséquences partout.

Regardez attentivement une carte de l'Asie. Maintenant, suivez du doigt le parcours des principaux fleuves descendant de l'Himalaya. Dans le sens des aiguilles d'une montre : l'Amou-Daria, le Syr-Daria (Ouzbékistan), le fleuve Jaune, le fleuve Bleu (Chine), le Brahmapoutre (Chine, puis Inde, puis Bangladesh), le fleuve Rouge (Vietnam), le Mékong (Chine, Laos, Cambodge, Vietnam), le Gange (Inde) et l'Indus (Pakistan).

Ces fleuves, et leurs affluents, et d'autres rivières de moindre importance apportent de l'eau à *plus de 40 % de la population mondiale*. Cette eau vient pour partie des glaciers de l'Himalaya. S'il se vérifiait que ces glaciers fondent (n'oublions pas le conditionnel !), on pourrait en conclure que cette quasi-moitié de la population mondiale va souffrir de la soif et de la faim (*via* l'assèchement des champs).

Heureusement, ce raisonnement est l'exemple

parfait des généralisations trompeuses. Il oublie deux données :

– la taille de l'Himalaya : plus de 2 500 kilomètres d'est en ouest ;

– le phénomène de la *mousson*, si présente à l'est, absente à l'ouest.

Dans l'Inde du Nord-Est, les pluies estivales alimentent les fleuves pour plus de 90 %. À l'embouchure du Gange, dans le golfe du Bengale, les glaciers ne contribuent que pour 1 % au volume annuel total d'eau[1].

De l'autre côté du massif, dans l'Inde du Nord-Ouest et au Pakistan, la mousson se fait peu sentir. L'été, les ressources en eau ne viennent que de la fonte de l'eau gelée, accumulée pendant l'hiver à la suite des chutes de neige apportées par les dépressions venues de l'ouest. De même au cœur du massif, sur le plateau du Tibet. Si les glaciers fondent, ces régions se feront de plus en plus arides et les populations manqueront d'eau.

Quel meilleur exemple trouver des inégalités à venir et du caractère *régional* des menaces ? Selon toute probabilité, la planète dans son ensemble disposera de toujours autant d'eau, et peut-être même davantage du fait du réchauffement. Et alors ? De quel réconfort pour les Pakistanais, les Kashmiris et les Tibétains assoiffés sera l'information que les Canadiens ne savent plus comment échapper à l'accroissement des pluies ?

Quand je reviendrai à Calcutta, j'aurai quelques

---

1. Cf. Patrick Wagnon, Yves Arnaud et Pierre Chevalier, « La source himalayenne se tarit », *La Recherche*, juillet-août 2008.

bémols à apporter aux généralisations de mon ami de Calcutta, le professeur Gosh. Même si je crains de ne pas apaiser ses angoisses, je crois pouvoir avancer que la crise de l'eau, dans cette région, ne sera pas globale.

Mais il est non moins vrai que l'inégalité d'une ressource aussi nécessaire est mère de tous les conflits, surtout lorsque la population se fait chaque jour plus pléthorique.

Quoi qu'il en soit, il paraît urgent de renforcer le guet des glaciers. Ce sont des indicateurs irremplaçables de l'évolution climatique. Longue vie (et moyens accrus) aux savants-alpinistes[1] !

1. Et merci à Bernard Pouyaud : je lui dois ma première leçon de glacier. Je vous signale que ce grand savant est en même temps cinéaste (*Chercheurs de climats*, réalisé par Patrice Desenne, 2007) et, profitant de ses escapades, fin pêcheur à la mouche.

Les barrages sont-ils nécessaires ?

Ils sont 45 000 de par le monde, dont 22 000 en Chine. Près des deux tiers des grandes rivières du monde en ont un dans leur lit ! Ils servent à toutes sortes de choses : produire de l'énergie et de l'eau potable, irriguer les champs, régulariser le cours des eaux et protéger contre les inondations, offrir aux humains fatigués des bases de loisirs nautiques...

Et pourtant, la plupart des organisations non gouvernementales les détestent. Elles leur reprochent :

– *de détruire l'environnement* : ils ennoient de très vastes terrains, souvent riches de belles biodiversités ; ils bouleversent les régimes hydrologiques en aval, assèchent des zones humides, menacent les poissons migrateurs ; l'eau qu'ils retiennent s'évapore, se dégrade et finit par dégager du méthane du fait de la biomasse qu'elle garde prisonnière ;

– *de meurtrir les populations* : pour les construire, des milliers de personnes doivent, chaque fois, être déplacées (1,5 million pour les seules Trois Gorges), la plupart du temps sans réelle compensation ni aide véritable pour se réinstaller, et sans respect pour le patrimoine noyé, les habitats, les lieux de culte, les tombes des ancêtres... La stagnation des eaux donne naissance à de graves maladies : bilharziose, paludisme. Quand ils s'effondrent, les morts se comptent par milliers : 15 000 en Inde lorsque, en 1979, le barrage Morvi se rompt. Les secousses sismiques ajoutent du noir au tableau. Au-dessus de la pauvre ville de Dujiangyan, déjà bien meurtrie par le tremblement de terre, le barrage de Zipingpu présente des fissures. On n'ose imaginer les conséquences d'une rupture ;

– *de ruiner les finances publiques* par les investissements démesurés qu'engendrent des prévisions déraisonnables : les ingénieurs voient toujours trop grand ; dans le même temps, ils sous-estiment souvent la violence des crues...

Pauvres barrages !

Peut-on tous les accuser de tous ces maux ? Avant de condamner, menons l'enquête. Une fois de plus, partons en voyage.

À l'instar d'un inspecteur du guide Michelin, Nicolas Fornage parcourt les territoires et distribue bons et mauvais points. À cette seule différence près qu'il ne visite pas, le pauvre, des restaurants, mais des barrages. « Responsable de la CAES » (Cellule d'appui environnemental et social), tel est son titre exact au sein de l'Agence française de développement. Cette austérité n'a pas l'air de lui attrister l'âme. Bien au contraire, c'est avec une sorte de ferveur qu'il vous parle de ses explorations.

Pour me faire plaisir, il commence par une région que je connais : l'Ouest africain. Jeune conseiller technique au cabinet du ministre de la Coopération, Jean-Pierre Cot, je m'étais, en 1981, insurgé contre la construction des deux barrages de Diama (près de l'embouchure du fleuve Sénégal) et de Manantali (sur la rivière Bafing, affluent du même fleuve, à 1 000 kilomètres en amont). Ces deux équipements pharaoniques représentaient pour moi le type même des « éléphants blancs » : des équipements pires qu'inutiles, destructeurs de l'environnement et des pratiques culturales traditionnelles, et par ailleurs des nids de corruption...

Nicolas Fornage a le regret de me dire que je m'étais trompé : les deux barrages ont rempli globalement leur contrat. Blocage de la langue de sel qui remontait de l'Atlantique dans le fleuve. Extension des possibilités d'irrigation (375 000 hectares, dont 100 000 réalisés). Régulation des crues. Fourniture d'eau potable. Production, considérable, d'électricité grâce à la centrale de Manantali...

Me voyant penaud, l'inspecteur des barrages me rassure :

– Vous aviez raison sur un point : les populations riveraines paient un lourd tribut à ce succès. Le typha, sorte de roseau, envahit tout, bloquant les déplacements, empêchant la pêche, attirant les oiseaux qui dévorent les récoltes. Plus grave encore, les cas de maladies hydriques se multiplient : paludisme, surtout, et bilharziose.

Pour nous changer les idées, l'expert décide de m'emmener au centre du continent.

– Bienvenue en Ouganda ! Le barrage de Bujagali peut être considéré comme un modèle. Construit sur le Nil blanc, il turbine de l'eau déjà passée par d'autres barrages installés en amont. Les ressources du lac Victoria ne subissent donc pas de prélèvement supplémentaire. Barrage modeste, « au fil de l'eau », Bujagali n'a entraîné le déplacement que de...

634 personnes. Et pour un pays dont seulement 9 % de la population reçoivent de l'électricité, la production de 250 mégawatts n'est pas du luxe...

J'ai tellement entendu à ce jour d'attaques contre les barrages que ce vibrant plaidoyer me réjouit. Allons, tout n'est donc pas mauvais dans la Grande Hydraulique !

Le chef de la Cellule d'appui environnemental et social poursuit son tour du monde. Nous voici maintenant au cœur de l'Asie. Le Laos, proche de l'Himalaya et traversé par des cours d'eau puissants, dispose d'un grand potentiel hydroélectrique, largement supérieur à ses besoins de pays encore rural et guère peuplé. Sa voisine la Thaïlande est, au contraire, avide d'énergie. Installé sur la rivière Nam Theun, un grand barrage permettra de fournir 1 070 mégawatts, dont 1 000 seront exportés. Les royalties et taxes diverses engendrées par ce commerce approcheront les 30 millions de dollars chaque année durant vingt-cinq ans. Une manne pour le si pauvre Laos ! L'espace occupé par les eaux sera vaste : 450 kilomètres carrés. Mais d'importantes mesures de compensation et d'accompagnement ont été décidées. Elles permettront aux populations déménagées de sortir de leur dénuement.

– Nous voulons faire de ce projet un *laboratoire des bonnes pratiques*, me dit Nicolas Fornage. Rendez-lui visite, quand vous passerez dans le coin !

Je promets et salue cette réussite annoncée. Vive le Laos ! Vive la communauté internationale ! Mais quel mauvais penchant de ma nature m'oblige alors à doucher cet enthousiasme en réclamant des exemples d'échec ?

Le chef de la Cellule d'appui environnemental et social grimace. Il lève les bras au ciel. Je vois qu'il souffre. Il me faut tendre l'oreille pour entendre un mot : *Taoussa*, sur le fleuve Niger. J'ai une certaine pratique de ce genre de douleur : quand on voue toutes ses forces au développement du tiers monde, et particulièrement de l'Afrique, certaines aberrations vous taraudent le cœur et tantôt vous accablent, tantôt vous poussent au bout de la colère. Je connais bien le Joliba (nom du fleuve Niger en mandingue) pour l'avoir en pirogue si souvent remonté ou descendu avec mon complice en voyage, Joël Calmettes. Nous en avons même dressé un film-portrait.

Fleuve immense : 4 184 kilomètres. Fleuve insensé : pourquoi monte-t-il vers le nord, s'affronter au Sahara, au lieu de gagner directement la mer comme tous les fleuves doués de raison ? Fleuve lent, puisqu'il ne prend sa source qu'à 800 mètres d'altitude. Fleuve fragile, menacé par un terrible soleil, qui l'évapore, et par le sable, qui gagne. Fleuve essentiel, unique source de vie pour l'une des régions les plus pauvres du monde.

Depuis quarante ans, trois projets de barrages sont discutés : Fomi, Kandadji et Taoussa. Sur le premier, tous les experts s'accordent : bonne opération. Sur le deuxième, certains doutent. Sur le troisième, unanimité : ce sera un désastre.

Taoussa, à l'est de la boucle, non loin de la ville de Gao...

D'une voix blanche, Nicolas Fornage me résume le dossier :

– barrage au milieu du désert, donc évaporation

monstrueuse : 2 750 kilomètres cubes par an, égale au volume d'eau stocké ;

– perte considérable de débit pour les pays d'aval (Niger, Nigeria), et donc de leurs capacités à produire de l'électricité ;

– déplacement de 25 000 personnes ;

– fort risque de salinisation des terres irriguées.

Le 26 juillet 2007, ayant pris connaissance de ce bilan prévisionnel sans appel, les ministres de la zone ont décidé... de construire sans attendre Taoussa !

Connaissant quelque peu les engrenages politiques, je devine leurs motivations : promesses de campagne électorale, espoir de pacifier les Touareg locaux, perspective d'inauguration solennelle...

Alors j'ai préféré ne pas insister. J'ai posé une main fraternelle sur l'épaule du chef de la Cellule d'appui et me suis éclipsé sur la pointe des pieds.

À l'évidence, il y a donc de bons et de mauvais barrages. Comme toujours, en matière d'eau, les lois générales font plaisir aux amoureux de la simplification, efficace terreau du militantisme, mais manquent de pertinence.

Pendant dix ans, de 1993 à 2003, la Banque mondiale, sensible aux critiques, a cessé tout financement. Le temps d'élaborer un corps de principes que les nouveaux ouvrages doivent aujourd'hui respecter. Hélas, certains pays émergents se moquent bien de ces consignes. Plus haut s'envolent les cours du pétrole, plus rentables sont les barrages. Les projets se multiplient. Des opérateurs privés chinois ou thaïlandais, par exemple, ont construit au Laos le Nam Hou et le Nam Ngum II. Voici le plus aimable qu'on puisse en dire : leur exigence sociale et environnementale est voisine de zéro.

VIII

Feu le Jourdain,
bonjour le dessalement
(ISRAËL)

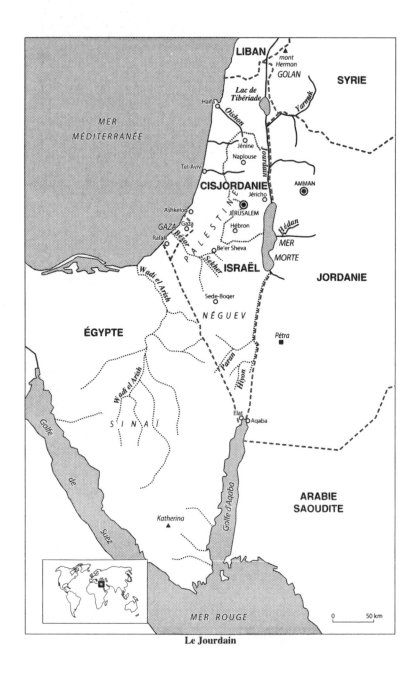

Le Jourdain

Galilée et Golan

Et soudain, contre toute attente, une fois passée la ville de Tibériade, alors que, par la route 90, vous montez vers le front, que chaque nom de village traversé vous rappelle des combats, un sentiment de paix vous envahit. Partout vous avez senti Israël en guerre, en guerre pour l'existence, en guerre pour le droit à la reconnaissance, en guerre pour la sécurité, en guerre pour la terre, en guerre pour l'eau. Lutter, toujours lutter, pour échapper au feu du soleil, pour éviter le dessèchement, pour ne pas revenir au désert. Et voici que dans cette extrémité nord pourtant menacée de toutes parts, on dirait qu'Israël baisse les armes. Car l'eau est là, partout donnée, présente sans avoir besoin de batailler, sans usine immense pour en retirer le sel, sans réseau de canaux à perte de vue. L'eau est là, la nature est verte alors qu'il n'a pas plu depuis sept mois, l'air est humide, de gros lingots de coton, protégés par des bâches bleues, attendent au bout d'un champ. Çà et là, des aigrettes picorent. La brume se lève dans les roseaux.

Aucun soldat, aucun char. La seule trace de

violence est ce cadavre de sanglier qui, sur le bord de la route, attend une sépulture plus digne.

La richesse de la Galilée ne date pas d'aujourd'hui. Le Deutéronome chante déjà « l'heureux pays, pays de cours d'eau, de sources [...] pays de froment et d'orge, de vigne, de figuiers, de grenadiers, pays d'oliviers, d'huile et de miel, pays où le pain ne te sera pas mesuré... » (8, 7-9).

Kiryat Shmona. Tourner à droite. La route s'appelle désormais 99. Plus on s'approche de la frontière, moins on peut s'entendre : les rivières se multiplient, le son chuintant des ruissellements couvre la voix. Parmi tous les établissements touristiques, je recommande le kibboutz-restaurant Dan. Bâti en bois, on dirait l'une de ces auberges traditionnelles chères au Japon. On déjeune sur l'eau. Des truites sont élevées sous un hangar voisin. La présence d'innombrables canards réjouit les enfants et ajoute à votre doute : comment imaginer qu'en cet instant je me trouve au cœur d'une des régions les plus violentes de la planète ? La nature a souvent de ces tranquillités ou de ces indifférences qui font honte aux agitations des hommes.

*

* *

La route 99 quitte cette vallée bienheureuse et commence à grimper. De 1949 à la guerre de 1967, la frontière israélo-syrienne passait là, juste au début de la pente. Aucune trace n'en reste. Sauf cette évidence de plus en plus manifeste à mesure que votre voiture s'élève : celui qui occupe les hauteurs du Golan tient à sa merci toutes les eaux de la Galilée, c'est-à-dire la principale force vive de la Jordanie et d'Israël. Les croisés ne s'y étaient pas trompés : la forteresse qu'ils ont construite sur un pic domine le paysage.

La route, toujours montante, mène à une forêt où s'accroche la brume. Bientôt on n'y verra plus rien. C'est le moment de s'arrêter sur le bas-côté et de regarder derrière soi. Chacun sait qu'entre deux averses une lumière aiguë, un peu jaune, accroît la transparence de l'air. L'œil, comme porté par cette lumière, voyage sans effort jusqu'à des lointains normalement inatteignables. Voici, juste en face, les falaises derrière lesquelles se cache le Hezbollah. Voici, sur la droite, vers le nord, la trouée qui ouvre sur le Liban. Un Sud-Liban où coule la rivière Litani, objet de bien des convoitises : déjà Ben Gourion puis Moshe Dayan ont défendu l'idée d'une présence israélienne sur ses bords pour en contrôler la ressource. Lentement, vous continuez de tourner sur vous-même. Voici la masse imposante du mont Hermon. Voici la grande Syrie toute proche, très haute. Il suffit de regarder. Le paysage vous dispense une leçon de géopolitique.

Hélas, ma pauvre vue ne porte pas jusqu'à la Turquie, mais comment ne pas y penser ? La chaîne des monts Taurus qui s'étirent de la Méditerranée jusqu'à l'Arménie est le premier château d'eau du Proche-Orient. Par comparaison, le Golan n'est qu'un réservoir minuscule. Des monts Taurus descendent notamment le Tigre et l'Euphrate. L'étymologie rejoint ici la géographie. Qu'est-ce que la Mésopotamie, sinon le territoire compris entre (*Meso*) ces deux fleuves (*potamia*) ?

La Turquie, maîtresse des eaux, tient la région.

Ses relations avec Israël étant bonnes, elle a proposé de lui céder chaque année 50 millions de mètres-cubes (transportables par tankers géants ou dans des sacs-méduses tirés par des remorqueurs. Un projet consistait à lui vendre... une rivière. La Seyhan ou la Ceyhan, qui toutes deux débouchent dans le golfe d'Iskendrum. Une grosse, très grosse canalisation l'y attendrait. Pour plus de sûreté, elle plongerait sous la mer et resurgirait à hauteur de Haïfa.

Ressources prévues : plus d'un milliard de mètres cubes par an. Coût : plus de 10 milliards de dollars.

Ce projet pharaonique continuant, pour l'heure, de dormir dans les placards, revenons à nos moutons.

*
* *

D'ordinaire, les montagnards sont des gens tranquilles. Et pour cause. C'est pour échapper aux frénésies et aux violences de la plaine qu'ils ont choisi, malgré l'inconfort, de se réfugier dans les hauteurs, sur des terres difficiles d'accès et de culture.

S'ils aiment la paix (ce qui reste au demeurant à prouver), les Druzes n'ont pas cette chance. La petite partie d'Orient qui leur tient lieu de patrie est traversée de tant de conflits qu'ils se trouvent impliqués dans tous les combats, quelle que soit l'altitude de leurs demeures.

À l'extrême nord-est d'Israël, le village de Ma'sada ne fait pas exception. Il faut dire qu'il touche la frontière syrienne, domine la Galilée, et que, en se penchant un peu, on peut voir de là tout le sud du Liban.

Les menaces n'ont pas l'air de troubler l'optimisme de ces Druzes. On construit en ce moment tant de maisons à Ma'sada que bientôt ce village perdu aura doublé d'importance.

Triste destin du Jourdain

Le Jourdain se doute-t-il du destin qui lui est promis ? Il quitte tranquillement le lac de Tibériade par le sud et s'engage dans un lit bordé de grands eucalyptus. Une foule l'attend sur la rive ouest. Aucune inquiétude pour le fleuve : cette foule semble animée des meilleures intentions. S'il pouvait se hausser un peu du col, le Jourdain verrait des cars alignés sur un parking et trois longues boutiques aussi pleines de souvenirs que d'amateurs de souvenirs. Une affluence qui ne pourrait que flatter son ego. De la foule, une dizaine d'hommes et de femmes se sont détachés et, l'un après l'autre, sous les applaudissements, sont entrés dans l'eau. Ils portent de longues chasubles blanches. Les plus valides se sont mis à nager. Les autres sont demeurés prudemment sur le bord.

Un peu plus loin, un groupe se désintéresse de cette baignade rituelle. À l'évidence, des Brésiliens. Une femme, la bonne soixantaine, est vêtue d'un tee-shirt jaune et vert, couleurs bien connues des amateurs de football. Elle prie. Plutôt, elle psalmodie un discours enflammé où revient sans cesse le mot *alleluia* :

– *Consolaçao... todos juntos... alleluia... solidariedade... alleluia... nosso senhor... alleluia.*

Elle met dans sa voix une ferveur et un rythme dignes d'un commentateur sportif. Autour de la prédicatrice, on reprend en chœur, on lève les bras au ciel, on se bat la coulpe. Une jeune fille pleure à chaudes larmes. De gros poissons, du genre silure, passent et repassent devant les Brésiliens comme s'ils voulaient s'informer. Leur litanie achevée, ceux-ci sortent une petite bouteille de leur poche, s'agenouillent et la remplissent d'eau sacrée.

Trois kilomètres plus loin, le Jourdain a disparu. De gros tuyaux l'ont avalé. Ne reste de la rivière légendaire qu'un ruisseau qui s'en va vers le sud, perdu parmi les roseaux.

Béni soit saint Jean-Baptiste !

> Et il advint qu'en ces jours-là Jésus vint de Nazareth de Galilée et il fut baptisé dans le Jourdain par Jean. Mais aussitôt remontant de l'eau, il vit les cieux se déchirer et l'Esprit comme une colombe descendre vers lui et une voix vint des cieux : « Tu es mon Fils bien-aimé, tu as toute ma faveur. »
>
> Évangile de Marc (1, 9-11)

Sans la très rémunératrice activité touristique tirée du souvenir de l'Évangile, il y a fort à parier que la vie du Jourdain se serait arrêtée à Tibériade. Les gros tuyaux auraient plongé directement dans le lac. C'est d'ailleurs ce que font d'autres tuyaux, des tuyaux encore plus gros. Ils alimentent le canal qui abreuve Israël. C'est à Jean-Baptiste, et à Jean-Baptiste seul, que le Jourdain doit sa brève survie.

*
* *

Pour comprendre le triste destin du Jourdain, il faut, quittant la route principale (notre chère 90), s'engager à droite, après la petite localité de Rehov, sur une voie plus modeste (n° 667) qui s'élève dans la montagne. Au point le plus élevé (qui ne doit pas dépasser 500 mètres), quelques tables ont été installées, et des bancs, pour permettre aux familles de confortables pique-niques devant un point de vue aussi beau qu'instructif.

De la rivière légendaire, plus aucune trace, excepté une ligne d'arbres qui, d'après mes informations, matérialise aussi la frontière avec la Jordanie. En revanche, la vallée est mouchetée de pièces d'eau : autant de réserves où viennent puiser tous les champs voisins. Que restera-t-il à la Cisjordanie qui commence non loin, là-bas, sur la droite ? On distingue dans la brume une agglomération qui doit être la ville de Jénine.

Un cycliste passe à bonne allure. La montée, pourtant rude, ne semble guère l'avoir éprouvé. Sous le casque de cuir rose fluo, ses cheveux sont blancs. La géopolitique de l'eau n'est manifestement pas sa préoccupation première. Il bascule dans la descente vers Afula. Peut-être son circuit du jour le conduira-t-il jusqu'à Nazareth ?

Dessaler

Water, water everywhere and not a drop to drink...

Nous sommes tous des marins de Coleridge. Cartes et satellites sont formels : notre planète Terre devrait s'appeler Mer, tant les divers océans et autres Méditerranée ou Caspienne occupent de surface (71 % de notre globe). Et 40 % de la population mondiale vivent à moins de 70 kilomètres d'un rivage marin. L'eau nous entoure, mais c'est une eau que nous ne pouvons boire. Alain Bombard, dans les années 1950, avait décidé d'affronter ce supplice. Pour venir en aide aux naufragés, il voulait prouver qu'un homme abandonné sur un canot pouvait survivre.

Quarante kilomètres au sud de Tel-Aviv : la ville d'Ashkelon. C'est là, au bord de la plage, que, construites par la société française Veolia, deux usines jumelles dessalent sans relâche la Méditerranée. Production quotidienne : 350 000 mètres cubes d'eau potable, soit 110 millions par an, soit la consommation d'un million et demi de personnes.

Le ciel est bleu et l'ingénieur très clair. Mais je pose toutes sortes de questions dont beaucoup, sans doute, imbéciles. Alors l'ingénieur me tend un casque. Peut-être espère-t-il ainsi que je vais mieux comprendre ses explications ?

1. *Pomper* :

Trois tuyaux plongent dans la mer et vont capter l'eau à un kilomètre au large. Rassurons-nous : les poissons ne sont pas avalés. Les caméras qui surveillent en permanence les orifices de ces tuyaux sont formelles. Cinq pompes fournissent chaque heure à l'usine 35 000 mètres cubes.

2. *Nettoyer* :

L'eau de mer n'est pas propre. Avant de l'envoyer dans les membranes, il faut la débarrasser des diverses saletés qu'elle transporte : une série de filtres (d'abord du sable, puis du carbone) vont se charger de ce premier lavage. Il reste alors dans l'eau du sel et du bore.

3. *Monter en pression, éviter tout gaspillage* :

La suite du processus réclame de la force : il faut envoyer l'eau dans les membranes sous une pression égale au minimum à 70 atmosphères.

Cette pression est fournie par une centrale intégrée à l'usine.

Mais l'énergie est chère, comme on sait, et son prix n'a aucune chance de diminuer. Il faut donc économiser, bien sûr, mais aussi récupérer. Telle est la fonction du « système ERD », qui gardera pour moi tout son mystère.

4. *Purifier* :

Qu'est-ce qu'une membrane ? La biologie nous en a donné l'exemple. Les organismes vivants ne vivraient pas sans membranes. Les membranes sont des frontières intelligentes. Elles laissent passer le nécessaire et retiennent le néfaste.

5. *Reminéraliser* :

Trop pure ! Une fois passée par les membranes, l'eau est trop propre. J'allais écrire : trop vide. On lui ajoute donc certains éléments qui contribuent aux besoins du corps : le calcium, le magnésium...

C'est seulement après ce dernier traitement, suivi d'ultimes contrôles, que l'eau de mer est lancée dans les circuits de distribution.

Je suis sorti d'Ashkelon fier de mon espèce humaine, capable d'engendrer de si formidables ingénieurs, débordant d'un optimisme politique sans nuage. Pour un peu, j'aurais embrassé en mon nom propre et en celui de mes enfants tous les (rares) passants de la zone industrielle (surtout des militaires en armes qu'une telle effusion n'aurait pas manqué d'effrayer). Oubliée, la poudrière de Gaza, pourtant si voisine (10 kilomètres !). Réglée dans un avenir proche, la question de l'eau, source de tant de conflits passés, présents et à venir dans la région ! Abreuvés sans plus de problème, cette presque moitié des hommes et des femmes de la planète vivant non loin d'une mer !

La raison me revenant peu à peu, j'ai mis de côté mon enthousiasme et, une fois à Tel-Aviv, poursuivi mon enquête. Avant de rencontrer les experts du ministère de l'Environnement, j'ai révisé mon dossier sur le dessalement dans le monde. Je me suis remis en mémoire les chiffres : 47 millions de mètres cubes d'eau potable produits par jour à partir de la mer ! Volume en apparence considérable, mais qui ne représente encore que 0,45 % de la consommation d'eau douce quotidienne de la planète.

J'ai consciencieusement revu les schémas des deux procédés : l'osmose inverse, l'utilisation des membranes, à l'exemple d'Ashkelon ; et la distillation, la bonne vieille méthode utilisée sur les navires et régulièrement améliorée, même si elle reste plus gourmande en énergie.

En résumé, quand on a du pétrole, on choisit la distillation, comme 90 % des usines dans le Golfe. Ailleurs, où l'on est contraint de se montrer plus économe, on préfère l'osmose.

Je me suis endormi avec, une fois de plus, une mappemonde devant les yeux.

À peine étais-je entré dans son bureau que le directeur de l'Eau me présentait sa dernière publication concernant les rejets de mes usines jumelles d'Ashkelon dans la Méditerranée.

– Nos conclusions sont provisoires, m'a-t-il précisé. Nos prélèvements sont encore insuffisants. Il y a le sel, bien sûr, qui revient dans son élément, où il se dissout vite grâce aux courants. Heureusement que nos politiques ont choisi l'osmose inverse : la distillation rejette neuf fois plus de saumure. Nous pouvons également noter la présence de divers résidus chimiques et aussi – il faut bien nettoyer les installations, n'est-ce pas ? – des particules métalliques, car les usines rouillent, figurez-vous ! Mais le plus grave n'est pas là...

Il s'est levé et, ensemble, nous avons regardé une photo aérienne très agrandie de la bande de Gaza.

– Vous voyez cette petite tache ronde ? C'est une retenue d'eaux usées. Il y a déjà des fuites. Et les bombardements n'arrangent rien. Si des dizaines de milliers de mètres cubes de merde se déversent dans la mer, nos filtres et nos charmantes petites membranes ne vont pas chômer... On m'a appris que vous aimiez bien les courants, mais les courants ne peuvent pas tout faire !

D'autres entretiens plus discrets (avec des militaires) m'ont permis de relativiser le caractère réputé miraculeux du dessalement.

Un, la solution miracle est visible :

Rien de plus indiscret qu'une usine de dessalement. Les divers traitements de l'eau de mer et l'empilement des tubes à membrane réclament de vastes espaces, c'est-à-dire d'imposants bâtiments difficiles à cacher, car nécessairement situés à proximité immédiate de la mer. Quelles meilleures cibles que ces usines pour des terroristes ? Lorsque, tous les 50 ou 60 kilomètres, les nouvelles centrales seront construites, le littoral israélien deviendra l'une des zones les plus vulnérables du pays.

Deux, la solution miracle est avide :

Pour forcer l'eau chargée de sel à passer par la membrane, il faut exercer sur elle une très forte pression. Créer cette pression réclame beaucoup d'énergie. Voilà pourquoi une usine de dessalement est toujours accompagnée d'une centrale productrice d'électricité. Laquelle centrale est gourmande de charbon, de fuel, de gaz... et, pourquoi pas, d'uranium.

J'aime à discuter avec les militaires parce que, généralement, ils connaissent la géographie. Mais aussi, et peut-être surtout, parce qu'ils ont le sens de la subdivision.

– Vous avez bien en tête toutes les questions énergétiques posées par le dessalement, monsieur Orsenna, vous en êtes bien sûr ?

a) L'énergie coûte cher. Moins cher avec l'osmose (de 0,4 à 0,8 euro le mètre cube) qu'avec la distillation (de 0,7 à 1,9 euro), mais c'est déjà de l'argent. Et quelque chose me dit que ça ne va pas s'arranger !

b) Les énergies fossiles produisent du CO_2. Vous revenez d'Australie. Vous avez forcément entendu parler de l'usine de Perth. C'est une ferme du vent (*wind farm*), autrement dit un grand, très grand champ d'éoliennes, qui lui fournit son énergie. Bravo ! Mais leur pays est vaste. Je le placerais où, moi, ce champ d'éoliennes, dans le mouchoir de poche qu'est Israël ?

c) L'uranium. On me dit que le nucléaire civil n'a rien, mais rien à voir avec le nucléaire militaire. Vous y croyez, vous, à l'impossibilité du passage de l'un à l'autre ?

Université du Néguev

Les distances ont beau être réduites, il me semble que nous roulons depuis des heures. Peut-être notre voiture a-t-elle, sans nous prévenir, quitté l'espace ? Peut-être remonte-t-elle le temps ? Il paraît que la route (n° 40) longe des lieux où Abraham, oui, l'Abraham de la Bible, avait creusé des puits. Seul arrêt à un café-bazar nommé Na'h Lah Haasli, « le Palmier authentique ». On y trouve de tout : boissons, nourriture, rétroviseurs, kalachnikovs en plastique (pour les enfants), mais aucune trace dudit palmier. Trois bédouins discutent au-dehors, assis sur des sièges de voiture. Ils doivent occuper l'une des baraques de tôle qui attendent des jours meilleurs, là-bas, au sommet de la colline. Il paraît qu'ils vivent d'élevage ; mais où sont les bêtes ?

J'ai toujours aimé le mot « aride », et plus encore sa version optimiste, celle qui laisse un peu d'espoir : « semi-aride ». Pour voir de l'espoir, ici, il faut de bons yeux, que je n'ai pas : la poussière le dispute trop aux cailloux. Des rigoles profondes, des canyons miniatures rident la terre. Preuve que l'eau doit couler, parfois. De petites villes nouvelles surgissent çà et là, au détour de la route. Une cinquantaine d'immeubles tout neufs, deux ou trois étages. Parfois quelques arbres, une flèche indique « Lac », un panneau annonce « Parc de loisirs ». Et de nouveau le sable, les cailloux, au loin des collines, un mur de collines. Avant qu'un autre panneau avertisse : *Beware of camels* (Attention aux chameaux).

Enfin, Sede-Boqer.

– Pourquoi installer une université ici, en plein désert ?

– Parce que Ben Gourion, le fondateur de notre pays, l'a dit : « Israël, c'est un tiers de désert. Si Israël n'apprivoise pas le désert, Israël est mort. » Ben Gourion venait souvent méditer non loin, dans une cabane. C'est là qu'il a choisi d'être enterré. Notre fondateur aimait le désert. Ben Gourion avait raison : il y a des valeurs dans le désert qui sont ou devraient être les valeurs d'Israël. Vous venez de Tel-Aviv ? Là-bas, c'est autre chose !

Né à Casablanca, le visage large et rieur, le professeur Sammy Boussiba, naguère râblé, aujourd'hui bedonnant, est aussi pressé. Un autre rendez-vous l'attend. D'ailleurs, son message est simple : les algues vont sauver la planète. Pas besoin de plus d'une demi-heure pour s'en convaincre : il suffit de visiter au pas de course son laboratoire.

– Au commencement de la Terre, dans l'océan général, je veux parler de la soupe originelle, furent les algues, des organismes très simples dont nous descendons tous ; le singe n'est venu que bien après. Vous êtes d'accord ? Très bien ! Ici, nous avons décidé de revenir à ces débuts. Vous êtes prêt pour le voyage ? Parfait ! Entrez dans ce hangar. Vous voyez cette vingtaine de sacs plastique ? Vous voyez cette mixture verdâtre ? Ce sont des algues. Nous les utilisons d'abord pour nourrir des poissons. Connaissez-vous l'avantage de l'aquaculture ? C'est elle qui, parmi tous les élevages, consomme le moins d'eau : les bêtes demeurent dans leur milieu naturel.

Le professeur Boussiba parle de plus en plus vite, il presse le pas, il brûle les étapes.

– Passons maintenant dans le hangar n° 2...

Des centaines de poissons d'aquarium attendent, bouches largement bées, leur pitance.

Même si la vente de ces petites bêtes multicolores représente déjà une source de revenus non négligeable, nous allons passer à des activités plus sérieuses. Poussez une autre porte. Ici, toujours grâce aux algues et toujours dans l'eau saumâtre (*brackish*) du désert, on engraisse des poissons dans le but plus cruel de les manger. Ces bacs contiennent des eaux salées de diverses provenances. Nous comparons le développement des alevins. Un manque (ou un excès) de sel bloque la croissance. D'autres bestioles au nom charmant de *Red Tilipia* sont chargées du ménage : ces poissons, amoureux de la propreté et jamais désorientés, dévorent d'un bel appétit toutes les déjections des autres.

Le hangar n° 6 s'occupe aussi de purification, mais dans une atmosphère tout autre, quiète et raffinée, qu'on pourrait qualifier de japonisante. C'est une mare recouverte de nénuphars à fleurs jaunes. Ces plantes aquatiques présentent le double avantage d'intéresser une clientèle prête à payer 10 dollars l'exemplaire et de nettoyer l'eau grâce à des racines particulièrement actives. Pendant ce travail, d'autres poissons, minuscules ceux-ci, gobent les larves de moustiques avant qu'elles aient même songé à nuire.

Le parcours s'achève en plein air, dans un champ. Y poussent des arbustes irrigués par l'eau que les nénuphars, dans leur bienveillance, ont soigneusement lavée. Ces arbustes, dont le nom reste secret, produisent une noix. Laquelle, une fois broyée, laisse échapper une huile qui, du point de vue de l'utilité, ne devrait pas être très loin du diesel...

Décidément Israël a le génie du recyclage. Je me souviens du groupe d'experts que j'avais croisés à Sydney. Que l'Académie française me pardonne : vive *Water Re-Use* !

Selon le professeur Boussiba, les algues n'ont pas livré le millième de leurs secrets. D'ores et déjà, son centre de recherches produit des concentrés de vitamines et d'oméga VI, essentiels à tous ceux qui veulent, avec quelque chance de succès, guerroyer contre le vieillissement. Mais la grande avancée pourrait être la découverte d'une arme décisive contre le paludisme : une algue miracle. À peine serait-elle implantée dans une mare qu'elle empoisonnerait tous les bébés moustiques...

Le professeur Boussiba se frotte les mains. Sa ville natale de Casablanca sera fière de lui. Le centre qu'il dirige va gagner sous peu beaucoup d'argent...

Mais, à son sourire quelque peu supérieur, il est facile de deviner que son ambition est encore plus vaste. En fait, il ne veut rien de moins que réorienter, ou au minimum compléter, la Genèse. Dieu a créé la « soupe originelle » d'où sont nées les algues, d'où sont sortis les êtres vivants qui ont peu à peu engendré l'homme. Le professeur Boussiba et son équipe vont ouvrir une nouvelle voie, ils veulent donner un autre bras à la grande rivière Évolution ! À partir de la même source, du même commencement, ils vont développer d'autres algues qu'ils mettront au service des enfants des premières algues (je parle ici de nous, les humains).

– Et maintenant, vous voudrez bien m'excuser, une rencontre m'attend avec des collègues mexicains. Il faut croire qu'ils ont des problèmes d'eau. Nous ne sommes pas les seuls !

Dans un bâtiment voisin, un autre savant, le très juvénile docteur Ofer Dahan, a mis au point un système pour mesurer la progression de la pollution dans le sol. Jusqu'à son invention, on ne s'attaquait au mal que trop tard et pas toujours au bon endroit, lorsque, à la suite de prélèvements plutôt aléatoires, on s'apercevait que la nappe phréatique était souillée. Grâce à un réseau de capteurs enfoncés dans la terre, on peut maintenant connaître l'état des diverses couches et donner l'alerte.

Ailleurs sur le même campus, une équipe de dix architectes venus du monde entier réfléchit aux habitations du futur. Comment se protéger des ardeurs du soleil ? Comment utiliser cette même chaleur ? Serait-il possible d'employer cette énergie pour... refroidir les maisons ? Les climatiseurs de demain marcheront au soleil.

Dans un bâtiment voisin, de prochains prix Nobel travaillent sur la génétique végétale. D'autres s'intéressent à de nouvelles techniques de dessalement. Un département s'occupe d'hydrologie et de microbiologie (fonctionnement des nappes aquifères, traitement biologique des effluents...). Une école internationale « for Desert Studies » accueille des étudiants du monde entier. Mohammad Taher, par exemple, un Jordanien, est en train d'achever une thèse sur le *Ziziphus Mauritania*, un arbuste dont les fruits sont appelés « pommes du désert »...

Je comprends pourquoi cette université *devait* s'installer en plein désert. Le désert est le sujet de toutes ces recherches. Comment lutter *contre* lui ? Comment trouver *en* lui les armes qui permettront de l'apprivoiser ?

La méthode de financement est simple. Des fonds sont recueillis dans le monde entier. Et, généralement, celui qui apporte la plus grosse somme voit son nom donné à un nouvel institut. Quelle plus grande gloire que celle de participer à la guerre de l'espèce humaine contre la cruauté des déserts ? J'imagine que quelques adoucissements fiscaux accroissent, s'il en était besoin, la motivation des donateurs...

Ainsi se développe Sede-Boqer, dans une atmosphère de fièvre bon enfant où la recherche fondamentale donne la main au bricolage. Ainsi se forge en Israël une expertise cruciale pour notre avenir. Car les entreprises travaillent en liaison étroite avec l'université. Une véritable Silicon Valley de l'eau est en train de naître, où des sociétés confirmées telles que Netafim, leader des techniques d'irrigation, voisinent avec des dizaines de start-up. Ainsi, pour répliquer à l'avancée, un peu partout, des déserts, progresse la connaissance des mécanismes de la vie en zone aride et des moyens de la développer. Réchauffement général aidant, l'université du désert ne risque pas de chômer : cent pays, un milliard et demi d'habitants sont d'ores et déjà menacés par la désertification !

En ce moment,
je pense à M. Blass

Quoiqu'il soit, sans conteste, l'un des plus grands bienfaiteurs de l'humanité, j'ai dû longtemps fouiner avant de recueillir assez d'informations sur ce M. Simha Blass. Google indique seulement le pays qui l'a vu naître (la Pologne), son titre (ingénieur hydraulicien), et qu'il a participé à la conception et à la mise en œuvre de la politique de l'eau en Israël. Maigres données pour qui veut dresser un portrait et rendre hommage.

La contribution majeure de M. Blass au bien-être de l'espèce humaine, c'est l'irrigation au goutte à goutte. Les cultivateurs et jardiniers de pays gâtés en eau par la nature arrosent en aspergeant n'importe comment. Leurs collègues des zones arides sont contraints de se montrer beaucoup plus économes et, par suite, nécessité faisant loi et idées, beaucoup plus intelligents.

Grâce à ce très malin M. Blass, l'eau arrive directement au pied de chaque pousse, en quantité juste nécessaire et parfaitement contrôlée, quelle que soit la pente du terrain. Comme les feuilles ne sont pas touchées, on peut utiliser des eaux usées à peine traitées, voire saumâtres, sans dommage pour la santé.

En outre, aucun risque de brûlure de ces feuilles par
« effet loupe » : chacun sait que, passant à travers
une goutte d'eau, la force d'un rayon de soleil est
décuplée. Autres avantages : des engrais peuvent être
apportés en même temps que l'eau à la plante. Les
racines sont lessivées en permanence, ce qui les protège de toute accumulation de sel. La pousse des
herbes est réduite au minimum, de même, bien sûr,
que l'évaporation... M. Blass est un génie qui mériterait auprès du Père une félicité éternelle ô combien
méritée. Inutile de vous dire, vous l'aviez deviné,
qu'à Sede-Boqer et en d'autres universités d'Israël,
comme à Haïfa, on poursuit son œuvre et affine
sans cesse son invention. D'Abraham, le creuseur de
puits, aux successeurs de M. Blass, la guerre pour
l'eau continue. Donner sa pleine utilité à la moindre
goutte d'eau et inventer des plantes qui n'aiment pas
trop boire : un peu partout, l'agriculture du futur se
prépare. Sede-Boqer est l'un de ses berceaux.

J'admire.

*

*   *

Dîner de couscous dans l'immense cantine. Tables
des enseignants (tee-shirts, shorts et tongs). Tables
d'étudiants (tee-shirts, shorts et tongs). Une seule
table tranche, couleur vert olive : des soldats, huit
jeunes filles soldats. Elles viennent ici suivre un
stage d'« éveil à l'environnement ».

Dehors, la nuit est tombée. Inutile de se hâter. Au
kibboutz Mashabei Sade où je dois aller dormir, la
responsable m'a prévenu : la réception ferme à dix-
neuf heures.

Kibboutz ! Je croyais aller au-devant de la légende : une communauté de rudes pionniers agricoles, passionnés par la rencontre d'un écrivain français spécialiste de l'eau et lui offrant la chambre d'ami... J'imaginais un accueil chaleureux, des discussions enflammées (mais franches) jusqu'au matin. Je ne vois, dans l'obscurité, qu'un village de vacances, semblable à tant d'autres, et des touristes perdus, tirant leurs valises et cherchant, comme moi, leur bungalow.

J'apprendrai plus tard que, pour la majorité d'entre eux, les kibboutzim ne sont plus ce qu'ils étaient. La plupart ne s'occupent plus de travaux des champs, mais d'activités beaucoup plus rentables : haute technologie ou tourisme. Mes voisins de bungalow sont français et quelque peu bruyants. Toujours curieux, je pose mon oreille contre la cloison très mince. Comment leur reprocher leur exaltation ? Ils sont venus « marcher sur les pas du Christ »...

Le calme revient. Les grillons chantent. Quel besoin a la nuit d'être parcourue en tous sens par des hélicoptères ?

Mer Morte

C'est une véritable autoroute qui plonge de Jérusalem (+ 800 mètres) à la mer Morte (− 400 mètres). La certitude revient que dans ce petit, tout petit pays, on voyage moins dans l'espace que dans le temps. La voie rapide ne s'enfonce pas seulement dans le sable. Elle entre dans l'immémorial. Des civilisations ont vécu ici, preuve qu'il y avait de l'eau, et puis ont péri faute d'eau. « La mer Morte », « la mer Morte » : le chauffeur n'arrête pas de pointer son doigt vers l'est. La mer Morte doit être contagieuse ! Dans ces parages, il faut s'acharner pour vivre... De part et d'autre s'étalent des « villages » bédouins (en fait, des morceaux de bidonvilles : baraques de tôle et de toile avec quelques chèvres pour seule richesse).

Au fur et à mesure de la descente, la température monte. À l'altitude zéro (le niveau des mers ouvertes, celles qui ne sont pas « mortes »), un parking et un chameau attendent le touriste. Moyennant 20 dollars, celui-ci grimpe sur la bête et se fait photographier devant la marque-témoin inscrite sur la falaise.

Et la dégringolade continue. On respire de plus en plus mal. Soudain, le paysage s'ouvre. Une étendue paraît, plus grise que le sable. C'est la mer Morte. En face, les montagnes sont rouges. On les dirait juste là pour nous renvoyer les lumières du couchant. C'est la Jordanie.

Voilà une mer qui ne donne pas envie de s'approcher, encore moins de s'y baigner. Est-ce bien de l'eau, cette matière lourde que le vent, fort ce jour-là, peine à remuer ? On dirait plutôt les vagues, lentes et basses, d'un métal en fusion. Le sel n'explique pas tout. Il doit y avoir du feu quelque part. Est-ce le souvenir de la foudre divine qui incendia les deux villes très coupables, Sodome et Gomorrhe ? Certains « scientifiques », de ceux qui s'acharnent à « vérifier la Bible », proposent une explication « rationnelle » : les cités pécheresses auraient été construites avec des pierres de bitume, très présentes dans la région. Or, comme on sait, de ce matériau suinte du pétrole. Le moindre éclair peut l'enflammer...

De toute manière, Dieu, non content de les brûler, a englouti Sodome et Gomorrhe au fond de la mer Morte. Peine perdue. Il règne toujours ici une atmosphère de soufre. Et, telle que je connais la passion des jeunes Israéliens pour le sexe, touffeur très particulière du climat aidant, la peur d'un nouveau châtiment divin n'y peut rien : il doit s'en passer de belles, certaines nuits de la saison chaude, sur ces rivages désolés...

*
* *

Inutile de chercher l'endroit où le Jourdain se jette dans cette mer Morte. Nous savons que les hommes l'ont avalé dès sa sortie du lac de Tibériade. Mais Chateaubriand, voilà plus de deux siècles, a dû lui aussi écarquiller les yeux pour en trouver trace :

> Nous levâmes le camp et nous cheminâmes pendant une heure et demie avec une peine excessive dans une arène blanche et fine. Nous avancions vers un petit bois d'arbres de baumes et de tamarins, qu'à mon grand étonnement je voyais s'élever du milieu d'un sol stérile. Tout à coup les Bethléémites s'arrêtèrent et me montrèrent de la main, au fond d'une ravine, quelque chose que je n'avais pas aperçu. Sans pouvoir dire ce que c'était, j'entrevoyais comme une espèce de sable en mouvement sur l'immobilité du sol. Je m'approchai de ce singulier objet, et je vis un fleuve jaune que j'avais peine à distinguer de l'arène de ses deux rives. Il était profondément encaissé et roulait avec lenteur une onde épaisse : c'était le Jourdain.

Si, soudain, dans cet univers des plus inhospitaliers, un irrépressible besoin de douceur vous prend, remontez quelques kilomètres vers le nord. Vous aurez à franchir des barrages militaires. Vous en avez pris l'habitude. Gardez patience. Jéricho vous attend, rien de moins, la ville de la Terre promise, conquise par Josué, celle dont les remparts se sont effondrés d'eux-mêmes au son des trompettes. La population vous sourit, marche doucement, parle sans crier. Quelque chose me dit que, de génération en génération, elle en a soupé, elle n'en peut plus de l'Histoire, de toutes les histoires, anciennes ou modernes, trompettes ou kalachnikovs. Jéricho n'aspire plus qu'au calme. Vous voulez du sucre dans

votre café ? Reculez un peu votre fauteuil, vous verrez mieux la bougainvillée. Bienvenue à Jéricho !

*

*   *

La mer Morte n'en finit pas de mourir. Son niveau
baisse chaque année. L'air s'emplit de sel qui brûle
le nez, les bronches. Que faire ? Construire un canal
qui apporterait de l'eau puisée dans... la mer Rouge.

On dirait que c'est la géographie qui a dicté l'idée.
Il suffit de regarder les courbes de niveau : la mer
Rouge vers Eilat, au sud du Sinaï, est 400 mètres
plus haut que la mer Morte. Pourquoi ne pas pomper dans la première pour remplir la seconde ?

Avantages :

1° La déclivité, tout le long du parcours, permettra d'animer les turbines productrices de l'énergie
nécessaire au dessalement.

2° Cette eau dessalée pourra alimenter une succes-
sion d'oasis. Le désert reprendra vie.

3° La remontée de la mer Morte relancera le tourisme sur ses rivages, empêchera des érosions désas-
treuses et adoucira le climat.

Suez n'aura plus le monopole des grands canaux
de la région. *Red-Dead*, Rouge-Morte pourrait voir
le jour dans une dizaine d'années. Les études sont
déjà financées.

M. l'ingénieur Fadel Ka'wash

Dans le bureau de M. l'ingénieur Fadel Ka'wash, il faut tendre l'oreille. Car, au-dehors, le vent souffle. Tous les vents de Cisjordanie semblent s'être donné rendez-vous là, à l'entrée de Ramallah, pour attaquer ce cinquième étage. Nous sommes le 7 novembre. Il n'a pas plu une goutte depuis avril. De gros nuages noirs passent, dont M. l'ingénieur suit la course. La deuxième raison pour laquelle il faut tendre l'oreille est que la voix de M. l'ingénieur est douce, presque un murmure. Pourtant, c'est un homme solide, dans la force de l'âge, mais il parle ainsi. Il doit avoir ses raisons. Tout en commençant son histoire, M. l'ingénieur déplie une carte. Je ne vais plus regarder que son doigt, qui se promène. D'abord le long du Jourdain, à l'est.

– Autrefois, la rivière Jourdain coulait à flots. Maintenant, les Israéliens ont presque fermé le lac de Tibériade : ils l'utilisent pour eux. Autrefois, nous avions nos puits dans la vallée. Des colonies israéliennes se sont installées : ce sont elles qui utilisent nos puits. Vous voulez un café ?

M. l'ingénieur Fadel Ka'wash a deux secrétaires pour s'occuper de lui : elles parlent comme lui, doucement. C'est la plus jeune qui apporte le plateau.

Puisqu'en ouvrant la porte elle a livré un petit secret : « Voici, mon oncle », il nous la présente :

– C'est la fille de mon frère.

Que peuvent les rafales des premiers vents d'hiver contre les familles unies ? Le doigt reprend son parcours sur la carte. Il avance à présent vers l'ouest.

– Au milieu de notre pays, nous ne pouvons creuser un nouveau puits sans l'accord du Comité Joint (Joint Committee).

Je me garde de demander des précisions sur cette mystérieuse entité. Il faut laisser continuer le doigt. D'ailleurs, il a presque achevé son voyage.

– Là, c'est la frontière de 1967. La fameuse Ligne verte. Mais en deçà de cette frontière, c'est-à-dire encore chez nous, la zone est déclarée militaire : interdiction pour nous d'y effectuer les moindres travaux...

Je montre les points bleus, vers l'ouest, de l'autre côté de la Ligne verte, en territoire israélien.

– À ceux-là, vous ne pouvez rien objecter, n'est-ce pas ? Ils sont à eux.

J'ai relevé la tête. M. l'ingénieur me sourit :

– Rien n'est plus juste. Mais ce que vous ne voyez pas sur la carte, c'est la montagne. Ces puits sont creusés au pied de la montagne, vers où ruissellent et où s'accumulent les précipitations qui sont d'abord tombées chez nous. Conclusion...

La nièce est revenue chercher le plateau. Son oncle ne reprend qu'à son départ. Sans doute ce qu'il va dire ne doit-il pas être entendu par les jeunes filles.

– Conclusion : Israël nous prend 85 % de notre eau[1].

Est-ce l'habitude, ou le vent qui se calme avec le soir : je l'entends de mieux en mieux.

– Il paraît que nous avons besoin de moins d'eau qu'eux !

– Et pourquoi donc ?

– Parce que notre agriculture est traditionnelle : elle ne réclamerait pas d'irrigation...

Le ton de la voix n'a pas changé. Jamais M. l'ingénieur ne manifestera le moindre début d'énervement. Même quand nous aborderons les réunions du « Comité Joint », l'organe institué par les accords de paix d'Oslo pour gérer paritairement la question de l'eau. Le représentant d'Israël remet toujours à plus tard les projets d'importance. Et comme il faut son agrément...

– Voyez-vous, je représente l'Autorité palestinienne. Mais quelle est notre autorité ?

Toujours la même douceur. La seule tension décelable (je veux dire un élargissement du sourire) viendra quand je prononcerai le mot « piscines ». Ces piscines dont on voit miroiter le bleu irréel dans certaines colonies...

– Comment puis-je expliquer leur présence à mes administrés qui ne sont raccordés à aucun réseau ? Comment puis-je convaincre les jeunes de payer l'eau au lieu d'aller la voler ? Mais aussi... comment puis-je justifier mon inefficacité ? Les piscines... Quand les Israéliens comprendront-ils que chaque piscine engendre cent terroristes ?

---

1. Ce chiffre prête, bien sûr, à polémique ; mais personne n'ose prétendre qu'il descend au-dessous des deux tiers.

– Les Israéliens, les Israéliens, toujours les Israéliens... Qui ne comprendrait votre exaspération ? Mais, de votre côté... quel peuple a reçu plus d'argent que les Palestiniens ? Où est-il passé ? Vous ne croyez pas qu'un peu de cet argent aurait pu servir à développer les réseaux ?

M. l'ingénieur Fadel Ka'wash ne répond pas. M. l'ingénieur Fadel Ka'wash connaît la question de la corruption bien mieux que moi. Il est spécialiste du combat contre les fuites. Mais il est des « fuites » contre lesquelles on ne peut rien.

Les bureaux sont vides. La nièce et sa collègue ont fini par abandonner M. l'ingénieur. Il m'a gardé bien plus longtemps que prévu. Avant de prendre congé, je ne peux m'empêcher de lui poser la question qui me brûle les lèvres depuis deux heures :

– Pour garder malgré tout votre calme, comment faites-vous ?

– Mes compatriotes ont besoin d'eau, pas de ma colère...

Quand, plus tard, au ministère israélien de l'Environnement, je parlerai des Palestiniens au directeur de l'Eau, il s'énervera :

– Vous avez vu la carte. La Cisjordanie est plus haute qu'Israël. Leurs eaux descendent vers nous. S'ils ne traitent pas leurs rejets, nous les recevons. Très, très désagréable. Et dangereux pour notre santé ! Il va falloir qu'ils apprennent, et vite. Tout le monde fait des efforts pour l'environnement, pourquoi pas eux ?

Le mur

Il est gris. Il est haut (huit mètres). Il se faufile entre les maisons blanches. Il plonge dans les vallées. Il grimpe jusqu'au sommet des collines. Il serpente à perte de vue. Il n'arrête pas. Il continue. Il sépare on ne sait pas bien qui. L'en-deçà ressemble comme un frère à l'au-delà. Il est précédé de barbelés, il est surveillé par des miradors. Le plus souvent, il est nu. Parfois, on a écrit sur lui. Parfois, on a peint. Parfois, on a collé des « publicités », on dirait des vœux pieux : « La paix a un pays. »

Le mur.

Il a commencé à s'élever en 2000. Les attentats se multipliaient à Jérusalem. Les attentats sont moins nombreux. On peut comprendre ceux qui ont construit le mur. Ils voulaient que les attentats cessent. Qui suis-je pour condamner ce mur ? De quel droit le ferais-je ? À ce jour, aucun membre de ma famille n'a été tué dans un attentat. Depuis toujours, notre planète aime les murs. Muraille de Chine, remparts de Carcassonne, ligne Maginot, rideau de fer, grillage électrifié le long du Rio Grande entre les États-Unis et le Mexique...

Parfois, le mur israélien s'arrête. Pour recommencer dix mètres plus loin. On appelle *check-points* ces interruptions de mur. On peut attendre des heures devant un *check-point*. On peut ne jamais passer. J'avais la bonne plaque minéralogique (jaune) et les bons papiers (diplomatiques). Je suis passé.

Le paysage est plein de murs. À côté du grand mur gris, on voit d'autres murs tout blancs, tout neufs. Ce sont les murs des « colonies ». Les colonies sont des villages qui peu à peu deviennent des villes. Des villages et des villes construits illégalement par les Israéliens en terre palestinienne. Il y a encore d'autres murs dans cette région minuscule, il y a des milliers d'autres murs. Ces murs-ci sont petits (un mètre, parfois deux, jamais plus). Ces petits murs sont d'une couleur plus chaude que le grand mur : ocre jaune... Ils sont faits de pierres sèches. Ils n'empêchent pas les terroristes de passer, mais la terre d'être emportée par la pluie. Ils créent des terrasses sur lesquelles pousse surtout la vigne. Une vigne à raisin de table, puisque le Coran interdit le vin.

La publicité disait vrai. La paix a un pays, et c'est ici. Des enfants jouent, des ânes passent, survolés par des tourterelles. Pourquoi les visions agricoles nous prodiguent-elles le calme ? Pourquoi cette angoisse, soudain, dès que des habitations de plus en plus nombreuses se mettent à dévorer le paysage, signe qu'une ville commence, Hébron ?

Une activité fébrile succède à la sérénité campagnarde. Affluence sur les trottoirs. Boutiques à touche-touche. Klaxons. Embouteillages de camionnettes. Surprise : je m'attendais à rencontrer une population accablée, tétanisée par l'adversité. Je découvre la fourmilière d'un chantier général. Partout on bâtit. On répare. On échange. Cette activité rassure : qui, malgré les conditions difficiles, s'acharne ainsi au travail, n'a pas perdu l'espoir d'une amélioration future. Mais comment ce dynamisme résistera-t-il à l'achèvement du mur, c'est-à-dire à l'enfermement ? Qui peut commercer dans un bocal ? Je n'oublie pas les contraintes de la lutte contre le terrorisme. Mais sur un territoire aussi morcelé par le mur et par les colonies, comment construire un État ? Et si la Palestine ne devient pas un État, quel sera son destin ? Celui d'un archipel de bantoustans ? Quelle peut être, à long terme, la sécurité d'Israël au milieu de bantoustans surpeuplés ?

Le moindre des voyageurs se voit rattrapé par la géopolitique.

Hébron

La ville de Dura fait partie de l'agglomération urbaine qui entoure Hébron. Le maire a souhaité nous recevoir. C'est un homme solide, dans la cinquantaine. Ses mains sont larges et rugueuses : des mains de paysan. Il est installé à son bureau, sous un double portrait d'Arafat et d'Abou Mazel. Nous, la délégation de ceux qui s'intéressent à l'eau, sommes assis devant lui, de part et d'autre d'une table où toutes les dix minutes se renouvellent des cafés très sucrés.

Le maire nous exprime en arabe sa gratitude. La population souffrait : moins de 30 litres d'eau par personne et par jour ! Grâce au réservoir et à la nouvelle canalisation financés par la France, ses compatriotes, dit-il, pourront recevoir 100 litres. La différence entre 30 litres et 100 litres, c'est plus que la propreté, c'est la dignité. Un collaborateur tout jeune, debout, traduit. Le maire s'arrête net. Il n'a pas souri. On peut très bien remercier sans sourire. Le discours est fini. Le maire regarde devant lui sans plus se préoccuper de nous.

Une discussion technique s'engage entre les professionnels de l'eau, français et palestiniens. Des équipements sont en cours, qui vont continuer d'améliorer la situation. Les Israéliens, dans leur magnanimité, ont même autorisé les Palestiniens à creuser trois puits. Dans leur langage, tous les experts acquiescent : « Le stress hydrique devrait diminuer. » Toujours soucieux de nourrir mon optimisme maladif, je m'accroche à cette bonne nouvelle, l'une des premières depuis le début de mon voyage, et je hasarde une conclusion :

— On peut donc dire que, dans le sud de la Cisjordanie, la question de l'eau est réglée ?

L'homme qui me fait face est le directeur régional de la distribution. Un ingénieur encore jeune et de caractère enjoué. Depuis le début de l'entretien, il n'a cessé, lui, de sourire. En m'entendant, son sourire s'élargit. Il me regarde avec indulgence comme si j'étais son fils, en tout cas quelqu'un qui ne connaîtrait encore rien aux réalités de la vie.

Il lève les deux paumes, fataliste.

— Celui qui aime les batailles gagnées une fois pour toutes, celui-là ne doit pas faire de l'eau son métier...

Le responsable français intervient. C'est lui qui a installé cette canalisation quasi miraculeuse.

— Vous avez vu le nombre d'enfants dans les rues ?

Les yeux du directeur se plissent. Il a un sourire aussi doux et aussi résigné que celui de son supérieur de Ramallah.

— C'est comme ça. Nous aimons les enfants. Alors nous en faisons beaucoup. Dans seize ou dix-sept ans, notre peuple aura doublé...

Je sursaute. Parfois, un chiffre dit mieux la réalité que toutes les choses et tous les êtres rencontrés.

Car on se laisse émouvoir par les paysages et par les êtres, alors que le chiffre n'est qu'un chiffre, froid. Je m'étais émerveillé de toutes ces frimousses de gamins, de ces sorties d'écoles, de cette agitation juvénile, si jeune et si joyeuse, dans toutes les villes traversées. Voici que je ne vois plus qu'une masse indistincte et toujours croissante. Comment cette foule, « dans seize ou dix-sept ans », va-t-elle vivre emprisonnée par le mur, sur une terre si petite et si sèche ?

De retour vers Jérusalem, la grande, trop grande colonie Har Homa rougeoie dans le soleil couchant. 2 500 logements. Et un appel d'offres lancé le matin même pour 300 autres, malgré toutes les promesses du gouvernement. Dans les colonies aussi, on fabrique des enfants. Et plus encore que chez les Palestiniens. Croissance démographique annuelle de 4,6 à 4,7 % pour ceux-ci, tandis que ceux-là, les colons, s'accroissent de 5,8 %. Record mondial, bravo les colons ! Reprenez-vous, les Palestiniens, vous vous faites distancer ! Quelle activité sexuelle en Terre sainte ! Le climat, chaud, doit jouer son rôle. Et l'oisiveté, née du chômage. Et la recommandation expresse des religions de se multiplier avant que de s'aimer. Mais le vrai motif de cette frénésie d'enfantement en Cisjordanie est ailleurs : on engendre pour envahir. On engendre pour résister, tout en espérant envahir à son tour. La procréation est la continuation de la guerre par d'autres moyens. La préparation d'autres guerres. Il n'y a pas qu'en Afrique, Liberia ou Sierra Leone, que les enfants font des soldats. Les bébés sont de futurs soldats.

Quelle eau, je veux dire quelle raison éteindra ce feu ?

Le dernier contrôle volant sera le plus tendu de la journée. Ordres hurlés, mitraillettes pointées à deux doigts du ventre. Deux garçons, une fille : ces trois soldats israéliens ont peur. Nous ferons tout pour les calmer. Ils doivent commencer leur service militaire. Aucun d'eux ne doit avoir vingt ans. Les Israéliens, du moins ceux qui ne sont pas colons, ont au maximum deux enfants par famille. Jeunesse contre jeunesse. J'ai vu tout à l'heure des bambins de Hébron, âgés d'à peine dix ans, insulter une patrouille. Jeunesse armée contre jeunesse nombreuse.

À la fin du voyage

L'eau ne reflète pas, elle accuse le trait, elle cari-
cature.

Dès qu'il est question de l'eau, de sa relation avec
l'eau, un pays révèle ses forces, ses légendes, ses han-
tises, ses contradictions. Ainsi Israël. Qui accapare
une grande partie de l'eau de la région, engendrant
de ce fait des tensions et des ressentiments inex-
piables.

Mais qui, dans le même temps, économise l'eau
comme personne au monde et, comme personne au
monde, la traite et, sans fin, d'usage en usage, la
recycle. Un pays à la pointe des recherches qui donnent des raisons d'espérer aux cent pays arides de la
planète.

Je sais bien que, surtout dans un environnement
hostile, l'occupation de la terre est l'affirmation première et nécessaire de la présence. Et une présomp-
tion presque absolue de légitimité. Je sais bien que
le rêve d'un pays neuf doit s'ancrer dans une réalité
incontestable et s'appuyer sur des valeurs simples.
Quelle réalité plus évidente que celle de l'agriculture ? Quelles qualités plus utiles à une nation
que celles des travailleurs des champs : courage, respect de la tradition, solidarité ? Tout père fondateur
rêve pour son peuple d'une assise paysanne.

Mais Israël ne se trompe-t-il pas d'époque en payant de tant de haine tant de terres annexées et tant d'eau dérobée aux Palestiniens ?

À la fin de son voyage, le visiteur, devenu ami d'Israël, admiratif de son formidable développement et de sa société libre et démocratique – liberté et démocratie : deux denrées rares dans la région –, ce visiteur-là s'interroge. Des questions graves ont pris possession de sa tête et ne la quitteront pas de sitôt.

Qui peut croire aujourd'hui à la priorité de « faire fleurir le désert » au risque d'allumer le feu chez ses voisins ? Qui peut juger la vente des tomates-cerises plus profitable que la cession des brevets de haute technologie permettant partout dans le monde la maîtrise et l'économie de l'eau ?

Qui peut penser bâtir sa sécurité future en condamnant au chômage ses voisins les plus proches, tandis qu'on offre du travail à des dizaines de milliers d'immigrés philippins ou indiens, les kibboutznikim d'aujourd'hui ?

IX

Réchauffement général
et solidarité méditerranéenne

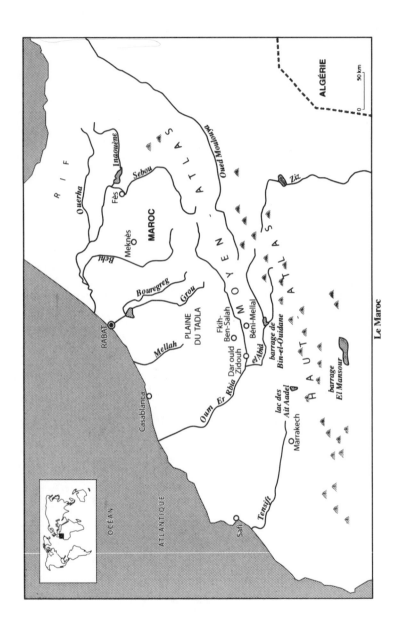

ALGÉRIE

50 km

RIF

Inaouène

Sebou

Fès

Ouerha

MAROC

Meknès

Beht

Oued Moulouya

Ziz

ATLAS

Bouregreg

Grou

MOYEN

Fkih-
Ben-Salah

Béni-Mellal

barrage de
Bin-el-Ouidane

ATLAS

RABAT

Mellah

PLAINE
DU TADLA

Dar ould
Zidouh

el Abid

Oum Er Rbia

HAUT

barrage
El Mansour

Casablanca

lac des
Aït Aadel

Marrakech

OCÉAN

ATLANTIQUE

Tensift

Safi

Le Maroc

Réchauffement global
ou crises régionales

Première erreur, généralement commise : l'eau n'est pas le pétrole. L'eau est une ressource *renouvelable*. Pour comprendre l'eau, il ne faut pas comprendre *gisement*, mais *cycle*. Le risque n'est donc pas que s'épuisent des gisements, mais que se dérèglent des cycles. La déforestation, par exemple, dérègle un cycle et réduit les pluies.

Deuxième erreur, elle aussi généralement commise : le réchauffement global ne va pas diminuer la quantité d'eau disponible, mais l'*accroître*. L'intensification de l'effet de serre va augmenter le rayonnement solaire à la surface du globe. En conséquence, l'évaporation aura tendance à s'amplifier. Plus d'humidité dans l'air se traduit par davantage de précipitations.

Troisième et quatrième erreurs : croire à la régularité, croire à l'égalité. Par sens moral tout autant que par paresse intellectuelle, on voudrait penser que ce surcroît de précipitations se répartira régulièrement tout au long de l'année, équitablement sur toute la planète.

Des mécanismes complexes, qui impliquent le jeu des courants d'air dans l'atmosphère, font qu'il n'en sera rien. La violence et l'injustice triompheront. Des canicules alterneront avec des déluges. Les régions déjà bien arrosées seront inondées. Les zones arides recevront moins encore.

Un point de vue global ne raconte rien d'utile. Pour servir à quelque chose, toute analyse doit se référer à des réalités *locales*. D'un bout à l'autre de la planète, les saisons, par exemple, ne se ressemblent pas.

Les seules généralités qui pourraient être avancées sont celles-ci : une augmentation globale du nombre de jours secs et, dans les deux hémisphères, une dérive vers les pôles des zones arides.

*

* *

Partant pour le Maghreb, j'emportai les dernières prévisions *régionales* du Groupe intergouvernemental d'experts sur l'évolution du climat (2007). Elles n'allaient pas me quitter de tout le séjour :

– un accroissement de la température moyenne annuelle supérieur à 2,5° avant 2100 ;

– une montée, au minimum de 30 centimètres, du niveau de la mer, donc un risque accru d'inondations en cas de tempête ;

– une augmentation du nombre, de la durée et de l'intensité des canicules ;

– une diminution importante du volume moyen des pluies (entre 5 et 25 %), avec la probabilité de précipitations extrêmes.

Avec pour conséquences :

– un manque d'eau quasi général ;

– des conflits prévisibles (entre usagers, entre régions, entre pays) ;

– un déclin de la productivité agricole pouvant aller localement jusqu'à 50 %.

La conclusion s'imposait : la rive sud de la Méditerranée sera l'une des régions de la planète qui souffrira le plus durement du réchauffement climatique global.

Et cette aggravation climatique frappera des pays fragilisés, notamment par la pression démographique (de Tanger au Caire, 100 millions d'habitants supplémentaires avant 2025) et par une urbanisation galopante.

Je me préparai donc au double regard. Chaque réalité rencontrée, j'allais m'obliger à la considérer deux fois : telle qu'en elle-même aujourd'hui et telle qu'elle serait plus tard, voire bientôt, si les évolutions néfastes n'étaient pas à temps combattues.

Dernières (mauvaises) nouvelles
des eaux profondes

Il était une fois, il y a plus de 10 000 ans, une zone humide. Plus tard, elle deviendrait désert et prendrait le nom de Sahara. Mais, pour l'heure, des pluies tombaient sur elle et s'infiltraient dans le sol. En ce genre d'endroit, la terre, étant à la fois poreuse et perméable, retient l'eau. On appelle ce type de couches géologiques des *aquifères*, étymologiquement des « porteuses d'eau ».

De l'Algérie à la Libye, des réserves gigantesques se sont ainsi constituées : 31 000 milliards de mètres cubes, soit près de cent fois la nappe souterraine de l'Île-de-France.

Cette nappe saharienne est en danger. Car d'innombrables forages viennent y pomper chaque année 2,5 milliards de mètres cubes.

Jusqu'à une date récente, les scientifiques pensaient que cette eau-là ressemblait à du pétrole : que c'était une ressource *fossile*. En fait, elle se renouvelle. Les pluies qui tombent sur l'Atlas la rechargent, mais lentement, très lentement : à peine un milliard de mètres cubes par an.

Entre prélèvements et recharge, l'écart grandit, le

déficit se creuse. Le Sahara pourrait devenir un jour aussi sec en profondeur qu'en surface.

Les trois pays concernés (Algérie, Tunisie, Libye) commencent à se rendre compte qu'il faut agir, et agir ensemble. Il a été décidé en haut lieu de... se rencontrer régulièrement et d'étudier... des mesures.

Pendant ce temps, Mouammar Kadhafi, le Guide de la Révolution libyenne, accélère les travaux de la GMMR (« Great Man-Made River »). Il s'agit d'aller, en plein désert, pomper dans l'un des compartiments de la grande nappe. Cette eau-là est fossile. Mais quelle importance ! Il sera toujours temps d'aviser, dans cinquante, dans cent ans, quand le réservoir sera à sec. Quant au coût des travaux, aucun souci pour le Guide, par ailleurs grand pétrolier. Imaginez le bonheur des entreprises de canalisations : 30 milliards de dollars pour 4 000 kilomètres de réseau !

Alger. La Grande Peine

Le quartier s'appelle Mohammed Saïdoun, du nom d'un combattant oublié. Mais la population l'a rebaptisé Dallas pour d'obscures raisons. Peut-être l'installation dans des maisons plutôt coquettes, avec jardin, de militaires enrichis ? Des bougainvillées éclairent les murs. À travers une grille, j'aperçois des roses. Il paraît que des terroristes islamistes se cachaient par là, durant la « décennie noire ». Tranquillité quasi bucolique et terreur : Alger a un talent inimitable pour ce genre de cocktails.

– Calvaire !

Mme Fetta Nehar doit approcher la soixantaine. Une dame menue, vêtue de noir, elle vient de prendre sa retraite. Du balcon de son petit appartement, elle peut voir l'école où elle a enseigné durant trente-deux ans. Le mari de Mme Nehar s'en est allé très tôt. Elle a dû élever seule son garçon et sa fille Samira (qui est médecin et poète, bon poète sous le nom de Samira Negrouche). Mme Nehar ne se plaint pas. Il faut tendre l'oreille quand elle parle. On dirait plutôt un soupir, qu'elle répète :

– Calvaire...

– Calme-toi, maman !

Mme Nehar n'écoute pas Samira. Elle n'arrête pas

de se lever. Pour faire du thé. Puis pour faire du café
(« Si vous changez d'avis »). Puis pour apporter des
gaufrettes Bimo (saveur vanille et chocolat). Mme
Nehar est kabyle, donc l'hospitalité même. Sur les
murs, de part et d'autre du buffet, sont accrochées
des photos de montagnes italiennes, les Dolomites.

Mme Nehar rougit un peu en avouant qu'elle
aime les sommets. Elle regrette que l'Algérie n'ait
pas de montagnes plus hautes. Mme Nehar se lève
encore, malgré l'agacement croissant de sa fille. Elle
revient avec une voisine, Samia.

– J'avais peur que vous ne me croyiez pas. Elle
aussi vous parlera.

La voisine est plus jeune, à peine la quarantaine.
Un foulard clair cache ses cheveux. Sitôt assise, elle
se lance :

– La grande peine ! L'eau, c'est la grande peine !

Les deux femmes racontent, tantôt l'une, tantôt
l'autre. Elles racontent la pénurie : deux, trois, parfois dix jours sans eau. Elles racontent. La voisine,
plus virulente. Mme Nehar, plus résignée. « D'autres
ont vécu des vies plus difficiles. »

Elles racontent l'encombrement, les appartements, déjà exigus, envahis par les jerrycans, les
brocs, les jarres, les bassines, les bonbonnes... Elles
racontent l'attente. Nul ne sait quand l'eau reviendra. Alors, on attend.

Souvent toute la nuit. Sitôt entendu dans les
tuyaux le premier gargouillis, branle-bas de combat.
Les familles se précipitent. Quand l'eau nouvelle se
présente, quand il est assuré qu'elle va couler, on
vide au plus vite les récipients qui conservent encore
de l'eau vieille. Et on remplit. On remplit frénéti-

quement tout ce qui peut contenir de l'eau, jusqu'aux cafetières, jusqu'aux verres...

Parfois on entend l'eau, mais l'eau n'arrive pas. On entend les voisins du dessous se servir, mais vous habitez un étage trop élevé, la pression n'est pas suffisante, l'eau ne monte pas jusqu'à vous. Alors vous descendez, vous frappez à la porte, vous suppliez. Il y a des gens généreux. Il y a aussi des rixes.

Et, le lendemain matin, même si l'on n'a pas fermé l'œil à cause de l'eau, il faut se lever, faire le petit déjeuner, accompagner les enfants, se rendre au travail, mener sa vie.

Et l'attente recommence.

Quand l'eau ne vient pas, on est bien forcé d'aller à l'eau. On organise des corvées d'eau jusqu'aux camions-citernes, jusqu'aux fontaines. On peut être encore un enfant et devoir rapporter deux fois par jour deux seaux de dix litres, un dans chaque main. Alors, forcément, les dos se cassent. Déchirures. Hernies discales. Si, à Alger, tant de gens ont mal au dos, c'est la faute à l'eau !

On investit. On achète d'autres récipients pour le moment où l'eau reviendra. Et tant pis si les nouvelles venues, les autres bassines, les autres bonbonnes, prennent toute la place dans l'appartement exigu, on se poussera. On hisse des citernes sur les toits. On les glisse entre les paraboles.

– Et le mariage de Nassim, tu te souviens ? Soudain, vers midi, plus d'eau. Les invités arrivaient. Un oncle a couru chez le fontainier.

– Il a dû lui graisser la patte...

– En tout cas, l'eau est revenue. Comment veux-tu faire un mariage sans eau ?

Et l'*Aïd* ? Tentez d'imaginer la fête sans eau. Comment voulez-vous égorger sans eau un mouton ? Et un million de moutons ? Comment voulez-vous laver le sang qui coule tellement dans les rues d'Alger que la mer en devient rouge ?

*

*   *

Une toute petite vieille dame, vêtue d'une robe rouge à collerette blanche brodée, sarcle ses plants de tomates. Elle se redresse souvent pour se tenir le dos, marmonne deux, trois mots, sans doute de la grogne contre l'âge. Puis reprend sa tâche, penchée. À notre approche, ses yeux s'éclairent. Samira et la toute petite vieille dame restent longtemps blotties l'une contre l'autre. Samira aurait bien voulu que sa grand-mère, Gida Nehar, me raconte elle aussi la peine algéroise. Mais, dès le premier regard, on devine que personne n'a jamais obligé Gida à faire ce qu'elle ne veut pas faire.

Or, ce jour-là, Samira a beau s'obstiner, la secouer un peu, lui répéter que je suis venu exprès de Paris pour ça, Gida Nehar refuse de parler d'eau. Samira tend des pièges, pourtant :

– Dis-nous ce que tu penses du nouveau barrage de Taksebt...

Samira m'avait prévenu : elle hait ce barrage qui a englouti leur village de Taourit Moussa Ouamar, près de Beni Douala. C'était le village de Matoub Lounes, enlevé puis assassiné en 2001. Un jour, un agent du barrage a demandé à Gida pourquoi elle se plaignait : grâce à l'indemnisation, elle allait pouvoir remplir d'argent sa poitrine (c'est là que les vieilles femmes kabyles cachent leurs richesses). Elle a répondu que seule *tamourth* – la terre, les racines – l'intéressait.

Son père l'avait laissée seule à l'âge de trois ans. Contre le reste de sa famille, elle a mis quarante ans à faire valoir ses droits sur ses terres... Et maintenant le barrage les lui prend. Elle multiplie les voyages là-bas. Elle regarde disparaître les oliviers. Elle a l'impression que c'est la ville qui les dévore, cette ville d'Alger pour laquelle on a bâti le barrage. Samira hausse les épaules.

– Et alors ? Qu'est-ce que tu veux qu'on fasse ? C'est toi qui vas le vider, le barrage, avec une cuillère ?

L'eau a déjà fait trop de mal. La grand-mère ne veut pas qu'on reparle de tout cela. Elle a un autre projet. Elle veut me faire visiter son jardin.

– Un jardin, même si modeste, comme le nôtre, dans Alger, vous vous rendez compte ?

Je jure que je me rends compte. Elle ne me croit pas, mais me sourit. Il y a trop de monde dans Alger. Et quand il y a trop de monde quelque part, il n'y a plus de jardins. Le monde tue les jardins.

La grand-mère désigne, Samira traduit. Et c'est ainsi que, faute d'en apprendre plus sur l'eau, je reçois ma première leçon de kabyle. *Zahror* veut dire nèfle, *khrass*, citron, *tfghoua*, artichaut, *ward*, rose.

Je reçois plus que des mots. Car, tout en désignant, la grand-mère cueille.

Le moment venu, j'ai les bras chargés. Comment embrasser une toute petite grand-mère kabyle sans laisser tomber des nèfles (*zahror*), des citrons (*khrass*), des artichauts (*tfghoua*), et surtout sans écraser les roses (*ward*) ?

Quand on revient d'un rendez-vous d'amour, l'amour, encore un temps, demeure. Dans la voiture, Samira se tait. Elle sourit encore à sa grand-mère restée sous son néflier.

– Elle est plus têtue qu'une mule !

– Elle m'a quand même parlé d'eau. Un jardin parle toujours d'eau...

– Ma grand-mère, je l'envie : elle s'accroche au bonheur. En ce moment, je suis sûre, elle sait que je vais vous parler de son mari. Mon grand-père était libraire, le plus grand libraire du quartier de Kouba. Il travaillait dur. C'est grâce à lui que la famille vit dans cet immeuble. Et que nous avons un jardin.

La voiture serpente, descend, remonte. Comme peu de villes, et sans prévenir, Alger mélange le sordide et le délicat, les barres surpeuplées et les maisonnettes, le bonheur, le malheur, une puanteur de décharge sauvage suivie, juste après, d'une bouffée de jasmin. Nous passons devant la si belle villa Susini où les Français torturèrent.

Samira continue de se promener dans l'amour de sa famille.

– Mon grand-père s'appelait Mohammed Nehar. Tout le monde connaît encore M. Nehar, à Kouba. Personne n'aimait plus que lui les livres.

– C'est, en général, le cas des libraires...

– Oui, mais lui était illettré. Et il n'a jamais voulu apprendre à lire. Il préférait qu'on lui raconte. Il aimait le livre pour le livre, l'objet livre, tu comprends ?

– Lui aussi s'accrochait au bonheur...

– Il faut ça pour supporter Alger.

*

*   *

— En France, à quel âge ils prennent leur retraite, les gens de l'eau ?

Je ne sais pas.

— Vous me donneriez quel âge ?

Slimane a des rides et une peau grise. Il est fatigué. Nous déjeunons rue Bab Azzoun avec une équipe de la SEAL. La SEAL est la Société des eaux et d'assainissement d'Alger. Tout le monde mange son poisson en silence et laisse parler Slimane. Slimane n'a pas manqué un seul combat. Si l'eau est la *grande peine* pour les habitants, pour les agents de la SEAL elle est la guerre.

— Par quelle catastrophe je commence ?

— Comme vous voulez.

— Bon, les inondations de novembre 2001. Des gens ont dit qu'elles étaient de notre faute. Je n'ai toujours pas accepté. Les égouts étaient trop petits, bien sûr, depuis le temps que j'avertissais ! Et obstrués, pour beaucoup. Avec quel personnel je les aurais curés ? Et ce n'est pas moi qui y ai jeté des voitures volées, quand même ! Et bien d'autres grosses choses... Et qui m'avait demandé de souder les bouches d'égout ? L'armée. Soi-disant pour empêcher les terroristes d'empoisonner le circuit et aussi de s'y réfugier. Quand il a fallu ouvrir, et ouvrir vite, impossible ! Résultat de tout cela : 700 morts. Je dis tout. Tout se tient, à Alger...

— À propos, aucun attentat n'a été dirigé contre l'eau ?

— Ne leur donnez pas l'idée !

– Je pose la question à l'envers : les coupures incessantes n'ont-elles pas favorisé l'islamisme ?

– Vous, les Français, quand vous êtes exaspérés, vous devenez terroristes ?

– Tout dépend peut-être du niveau d'exaspération...

– C'est facile, pour un Français, de parler de ça !

J'ai piqué du nez sur ma daurade. Un long silence a suivi. Coupé par Slimane. Pour tenter de rétablir l'ambiance, il a évoqué le tremblement de terre (21 mai 2003 : 2 217 morts) :

– Je ne croyais pas qu'on pouvait rester si longtemps sans dormir. Dix jours, douze jours ? Vous ne le savez pas parce que votre métier, c'est l'écriture, pas les tremblements de terre. Eh bien, dans un tremblement de terre, la première urgence, c'est l'eau potable. Pareil dans les inondations. Si vous ne fournissez pas vite, très vite de l'eau potable, les gens boivent n'importe quoi et les épidémies commencent. Nous avions des bâtiments tout près de la zone du séisme. Ils avaient résisté. Alors une foule s'y est installée. Des familles entières. Elles refusaient les tentes de l'armée, les préfabriqués. Elles attendaient de vraies maisons, elles ne croyaient pas aux promesses. Vous voyez que la SEAL sert à quelque chose ! D'accord, elle fabrique des coupures d'eau, mais elle donne à loger aux gens ! Enfin, tout ça, c'est le passé...

Le patron du restaurant s'est approché avec l'addition. Depuis le début de la matinée, je me refrénais. Puisque la SEAL se trouvait là, n'était-ce pas le bon moment pour poser LA question ?

– Vous, par exemple, maintenant que ça va mieux, la distribution de l'eau, vous vous êtes débarrassé de tous vos bidons ?

En éclatant de rire, il appelle sa femme.

– Thaïdelt ! Il y a des clients ici qui veulent savoir si on a vendu nos bidons...

La femme arrive en courant. Elle finit de s'essuyer les mains avec un torchon.

– Et pourquoi je me débarrasserais de mes bidons ?

– Parce que le service s'améliore, dit Slimane. Nous avançons à grands pas vers le H24...

– On verra, on verra. J'attends pour y croire.

– Il faut avoir confiance.

– Macache confiance !

Ce matin, je ne connaissais pas l'expression H24. On a dû m'expliquer. H24, c'est l'évidence pour nous, en France. On n'y pense pas, tant c'est naturel. H24, c'est ouvrir un robinet et que de l'eau vienne. Avec une pression suffisante et à n'importe quelle heure du jour ou de la nuit, vingt-quatre heures sur vingt-quatre : H24.

*
*   *

Un beau jour de la fin de 2003 (ou du début de 2004 : comment savoir le moment exact où une bonne idée germe dans le cerveau d'un tout-puissant ?), le président Bouteflika décida, dans sa grande sagesse, que la population algéroise avait assez souffert. Il convoqua les responsables. Il leur annonça que l'époque des bureaux d'études inefficaces (pléonasme) était désormais révolue. Il leur fixa un objectif simple : le H24 pour tout le monde en septembre 2009. L'objectif simple fut assorti de menaces s'il n'était pas rempli. Il lança des appels d'offres pour construire des usines de dessalement : à l'évidence, il fallait accroître la ressource. Des financements considérables ont été dégagés. Avec 1,5 million de mètres cubes chaque jour, l'Algérie est le deuxième producteur méditerranéen d'eau dessalée. Juste après l'Espagne.

Mais il fallait en même temps améliorer les réseaux existants ; le président algérien autorisa la SEAL à appeler en renfort une compagnie étrangère, en l'espèce française. C'est ainsi que vingt-neuf experts de Suez débarquèrent en mars 2006.

Même si les sceptiques gardent toujours chez eux leurs bidons, personne ne peut contester le progrès. L'eau arrive chaque jour de plus en plus longtemps et dans des quartiers de plus en plus nombreux. En deux ans, le nombre des fuites réparées a été multiplié par deux, et le délai d'intervention divisé par trois. Pourtant... la SEAL a beau faire et refaire ses comptes, elle ne retrouve dans le total de ses factures que la moitié de l'eau fournie. Le (gros) reste s'évapore.

Faut-il accuser la vétusté des réseaux, malgré la nette amélioration ? Sans doute, mettons pour 20 à 30 %. Et pour le reste ? Plus de 200 000 foyers (sur 650 000) résistent toujours à la séduction du « compteur ». Entre les gendarmes et les voleurs (d'eau), le grand jeu continue.

Quittant Alger, j'emporte avec moi une confirmation : la pénurie d'eau, et les souffrances qui l'accompagnent, sont bien plus souvent filles de l'incompétence et de la paresse politiques que d'un manque physique de ressources.

Le Tadla

À 150 kilomètres au nord de Marrakech, au sud-est du grand plateau des phosphates, le Tadla est une vaste plaine de très bonne terre, dominée par le Moyen Atlas. Cent mille hectares d'arbres fruitiers, de céréales, de betteraves à sucre... Des carrioles passent, débordant de gros lingots verts : c'est de la luzerne, nourriture favorite des vaches laitières. Les oliviers, d'une espèce géante, se contentaient autrefois de délimiter les parcelles. Ils ont gagné en surface depuis que le prix de l'huile atteint des sommets.

Fkih-Ben-Salah, Dar ould Zidouh, Beni-Mellal... les villes sont prospères. Les travaux des champs requérant de moins en moins de bras, beaucoup de gens sont partis vers l'Espagne ou l'Italie. L'argent gagné en Europe est réinvesti dans l'immobilier local et l'agriculture.

L'eau vient d'une rivière au nom prédestiné, l'oued el Abid, la rivière des Esclaves. Un beau jour que l'oued s'apprêtait à descendre de la montagne, comme d'habitude, des ingénieurs l'ont arrêté, emprisonné dans un barrage, et conduit de force dans un canal. Depuis, l'oued el Abid irrigue le Tadla.

Autrefois, les paysans célébraient l'oued comme une puissance divine, d'une infinie bienfaisance. Ils savaient tout lui devoir. Maintenant ils le vitupèrent, lui et le maudit barrage Bin-el-Ouidane qu'il alimente : d'année en année, la quantité d'eau reçue décroît. De cette pénurie, la sécheresse est responsable pour une grande part. Que faire ?

Non loin de Fkih-Ben-Salah, une centaine d'éleveurs ne supportaient plus leur coopérative : trop d'opacité dans la gestion, manque de dynamisme, aucune stratégie d'avenir. Ils ont décidé d'en sortir et, malgré une très vive hostilité locale, ils ont réussi à créer leur propre association. La nouvelle coopérative a vu le jour en 2001. Ses adhérents l'ont baptisée Badre, « pleine lune », pour bien affirmer leur objectif de clarté.

Badre n'a pas chômé. Outre son travail normal de collecte et de traitement du lait, elle a bâti une petite usine dotée des équipements les plus modernes, ouvert un dispensaire, acheté une ambulance, lancé des cycles de formation, négocié avec une fédération d'immigrants pour qu'elle apporte son concours financier... Surtout, Badre prépare ses adhérents au goutte à goutte.

En moyenne, selon les parcelles et les cultures, le goutte à goutte permet de diviser par deux la consommation d'eau. Très soucieuses d'économiser la ressource, les autorités ont progressivement porté de 40 à 50 %, puis à 60 %, l'appui financier de l'État aux nouvelles installations.

Malgré ces incitations croissantes, les irrigants vertueux ne cultivent encore que 10 000 hectares, soit à peine le dixième du Tadla.

Non seulement équiper un hectare de goutte à

goutte revient cher (pas loin de 1 000 euros), mais le cultivateur doit bouleverser ses habitudes. Au lieu de verser une grande quantité d'eau, puis de laisser la plante et le sol se débrouiller, il doit abreuver et nourrir ses plantes comme autant de bébés, cuillerée après cuillerée, à la becquée. Au lieu de pouvoir s'absenter une fois son arrosage effectué, le paysan doit surveiller en permanence la pression dans son réseau, s'assurer que les petits trous des tuyaux ne se sont pas bouchés, vérifier ses filtres et ses dosages.

Pour répondre à la croissante pénurie d'eau, la modernisation de l'agriculture marocaine est bien trop lente et bien trop partielle.

Depuis le matin, tout au long de la route de Casablanca, de petites réunions m'intriguaient. Chaque fois une dizaine d'hommes, assemblés en un endroit du champ, tantôt au beau milieu, tantôt en bordure ou dans un coin, et occupés à une tâche qui ne semblait pas avoir de relation directe avec l'agriculture. Plus bizarre, un stock de bonbonnes bleues attendait sur le sol je ne savais quel usage. Je finis par questionner mes deux accompagnateurs agronomes, Marcel Kuper et Hassane Kemmoun. Ils se sourirent.

– Enfin ! Tu as mis le temps !

Si ces attroupements avaient tellement d'importance, pourquoi ne m'avaient-ils pas averti plus tôt ?

– Nous voulions que tu le découvres par toi-même. C'est l'un des cœurs du problème marocain...

À la petite réunion suivante, nous arrêtâmes la voiture et marchâmes vers les affairés, qui ne nous prêtèrent aucune attention.

Un moteur de voiture tournait à plein régime, entraînant une courroie horizontale, elle-même entraînant un tube qui s'enfonçait progressivement dans le sol.

– Un forage ?

– Bien sûr, un forage !

On ne s'entendait pas. Il fallait hurler.

– À quoi servent les bonbonnes ?

– Elles alimentent le moteur. Le butane est subventionné. Il coûte moins cher que le gasoil.

Soudain, de l'eau s'écoula d'un tuyau. Un homme arrêta le moteur. Les autres se redressèrent, tout joyeux.

– Quelle profondeur ? demanda Marcel.

– 180 mètres.

Ils discutèrent un moment. Puis nous reprîmes la route.

– Ces forages sont autorisés ?

– Bien sûr que non ! À cause d'eux, la nappe descend de deux à trois mètres par an.

– Ces gens ne m'ont pas semblé très effrayés de nous voir... Et si nous avions appartenu à l'administration, voire à la gendarmerie ?

– Aucune chance ! Les autorités laissent faire. Comment contrôler tous les champs ? Surtout, elles craignent les violences. Pour avoir de l'eau, les paysans sont prêts à tout.

– Ils se rendent bien compte qu'ils épuisent la ressource...

– Quand tu dois faire face à l'urgence, tu oublies le long terme. En plus, beaucoup de ces paysans louent une terre pour une courte période, parfois une seule année. Alors, le respect de la ressource... À propos, tu sais pourquoi le gouvernement subventionne le butane ?

Une fois de plus, je donnai ma langue au chat.

– Pour éviter le déboisement. Quand tu as un réchaud à gaz, tu es moins tenté d'aller couper un arbre !

– Mais, tout en préservant la forêt, on assèche la nappe...

– C'est la vie !

*
* *

Mes professeurs d'agriculture marocaine ne m'ont pas laissé partir avant que j'aille saluer l'oued des Esclaves. Allons le remercier. Sans lui, le Tadla serait toujours une plaine pastorale...

Sitôt passé Afourer, la route s'élève. La montée pourrait durer des heures, tant la tentation est grande de s'arrêter à chaque tournant pour regarder. Jusqu'à l'horizon, jusqu'à la tache claire du grand plateau des phosphates, de parfaits rectangles se succèdent. Autrefois, lorsque l'administration imposait des assolements, ces rectangles changeaient tous de couleur en même temps. Aujourd'hui, la terre s'octroie quelque fantaisie. Le blond des céréales se mêle à la diversité des verts : luzerne, maïs, betterave... Les champs de fruitiers moutonnent. Et les oliviers, docilement, ne poussent qu'en bordure des parcelles : ils délimitent, puisque telle est la mission qui leur a été assignée. Deux grands traits gris traversent ces armées muettes : ce sont les deux canaux qui apportent vers le sud et vers le nord les eaux captives de l'oued des Esclaves.

Je pense aux ingénieurs qui voient le monde comme une planche à dessin. Je pense aux paysans qui depuis tant d'années se sont acharnés à faire en sorte que le monde coïncide avec le dessin de la planche.

Juste avant le col, la route traverse une forêt de chênes verts. Hassane nous promet du pigeon pour le dîner. Nous rattrapons un groupe de vaillants cyclistes juchés sur de très nobles et très incongrus vélos hollandais. La route redescend. L'oued el Abid coule devant nous, dans une gorge trop profonde pour qu'on puisse le voir. Soudain, une muraille de béton, le barrage de Bin-el-Ouidane. Comment assister de gaieté de cœur au spectacle d'une eau prisonnière ? Elle est *retenue*. En outre, il y a ici de quoi s'inquiéter : la marée semble basse. De grandes plages rouges s'étendent devant les villas. Un jet-ski tourne et retourne, imbécile, avec un bruit strident d'insecte. Il paraît que des médecins sont sur la piste d'un vaccin contre le paludisme. Après, il leur faudra s'attaquer aux moustiques, de presque comparable nuisance, que sont les jet-skis.

Au pied du barrage, l'hôtelier ne répondait pas. Un couple de randonneurs nous apprit sa mort. La compagnie d'électricité, propriétaire des murs, rejetait un à un tous les candidats à la reprise de l'établissement. Sans doute ne les trouvait-elle pas, culinairement parlant, assez bons accommodeurs de pigeons.

Au désespoir de Hassane, il fallut se contenter d'une maison voisine qui faisait chambres d'hôtes et offrait pour toute nourriture une tasse de thé.

C'est là, surplombant l'oued el Abid, que mes deux professeurs ont repris leur leçon.

Si l'Australie peut supporter sans trop de dommage un déclin de son agriculture (qui ne représente que 2 % de son PIB), le Maroc se trouve dans une situation beaucoup plus dramatique. L'agriculture, c'est un cinquième de la richesse nationale produite, et 4 millions d'emplois directs qui font vivre et préservent de l'exode vers les villes 18 millions de ruraux (la moitié d'une population de 30 millions qui, par ailleurs, a besoin d'être nourrie, n'est-ce pas ?). Une crise de ce secteur détruirait sans tarder l'équilibre fragile, social et politique, de ce pays. Avec des effets de contagion prévisibles à l'ensemble du Maghreb.

Une étude a été demandée au cabinet américain McKinsey. Le ministre de l'Agriculture en a tiré un plan d'action, *Plan pour un Maroc vert*, qu'il a présenté le 22 avril 2008. Sur le diagnostic, l'accord est général, pas besoin d'*experts* d'outre-Atlantique. L'agriculture marocaine stagne depuis vingt ans, principalement du fait de son morcellement (70 % des exploitations ont une superficie inférieure à 2 hectares). Sur la stratégie, on trouvera aussi un terrain d'entente : rassemblement des forces autour d'*agrégateurs* (les coopératives). Et investissements massifs (au moins 10 milliards d'euros par an).

L'argent sera trouvé. Et les cultivateurs savent déjà que, pour survivre, ils n'ont qu'une solution : s'associer. Mais l'eau ? Où trouver l'eau ? Certains maraîchers ne voient d'espoir que dans le dessalement de l'Atlantique.

Comme pour appuyer ce constat alarmant, le malheureux oued devant nous touche le fond. Son débit est si faible qu'il stagne entre les bancs de sable au

lieu de couler. Qui pourrait croire à la pancarte
« Natation interdite. Lâchers dangereux [1] » ?

En redescendant vers le Tadla, une belle amitié
était née entre nous trois, nous ne voulions plus
nous quitter. Pour continuer mon éducation, Hassane et Marcel enchaînaient les projets de voyages.

– La prochaine fois, nous irons en Algérie. Tu ne
connais que les artichauts de ta Bretagne. Nous te
présenterons les violets de l'Oranais...

– Mais avant nous te montrerons le Souss, à l'est
d'Agadir. Apparemment un plein succès. Le fleuron
de nos exploitations agricoles !

– Tu oublies la Copar !

– Hassane ! Tu avances aussi vite dans les
histoires que tu conduis lentement. Qui peut oublier
la Copar ? Bien sûr que nous présenterons à Erik
l'équipe de la Copar ! Le modèle des coopératives !
17 000 adhérents ! 20 % de parts du marché laitier...

Après tant de déconvenues et d'inquiétude, leur
enthousiasme faisait plaisir à entendre. Mais
comment résister au bercement des virages ?

Avant de m'endormir tout à fait, j'ai réussi à
apprendre que les plus grandes fermes du Souss
pompent l'eau sans contrôle. Il semble bien qu'elles
ne paient pas non plus. À croire qu'elles bénéfient
d'appuis haut placés...

---

1. Un « lâcher » est la brutale augmentation d'un débit d'un
cours d'eau quand le barrage ouvre ses vannes.

Le désert catalan

Face aux bouleversements du monde, l'arme favorite de la vieille Europe est d'ordre magique : s'accrocher à l'idée de permanence, répéter qu'au fond rien ne change.

Permanence économique : notre puissance demeure inégalée.

Permanence culturelle : berceau de la modernité, nous en restons le phare.

Permanence climatique : aux autres les violences du temps, nous sommes par nature *tempérés*. D'où la sidération de nos concitoyens devant les dérèglements récents. D'où la stupéfaction de l'Espagne découvrant qu'elle manque d'eau : le désert n'a pas le droit de franchir la Méditerranée, le désert est pour les sous-développés !

Or l'Andalousie n'est pas seule obligée de se rendre à l'évidence. La sécheresse a passé le détroit de Gibraltar et menace l'Espagne entière, une péninsule où, déjà, la répartition de la ressource est très inégalitaire : 40 % des eaux sont concentrées sur 15 % du territoire. Et les prévisions régionales du GIEC concernant le Maghreb s'appliquent peu ou prou à la Catalogne.

Près de 5 millions de personnes vivent dans

l'agglomération de Barcelone. Comment leur fournir de l'eau alors que, d'année en année, les pluies diminuent et que le fleuve local, le Llobregat, devient ruisseau ? En dehors des campagnes traditionnelles de recyclage et d'économies, quelles solutions apporter ?

1° Le détournement vers les côtes méditerranéennes de certains cours d'eau. Barcelone pensait au Segre, un affluent de l'Èbre. S'il venait épauler le pauvre Llobregat, tous les problèmes seraient réglés et les fontaines de Montjuich retrouveraient leur content. Hélas, la région voisine d'Aragon a refusé net. Ses agriculteurs-irrigants souffraient de pénurie. Et quelles ressources allaient alimenter la future grande ville de loisirs prévue près de Saragosse ? Les hôtels et les casinos ont besoin d'eau, sans compter les terrains de golf. Barcelone en a appelé à Madrid pour qu'elle impose une solidarité... espagnole. Ironie de la situation : les très autonomistes Catalans découvrent soudain, eau aidant, les vertus de la nation espagnole !

Plus au sud, Valence et Murcie se trouvent dans la même situation de pénurie que Barcelone. Ces deux villes ont sollicité les régions du Centre : accepteraient-elles de leur donner un peu d'eau du Tage ? Même refus de la Castille et de la Manche : désolées, nos eaux sont déjà prises !

2° L'achat. Pour parer aux urgences, les bateaux-citernes se succèdent dans le port de Barcelone. Ils viennent de Marseille, de Tarragone (sud de la Catalogne) et de Carboneras (Andalousie), où l'usine de dessalement tourne en surcapacité. Réponse coûteuse (22 millions d'euros par mois, plus de 10 euros le mètre cube), peu pratique et forcément provisoire.

3° Le dessalement. Avec six usines en fonctionnement et une vingtaine d'autres en projet avancé ou déjà en construction, l'Espagne a clairement choisi sa stratégie prioritaire : dessaler la Méditerranée. Dans ce programme, la Catalogne va vite rattraper son retard. Une usine ouvrira en 2009. Trois autres plus tard. On connaît l'efficacité de la technique. On n'ignore pas ses inconvénients : le coût, le besoin d'énergie, le rejet de saumures.

4° Le secours du Rhône. Un aqueduc est envisagé. Il puiserait sa ressource aux alentours d'Arles[1].

C'est en commençant par l'Espagne que le réchauffement global touche le Vieux Continent. L'Europe se croyait protégée. Elle avait tort. Les Pyrénées n'arrêteront pas non plus la sécheresse.

---

1. À ce propos, le Conseil d'État a, pour la première fois, reconnu la notion d'utilité publique « européenne », fondée sur le traité de Rome. C'est-à-dire que des Français peuvent être désormais expropriés pour faire passer un ouvrage destiné à apporter de l'eau à des Espagnols.

X

Quelques questions africaines

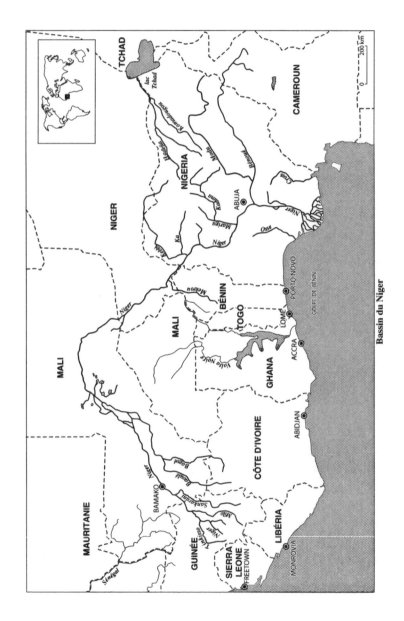

Bassin du Niger

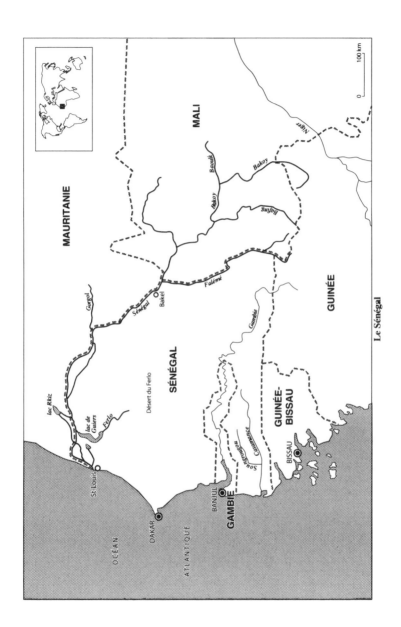

Le Sénégal

Comment va le lac Tchad ?

Les vaches Kouri, aussi appelées Boudouma, s'inquiètent. Ayant lu Darwin, elles savent que les espèces s'adaptent aux changements de l'existence. Mais que deviendront leurs cornes, premiers attributs de leur beauté, si le lac Tchad s'assèche ? Car ces cornes, d'importantes merveilles (diamètre : 15 centimètres, longueur : 1 mètre), leur servent de flotteurs.

À quoi sert de nager quand les eaux disparaissent ?

Les vaches ne restent pas inactives. Elles se renseignent. Si vous passez dans les parages, il y a gros à parier que l'une d'entre elles s'approchera et engagera la conversation :

– Notre lac Tchad a-t-il déjà connu pareille misère ?

– Affirmatif. Au XVe siècle, il n'en restait plus une goutte. En plongeant, on a retrouvé des traces de villages à des endroits aujourd'hui submergés.

– Notre lac a-t-il été plus vaste qu'aujourd'hui ?

– Il y a cinq ou six mille ans, le lac s'étendait probablement sur plus de 300 000 kilomètres carrés... Depuis 1900, il a continuellement hésité entre trois tailles : *grande* (25 000 kilomètres carrés ; entre 1950 et 1960, par exemple), *normale* (22 000 kilomètres

carrés, cas le plus fréquent) et *petite* (2 500 kilomètres carrés d'eaux libres, complétées par des
marécages sur une dizaine de milliers de kilomètres
carrés).

Ce dernier cas de figure, le « petit Tchad », est
l'état actuel, qui n'a rien d'inédit. L'originalité vient
de la durée de cette petitesse. Contrairement aux
périodes précédentes, le lac ne reprend plus de
superficie.

Cette dernière remarque n'a pas rassuré la vache
Kouri. Je me suis reculé. Étant donné la longueur de
ses cornes, un simple hochement de sa tête brasse au
moins deux mètres cubes d'air torride.

Je comprends le désarroi de l'animal. Pour certaines mythologies peules, les vaches, à l'origine,
vivaient la plupart du temps dans l'eau, à la manière
des hippopotames et en compagnie des djinns,
esprits du lac. Or, un jour, il se trouve qu'un djinn
repère une femme passant sur le rivage. Elle lui plaît.
Il l'engrosse. Comment nourrir l'enfant ? Le djinn
chasse de l'eau une vache. Aux humains rassemblés,
il apprend à traire. Les autres vaches, intriguées,
sortent à leur tour du lac. Ainsi fut créé le premier
de tous les troupeaux.

Soudain, la Kouri s'abandonne. Un joli jet de
matière brune tombe sur le sable et y fait bouse.
L'esprit libéré, la vache peut formuler son ultime
question, la plus angoissante :

– Notre lac est-il victime du réchauffement global ? Dans ce cas, nous n'aurions plus rien à espérer.

– Une seule chose est sûre : le lac Tchad ne
dépend que très peu de la pluie (pour à peine 10 %).
L'apport quasi exclusif vient de deux fleuves, le

Logone et le Chari. Tous deux prennent leur source dans des régions humides, le premier vers le Cameroun, le second en République centrafricaine. La bonne santé du lac dépend donc du débit de ces fleuves, lequel résulte de mécanismes climatiques complexes et encore mal connus. Le « réchauffement global » est une formule bien trop vague et générale pour apporter la moindre clarté. Les savants ne proposent que des hypothèses...

La vache Kouri s'en va, déçue et méprisante : qui sont ces humains, incapables de réponses claires ? Elle reste avec ses incertitudes.

Les grands jeux de la nature sont moins simples qu'on ne croit. Surtout quand les êtres humains s'invitent à la partie.

Je pense à la nappe phréatique de Niamey, au Niger. Toutes les mesures sont formelles : son niveau n'a pas cessé de monter, même durant les années de pire sécheresse (1968-1973). La seule explication de ce phénomène étrange, en complète contradiction avec les changements climatiques, vient des pratiques culturales. Pour se fournir en bois, et aussi pour cultiver plus commodément leur mil, les paysans ont rasé – ou brûlé – la savane arborée. Le ruissellement s'est accru. L'eau s'est accumulée dans les bas-fonds et les mares, avant de s'infiltrer vers les profondeurs. Personne ne conteste que le réchauffement affecte le cycle de l'eau. Mais, bien souvent, la modification du sol par l'homme (agriculture ou urbanisation) joue un rôle plus déterminant.

Allons-nous bientôt suivre l'exemple du scarabée de Namibie ?

On dit du désert de Namibie qu'il est le plus ancien de la planète. Il serait apparu 100 millions d'années avant notre ère. Il s'étend sur 2 000 kilomètres, entre les 19e et 27e degrés de latitude sud, le long d'un rivage tellement redoutable qu'on l'a baptisé *Skeleton Coast* : des centaines d'épaves de bateaux y témoignent de la malfaisance du lieu. Seule aménité de ces paysages, le courant du Benguela, venu de l'Antarctique. Outre qu'il accueille beaucoup de poissons dans ses eaux, il apporte de la fraîcheur. Sa rencontre avec les vents secs et (très) chauds venus du continent donne naissance à un brouillard fréquent auquel la flore et la faune de la région doivent la vie.

Car, ici, il ne faut attendre aucune assistance de la pluie : parfois moins de 20 millimètres par an, et jamais plus de 100.

Dans cet univers on ne peut plus hostile, les plantes et les animaux ont eu la nécessité, et le temps, de développer d'exemplaires stratégies d'adaptation.

Contrairement à ce que pourrait laisser prévoir l'adjectif qui suit son nom, la *Welwitschia mirabilis* est hideuse d'apparence : on dirait, au milieu du sable, un tas de détritus végétaux attendant d'être brûlés. Approchons-nous. La dame mérite le respect, ne serait-ce qu'en raison de son âge : elle peut atteindre deux mille ans ! Et pourtant elle n'a qu'une racine, et surtout deux feuilles qui poussent et poussent, indéfiniment. Les savants continuent d'étudier la structure de ces feuilles magiques. Comment font-elles pour capter la moindre humidité de l'air et ainsi survivre si longtemps à ces conditions si cruelles ?

*
* *

Le scarabée local, lui, vient d'accepter de livrer son secret. Deux chercheurs anglais, Andrew Parker et Chris Laurence, zoologues d'Oxford, ont scruté, en 2001, la carapace de la petite bête. Ils ont noté une alternance de bosses et de creux. Les bosses sont hydrophiles (amies de l'eau) et les creux hydrophobes (ennemis de l'eau). Lorsque le brouillard se lève, le scarabée se campe dans la direction du vent. La vapeur d'eau se concentre sur les bosses. Des gouttelettes y naissent. Qui peu à peu vont glisser, *via* les creux, jusqu'à l'orifice buccal de l'assoiffé !

Cinq ans plus tard, inspirés par cet exemple, Robert Cohen et Michael Rubner, deux chercheurs du Massachusetts Institute of Technology, ont réussi à reproduire ce miracle. Ils ont déterminé quelle était, pour la vapeur d'eau, la surface la plus réceptive.

À cette réplique de scarabée, il ne reste plus qu'à grandir pour devenir usine et abreuver les déserts.

Au Chili, un grand brouillard voile en quasi-permanence le ciel d'une partie du littoral. C'est l'humidité venue du Pacifique qui se condense sur les montagnes de moyenne altitude (de 500 à 800 mètres). Ces régions manquent désespérément de pluie. Sans avoir, selon toute probabilité, jamais eu vent du scarabée de Namibie, les populations ont eu l'idée d'imiter sa technique. Elles ont commencé à tendre des filets pour attraper l'eau présente en gouttelettes dans ce brouillard. Les installations se sont peu à peu sophistiquées. Padre Hurtado est un village de pêcheurs. Une série de grillages en plastique, hauts de 4 mètres et longs de 12 mètres, permettent de récupérer une moyenne de 11 000 litres d'eau par jour ! Un peu partout dans les Andes, et notamment au Pérou (Arequipa), de semblables équipements se sont multipliés et apportent un appoint souvent décisif.

Notre atmosphère, ont calculé les scientifiques, contient 12 900 kilomètres cubes d'eau douce : 98 % d'eau à l'état de vapeur et 2 % d'eau condensée (nuages). Cette masse impressionnante est comparable à celle des ressources en eau, liquide et renouvelable, des terres habitées : 12 500 kilomètres cubes.

La conclusion s'impose : si l'on parvenait à

extraire l'eau de l'air qui nous entoure, plus personne sur terre ne souffrirait de la soif.

La traque des brouillards est une première réponse, hélas trop limitée. Rares sont les pays arides assez chanceux pour vivre dans la brume !

Une autre piste doit être trouvée. Quelle est l'humidité présente à certain moment (le lever du jour) sur toute la surface de la Terre ? La rosée.

Pour rencontrer le président des chasseurs de rosée (connu dans le monde entier), il suffit de se rendre dans la capitale de la France, de monter dans le bus 21, de descendre à l'arrêt Berthollet, d'emprunter la rue Vauquelin. Son numéro 10 abrite la très célèbre École nationale de physique et de chimie industrielles de Paris.

À cet endroit même, un certain jour de l'an 1898, Pierre et Marie Curie, assistés de Gustave Bemont, ont découvert le radium.

– Le bâtiment T ?

Un vieux concierge vous indique la direction.

Le cœur battant, vous pénétrez dans ce très haut lieu du savoir. D'abord, vous vous repérez facilement dans cette sorte de village. Bâtiment F, bâtiment M... À l'évidence, vous approchez.

La suite est plus angoissante. Et désespérante...

Car vous manquez de repartir bredouille. Où se trouve donc le bâtiment T ? Vous errez entre de vieilles baraques de chantier, genre Algeco.

Faute de trouver le T, vous toquez à la porte du R. Où vous est confirmé ce que vous pressentiez sans oser vous l'avouer : le fameux « bâtiment T » est bel et bien l'une des cabanes.

Vous frappez. Personne ne répond. Vous entrez. On dirait un squat. Trois jeunes, assis tant bien que mal sur un canapé défoncé, commentent en anglais les courbes très complexes qui défilent devant eux sur l'écran d'un ordinateur portable. J'apprendrai plus tard qu'il est question de tas de sable (physique de la matière granulaire). Une porte s'ouvre. Le pape de la rosée paraît. Un pape directeur de recherches au Commissariat à l'énergie atomique, spécialisé dans l'étude de la matière condensée et plus particulièrement des « transitions de phase dans les fluides simples et complexes » (condensation, ébullition, spécificités du point critique...). Un pape chauve sur le sommet du crâne, ébouriffé sur les pourtours. Et, quant au reste, un double concentré de bonne humeur et d'enthousiasme.

– Bienvenue dans mon bureau aussi minuscule que légendaire !

Sans me laisser m'interroger sur l'origine de la légende (car, pour la taille du lieu, le qualificatif « minuscule » s'impose : nos deux chaises se touchent, une troisième personne s'assiérait sur nos genoux), Daniel Beysens entre tout de suite dans le vif du sujet :

– Vous êtes nul en physique-chimie ? Pas de problème. Je vais simplifier. L'air, constitué majoritairement d'azote (78 %) et d'oxygène (21 %), peut contenir, sous forme de vapeur, plus ou moins d'eau selon sa température et sa pression. Quand la température (ou la pression) de l'air s'accroît, la masse d'eau que peut contenir l'air augmente. À pression donnée, on peut calculer facilement la température à laquelle la vapeur d'eau se condense : c'est le *point de rosée*. Depuis toujours...

Et nous voilà partis dans les légendes. Je

commence à comprendre le pouvoir magique du bureau minuscule.

Daniel Beysens évoque des tombeaux scythes refroidis par des neiges éternelles. Il m'entraîne dans l'Angleterre du Moyen Âge, au bord d'étangs de rosée...

En l'écoutant, je me laisse aller à rêver. Je rêve de ces architectures mystérieuses. Je rêve à la multiplication de tels pièges à rosée, édifiés un peu partout sur la Terre. Ils dormiraient durant le jour, se mettraient au travail dès que le soir tomberait. Être abreuvé par la nuit, quel plus doux rêve ?

Daniel Beysens me ramène au réel, c'est-à-dire à la modestie. Les installations modernes sont moins poétiques : de simples panneaux posés sur le sol ou sur les toits. Il les faut légers, car ils doivent se refroidir vite, la nuit. Les chercheurs ont calculé leur inclinaison la plus efficace (un angle de 30 degrés permet de réduire au maximum le pouvoir réchauffant du vent, tout en facilitant l'écoulement des gouttes) et leur orientation la meilleure (l'ouest, pour n'être que tardivement touché par le soleil levant).

– Quel rendement ? Théoriquement, nous pourrions atteindre un litre chaque nuit pour un mètre carré de panneau...

Sans doute n'ai-je pu masquer ma déception, habitué que je suis maintenant à jongler avec les centaines de milliers de mètres cubes.

Daniel Beysens me regarde :

– Je vais vous donner un exemple. Un village en Inde, Sayarat, dans l'État du Gujarat, près de Kutch. Il n'y pleut qu'un mois ou deux par an. Nous avons équipé le toit de l'école (350 mètres carrés) d'une feuille plastique spéciale, posée sur un isolant

293

thermique. Selon les conditions atmosphériques, le rendement oscille entre 15 et 110 litres chaque matin. Croyez-moi, ces litres-là changent la vie des gens !

Ainsi s'est achevée ma première leçon de rosée. Daniel Beysens n'avait pas l'air de me reprocher mon désappointement. En me raccompagnant, le spécialiste des « transitions de phase » m'a montré sa porte :
– Vous arrivez à lire ?
Je me suis penché, j'ai distingué, sous l'étiquette Daniel Beysens, le nom de Georges Charpak. Avant que Daniel Beysens ne réfléchisse à la rosée, Georges Charpak avait mené là ses recherches sur les détecteurs de particules qui l'avaient conduit au prix Nobel de physique (1992). M. Charpak et M. Beysens m'avaient-ils soudain fait cadeau d'une part de leur intelligence ? Quittant, pas très fier de moi, le bâtiment T, j'ai compris mon erreur de dédaigner la rosée. Les installations géantes sont loin d'être partout réalistes, ni même pertinentes. L'eau est un besoin local auquel il faut répondre localement par tous les moyens possibles. Un peu plus tard, attendant le bus 21, j'ai aussi compris que l'ère des solutions uniques (et paresseuses), comme le pétrole, était achevée. Il allait falloir multiplier les actions dont certaines paraîtraient, aux esprits imbéciles et aveugles, relever du bricolage[1].

---

1. Chère lectrice, cher lecteur, si vous voulez participer à cette belle et ô combien utile bataille de la rosée, n'hésitez pas à venir nous rejoindre. Notre armée, toute pacifique, joyeuse et très éducative, s'appelle l'OPUR. Notre secrétaire générale est Iryna Mylynuk, une Ukrainienne aussi belle qu'infatigable (60, rue Émériau, 75015 Paris ; opuricmcb.u-bordeaux.fr ; www.opur.u-bordeaux.fr).

Pourquoi les Sénégalais
manquent-ils de riz ?

Le riz a déferlé sur l'Afrique noire par décision coloniale. Dans les années 1920, la République française voulait mettre de l'ordre dans son empire. La Grande Guerre avait saigné ses finances. Il lui fallait accroître la rentabilité de ses terres lointaines. D'où l'idée de les spécialiser, d'assigner à chacune un rôle précis.

C'est ainsi que revint au Sénégal la tâche de produire de l'arachide, beaucoup d'arachide. Au détriment des cultures vivrières, mil ou sorgho. Les Sénégalais voulaient se nourrir ? Pas de problème : on leur livrerait des brisures de riz venues d'une autre possession lointaine, l'Indochine. On ne leur avait pas dit, bien sûr, que là-bas elles étaient réservées aux animaux. Et si les Africains voulaient vraiment planter du riz, l'endroit était tout trouvé : au cœur du Mali, delta intérieur du fleuve Niger.

Ces brisures bouleversèrent les habitudes alimentaires locales. On s'accoutuma aux brisures. Mieux, on les aima. Ce produit lointain pouvait passer pour du luxe. On ne se lavait qu'à regret pour garder au bout des doigts, le plus longtemps possible, la légère graisse reconnaissable entre toutes : elle prouvait qu'on avait les moyens. En outre, inutile de piler longuement le riz, il était facile à préparer.

Devenu indépendant, le Sénégal réfléchit :

– Décidément, j'aime le riz. Pourquoi n'en cultiverais-je pas moi-même ?

Une rapide inspection de ses terroirs lui indiqua que la zone la plus favorable était sa frontière nord, le long du fleuve, entre Saint-Louis et Bakel. Trois mille heures de soleil par an et, à portée de main, des ressources en eau presque inépuisables : il suffisait de creuser assez de canaux d'irrigation. Manquait le financement de ces travaux pharaoniques. Sollicitée, la Banque mondiale entonna son refrain habituel :

– Vis-à-vis de l'Asie, vous ne serez jamais compétitifs !

En ce temps-là, les Sénégalais avaient tendance à croire ce que leur disaient les experts blancs. Puisque ceux-ci trouvaient mauvaise l'idée du riz, c'est que l'idée du riz n'était pas bonne. Les Sénégalais se permirent alors de demander aux experts blancs une solution de rechange.

– Comment savoir ? Peut-être des fleurs ? répondit l'un des experts.

Les autres experts s'esclaffèrent :

– Comment veux-tu que les fleurs de ces malheureux soient compétitives ?

Les Sénégalais s'obstinèrent doucement, gentiment, à la sénégalaise.

– Mais alors, que pouvons-nous faire avec notre fleuve ?

– Tentez... oui, c'est ça, essayez les crocodiles, l'élevage de crocodiles !

– Ah, ah, ah...

Cette hypothèse des crocodiles égaya toute la fin du séjour des experts. Mais, de retour à Washington, ayant recouvré leur sérieux, ils conclurent leur rapport sur un doute : même en matière de crocodiles, il n'était pas certain que les Sénégalais parviennent un jour à la compétitivité.

C'est ainsi que le président Senghor revint à l'idée du riz. Il trouva d'autres appuis que la Banque mondiale. Pour aménager la région du fleuve, il créa une société publique qui prit tout en charge : le creusement des canaux, l'électrification, l'installation des pompes, la construction des routes et des digues (souvent, la route faisait aussi office de digue), la formation et la santé des paysans, la commercialisation de leurs produits... Bref, l'un de ces kolkhozes géants dont l'Afrique eut un temps le secret, enfants naturels de Colbert et de Lénine, de l'étatisme français et du collectivisme soviétique.

En parcourant les pays du coton, j'ai bien connu et pu observer les mœurs de ces gros animaux. Lourdeur, gaspillage, corruption. Mais aussi œuvre évidente de développement : organisation de l'espace et accompagnement sans relâche des populations.

Ce gros animal-ci s'appelle SAED, très concis acronyme pour un nom beaucoup plus bavard : Société nationale d'aménagement et d'exploitation des terres du delta du fleuve Sénégal et des vallées du fleuve Sénégal et de la Falémé. Son directeur général me reçoit : Mamoudou Dème. C'est l'un de ces hommes qui incarnent l'institution qu'ils dirigent. Il pense SAED, il vit SAED, il se bat, il s'émerveille, il s'encolère SAED, à l'évidence il rêve SAED car, chaque matin, il réunit ses collaborateurs, déjà épuisés, pour leur annoncer de nouveaux projets nés dans la nuit.

Il faut dire que son royaume est vaste : 34 % du territoire national, plus d'un million d'habitants, dont 75 % de ruraux. En route vers le fleuve, il me raconte, intarissable, l'épopée de sa chère SAED. Création en 1965. Deux décennies durant, elle se charge de tout. Elle conçoit, aménage, organise. Le paysan exécute. Arrive la fin des années 1980 et son grand mot d'ordre : privatisation. La SAED se désengage de toutes les fonctions productives. Elle ne conserve que sa double mission de service public : l'aménagement des terres et le conseil. Après quelque temps de flottement, des sociétés privées prennent le relais. Non sans difficulté : la dévaluation de la monnaie, le CFA, a renchéri les coûts (engrais, équipement, semences...). Mais la plupart des périmètres sont gérés aujourd'hui par des communautés villageoises.

Sans cesse, deux mots reviennent dans le discours de Mamoudou Dème, deux mots mystérieux. Quelles sont donc ces *spéculations* dont il parle ? « L'année dernière, les spéculations d'arachide nous ont déçus » ; « Je suis confiant pour les spéculations de tomates ». Et quel est cet *émissaire* dont il semble faire grand cas ? N'osant interrompre son flot de paroles, véritable épopée de l'irrigation, je garde pour moi ces questions. Avouons aussi que je préfère ne pas étaler mon ignorance. Après tout, je suis académicien, c'est-à-dire chargé du dictionnaire. Je n'apprendrai que le soir venu, de la bouche d'un adjoint, qu'« émissaire » est le nom donné à un canal d'évacuation. Quant à « spéculation », le mot désigne simplement une production (de riz, de tomates...). Spéculation ! Quelle sagacité ! Quel réalisme ! Le temps qu'il fait étant ce qu'il est, par nature incertain, qui peut tenir pour assurée la valeur d'une récolte ? Que ferait la langue française sans la francophonie, inépuisable réservoir d'humour et de retour au concret, de poésie, c'est-à-dire de connaissance ?

En attendant, Mamoudou Dème me parle du calendrier cultural :

– Nous avons trois saisons qui se recouvrent un peu : l'hivernage, de juin à décembre ; le sec-froid, d'octobre à mars ; et le sec-chaud, de février à juin.

– Ce qui donne combien de récoltes ?

– Comment ? Vous ne savez pas ? Deux pour le riz, la tomate, le maïs, l'oignon. Mais trois pour l'arachide. Trois par an, vous vous rendez compte ? Quand je pense à ceux qui disent que l'Afrique est maudite !

C'est sur ce salut au Très-Haut, accompagné d'une vitupération contre le manque d'ambition de ses concitoyens, que nous arrivons à Mboundoum.

– Vous sentez le fleuve ?

J'ouvre la fenêtre.

– Vous apprendrez à le connaître. Heureusement que nous l'avons, celui-là ! Vous savez combien d'eau avale un hectare de riz ?

Une fois de plus, j'avoue mon ignorance.

– 16 000 mètres cubes en hivernage, presque 20 000 en saison chaude. Seule la canne à sucre demande davantage : 29 000 mètres cubes !

*
*   *

C'est l'un de ces endroits où le voyageur renoue avec la certitude de ses plus lointains ancêtres : à l'évidence la Terre est plate, uniformément plate d'un horizon à l'autre. Pas la moindre esquisse de début de colline. Et pas le moindre vallonnement. Quel rabot géant est passé par là ? Les maisons des villages semblent s'excuser de s'élever un peu, si peu, au-dessus du sol. Et que dire des cabanes réservées aux saisonniers venus de Guinée ou de Sierra Leone ? Elles ne sont pas plus hautes qu'une botte de joncs coupés. Aucun arbre, sinon là-bas, très loin, la silhouette des eucalyptus qui longent la grand-route Saint-Louis-Richard Toll. Les oiseaux pullulent, de toutes les tailles, toutes les couleurs, toutes les chansons. À croire que tous les volatiles du monde se sont donné rendez-vous ici pour regarder travailler les humains. De temps en temps, sans qu'aucun péril les menace, ils prennent l'air. Qui comprendra jamais la fantaisie des oiseaux ? Peut-être veulent-ils, ne serait-ce qu'un moment, échapper au charme maléfique de cette région du fleuve : l'envoûtement de l'horizontal ? Peut-être que trop d'horizontalité ennuie les oiseaux ?

L'autre impression forte, c'est le travail. Les paysans, comme on sait, n'ont pas le loisir de s'envoler. Ils sont rivés au sol et travaillent. Rarement comme ici j'ai ressenti l'envie, le besoin de rendre hommage au travail humain. D'ordinaire, la quantité de labeur se constate dans les champs : outre les semailles, le désherbage, la récolte..., on devine ce qu'il a fallu défricher, désenrocher, aplanir pour créer une surface utile. Ici, l'admiration première se porte sur les ouvrages réalisés autour des champs, et qui leur donnent la vie : les réseaux d'irrigation.

Mamoudou Dème m'apprend à distinguer entre les lignes qui tissent le paysage. Les canaux principaux, longs traits vert-jaune parcourus de vaguelettes, apportent l'eau du fleuve Sénégal. Ils coulent à hauteur du sol. Les pompes ne servent qu'une fois : pour aspirer l'eau. Ensuite, c'est à la gravité de jouer. Merci à elle. Chaque fois que nous pestons de trébucher et de tomber, rappelons-nous l'énergie que le poids nous fait économiser !

De ces canaux s'écoulent des canaux plus petits qui, eux-mêmes, donnent naissance à des rigoles qui, à leur tour... Partout des vannes qui s'ouvrent et se ferment au gré des besoins.

Plus bas que le sol, autre réseau, moins noble que le précédent, mais tout aussi nécessaire : ce sont les drains, d'autres canaux qui récupèrent et entraînent les eaux usées. Sans cette évacuation, les insecticides et les pesticides resteraient dans le sol.

J'allais oublier le sel : pourtant, ses taches sont bien visibles, mi-grises, mi-blanches, sur les parcelles abandonnées. Entre le sel et l'eau, le combat ne cesse jamais. Avec la terre pour théâtre. L'eau dissout le sel. Mais le sel attend son heure. Sitôt l'eau partie, le sel revient, il remonte des profondeurs et la terre meurt.

Derniers jours de décembre : la récolte bat son plein. Dans les champs, on s'active. En fait, on voudrait s'activer plus, mais la mécanisation manque. De rares et vieilles moissonneuses passent de parcelle en parcelle. Et les batteuses ressemblent à des jouets. Il paraît qu'elles sont imitées d'un modèle philippin.

Les paysans regardent tristement leurs plants de riz. Ils commencent à se dessécher, et ces moissonneuses qui n'arrivent pas ! Cette année encore, les rendements ne seront pas ce qu'ils pourraient être. Les aigrettes et les cigognes semblent partager ce désappointement. Et aussi désapprouver la rapacité de leurs collègues plus petits : les tisserins, les passereaux et autres tourterelles se gavent frénétiquement. À quoi servent donc les milliers d'épouvantails ? Il faut dire que ce ne sont que de petits drapeaux blancs qui flottent au vent de la plaine. Comme si les villageois avaient demandé à la gent ailée de consentir une trêve, que cesse son pillage. Pour lutter contre ce genre de malédiction, le Grand Timonier Mao avait mobilisé les foules chinoises : elles avaient reçu pour mission de crier, de chanter tout le jour et toute la nuit, de taper sans fin sur des tambours, de battre des poêles et des casseroles. Pour empêcher ces goinfres d'oiseaux de reposer pattes à terre. Obligés de voler jusqu'au bout de leur souffle, beaucoup moururent. Ce furent des grêles d'oiseaux morts. Les Africains n'ont pas ce genre de cruauté, et les petites bêtes en profitent.

Des charrettes passent lentement, tirees par des ânes. Elles transportent les sacs de graines qu'on a pu finalement arracher aux prédateurs.

Le chef du village n'aurait pas dû présenter sa requête à ce moment-là. Il aurait évité une belle colère de Mamoudou Dème, M. SAED.

Nous visitions une petite station d'épuration

toute neuve. Depuis quelques mois, elle fournissait de l'eau potable à quelques centaines de familles. Progrès considérable. Hélas, durant son inspection, M. Dème constate premièrement qu'un doseur automatique italien ne fonctionne plus, deuxièmement qu'une dalle censée protéger des pompes est cassée.

Questions au responsable. Qui répond avec un grand sourire et un geste fataliste de même taille :

– Nous n'avons eu présentement à déplorer aucun cas dommageable de diarrhée...

M. Dème se tait. C'est le chef du village qui prendra l'avoinée lorsqu'il se plaindra du manque de machines.

– À quoi vont-elles te servir ? Tu vas les gâter et tu les abandonneras, comme toutes les autres !

Dans la voiture du retour, nous discutons de cette maladie : l'incapacité à entretenir et à réparer, le refus viscéral de la maintenance. Je partage son incompréhension. Les Africains sont des génies du bricolage, des artistes du recyclage, des scrupuleux de la récupération : leurs taxis sont de vrais Tinguely qui, tant bien que mal, remplissent leur office. Alors, dès le moindre incident, pourquoi ce rejet de certaines machines ? Machines qui, pourtant, leur rendent la vie moins dure... On dirait qu'une panne est le signe du mauvais œil. Ou que cette modernité n'est que tolérée. Devinant qu'une fois installée elle détruira les réseaux sociaux, on n'est pas fâché de s'en débarrasser. Retardons l'inévitable...

Attention ! Nous glissons sur une mauvaise pente. L'Afrique, les Africains... mieux l'on connaît l'Afrique, et mieux les Africains, et plus ces généralisations insupportent. La psychologie des peuples et, pis encore, celle des continents (« les Noirs », « les Jaunes ») est une discipline brumeuse où les dérives sont fréquentes et vite odieuses. Nous préférons, M. Dème et moi, arrêter là nos billevesées. D'autant que nous voici à Ross Béthio. Dans un centre de formation se sont réunis les principaux producteurs de riz. Sous un vaste toit pointu, version bétonnée et très agrandie des greniers traditionnels, les paysans mâles sont très majoritaires. Mais leur présidente est une petite dame d'une bonne cinquantaine, Peinda Guéye Cissé. Elle revient d'Israël et ne mâche pas ses mots :

– Nous sommes médiocres, scande-t-elle en français. (Le reste de son intervention est en langue toucouleur, que je ne comprends pas.) Nous sommes médiocres. Trop médiocres dans la connaissance des plantes. Trop médiocres dans l'organisation de la filière. Notre pays se ruine pour acheter du riz à l'Asie et nous, nous nous contentons de rendements médiocres : 7, parfois 8 tonnes à l'hectare, alors que nous pourrions facilement dépasser les 10 !

Ses confrères hochent la tête :

– La présidente a raison ! La présidente est sévère, mais sa colère est légitime...

La maîtresse femme poursuit sur le même ton ; le directeur de la SAED la couve d'un regard admiratif et je dirais même soulagé : enfin quelqu'un qui partage son dynamisme.

– Je ne vous demande pas de la contrition. Je veux des engagements !

Les paysans promettent : la région du fleuve doit montrer l'exemple à l'Afrique entière.

Au sortir de la réunion, Mme Guéye m'a confié

304

son projet : inviter un paysan israélien, « pour réveiller les Africains ».

Elle me raconte son voyage d'études. Quand elle est arrivée à l'université Ben Gourion, un enseignant l'a accueillie sans ménagement :

– Vous avez du soleil ?

– Bien sûr !

– Combien ? Soyez précise !

– 3 000 heures par an.

– Vous avez de l'eau ?

– Nous n'avons qu'à nous servir dans le fleuve...

Le professeur, goguenard, lui a montré par la fenêtre ouverte le désert du Neguev.

– Et vous ne produisez pas assez ? C'est que vous êtes des paresseux. Ou des imbéciles.

Mme Guéye n'a pas oublié l'humiliation. Elle a fait de « l'autosuffisance du Sénégal en matière de production rizicole » son affaire personnelle.

– Nous avons déjà beaucoup irrigué. Si nous doublons les surfaces et accroissons de seulement 2 tonnes les rendements... nous ne dépendrons plus de personne. Vous êtes d'accord ? Vous voulez que je recommence ?

Je ne vais pas avouer ma légère, très légère baisse d'attention. Depuis le début de la semaine, j'avais entendu et noté trop de chiffres. Mon esprit s'évadait. Je revoyais ces centaines de silhouettes humaines penchées vers le sol. Et dans mes oreilles résonnait plutôt la moquerie des oiseaux.

Dans la voiture du retour, Mamoudou Dème continue sa leçon :

– Mme Guéye a raison, bien sûr. Mais augmenter les rendements ne suffit pas. Il faut développer une filière. À quoi sert de produire, même beaucoup, si les récoltes restent à pourrir aux bords des champs ? Si aucun camion ne les transporte, si aucun entrepôt ne les réfrigère au moment nécessaire ? Et si les paysans ne continuent pas à se former ?

Un moment, je lui parle de notre fondation FARM[1] et de l'« université du coton » que nous sommes en train de monter. Elle aide les agriculteurs de l'Ouest africain à réfléchir justement en termes de filière et de syndicats paysans. La réussite de l'agriculture française repose sur des structures solides

Nous approchons de Saint-Louis. Et c'est de nouveau la foule. Je me trouvais là il y a moins de deux ans. le temps pour des quartiers nouveaux de pousser, tant bien que mal, dans le désordre et la bonne humeur. Obsédé par mon sujet, je me demande si la distribution d'eau et l'assainissement vont suivre. Je vois deux petites filles portant chacune deux gros jerricans qui semblent bien lourds. Je sais qu'une petite fille qu'on charge ainsi d'aller chercher l'eau, c'est une petite fille de perdue pour l'alphabétisation. Pour une raison simple : on ne peut pas tout faire, surtout si, en plus, elle doit aller trouver du bois.

Dans les années 1950, le petit cargo mixte *Bou el Mogdad* remontait jusqu'à Bakel et même jusqu'à la ville de Kayes pour apporter courrier, marchandises et quelques passagers. Après de nombreuses aventures et des années de rouille, le voici tout blanc, tout refait, qui revient s'amarrer juste en face de

---

1. FARM : Fondation pour l'agriculture et la ruralité dans le monde www.fondation-farm.org

nous. Comment, dans le soleil couchant et sous le double regard complice du pont Faidherbe et de l'hôtel de la Poste (où se reposait Mermoz avant de bondir au-dessus de l'Atlantique), ne pas succomber une fois de plus au charme de Saint-Louis ? Comment imaginer que, non loin de cette île du passé, se mène jour après jour une dure bataille agricole ? L'une des perversités de la guerre, c'est la tranquillité des villes de l'arrière.

Et si nous ensemencions les nuages ?

Dès le début de chaque mois de mai, le Sénégal l'attend. Il l'attend avec espoir, et puis avec angoisse au fur et à mesure que les jours passent sans qu'elle arrive.

Tout le monde l'attend. Du paysan, le premier concerné, jusqu'au ministre, qui sait que sa faveur auprès du président dépend de sa venue.

Pourquoi garder au gouvernement quelqu'un qui n'a pas le bon œil, ou l'oreille du Très-Haut ?

L'homme de la rue des villes l'attend aussi. Sans elle, les prix des produits alimentaires vont monter. Comment nourrira-t-il sa famille ?

Si les régions nord et sud, qu'arrosent les fleuves, peuvent abreuver leurs champs par irrigation, le centre du pays dépend totalement de la pluie.

Il ne faut pas se tromper. Surtout, ne pas se hâter de planter quand tombe la première averse. Imaginez qu'elle ne soit suivie d'aucune autre : la graine risquerait fort de sécher au lieu de germer. Le Sénégal regarde le ciel, le Sénégal compte sur ses doigts.

Si, après le 1er mai, les stations météorologiques recueillent 20 millimètres en trois jours consécutifs ; si, dans les trente jours qui suivent, aucune période sèche ne dépasse sept jours, alors on peut considérer que la saison des pluies vient de commencer.

L'avis de semailles est lancé. Le Sénégal fait la fête et le ministre sourit : le président vient de l'appeler pour le féliciter.

En septembre, l'angoisse reprend. Quand va-t-elle s'en aller ? On la connaît, la pluie. Quand elle décide de quitter un endroit, la pluie sénégalaise n'y revient pas de sitôt. Le pays, et le ministre, se remettent à guetter le ciel, à compter sur leurs doigts ; lorsque, après le 1er septembre, on ne constate aucune précipitation vingt jours durant, il faut se résigner : la saison des pluies est finie.

Ainsi vivait, philosophe, le Sénégal, d'hivernage en hivernage, les uns bien arrosés, les autres plus chiches en eau.

Et le drame est advenu : la grande sécheresse des années 1970. Et tout se passe comme si, depuis, le monde n'était plus le même. Le mécanisme des saisons s'est cassé. Le Sénégal voudrait tant s'être trompé dans ses calculs ! De nouveau il regarde le ciel ; de nouveau il compte sur ses doigts. Il doit bien se rendre à l'évidence : les averses arrivent plus tard et repartent plus tôt ; elles tombent plus violemment, mais plus rarement. D'année en année, la saison des pluies se réduit comme peau de chagrin – un terrible chagrin.

Sous peine de mort, de désert envahissant le centre du pays, il faut agir.

*
* *

Alerte ! Sitôt la cible repérée par des guetteurs répartis dans la zone sensible (le long de la frontière sud-est), une procédure s'enclenche que plus rien ne pourra interrompre.

Au sol, les générateurs s'allument tandis qu'ordre est donné aux avions de décoller.

Vous avez bien compris : il s'agit d'une guerre. Une guerre particulière qui n'a pas pour objet la conquête, mais le sourire. Oui, c'est bien une guerre, me confirme Mactar Ndiaye, « mais c'est une guerre destinée à rendre le sourire aux paysans ». Il dirige la météorologie nationale sénégalaise, laquelle, m'explique-t-il avec des accents combattants, ne se contente plus d'observer et de prévoir. Sous la haute impulsion du chef de l'État, Maître Abdoulaye Wade, elle a décidé d'ensemencer les nuages.

Regardez ce nuage, un bon gros nuage porteur de pluie. Regardez-le pénétrer par le sud-est dans l'espace aérien sénégalais. S'ils s'intéressent à la météorologie, ce dont je doute, les ultimes lions de la réserve animalière du Niokolokoba pourront le voir passer. Le nuage se dirige vers les villes de Dialakoto, Missira, Tambacounda... Les satellites confirment les observations des guetteurs.

L'opération commence. Son objectif est simple : dégorger le nuage de toute l'eau qu'il contient. Les nuages sont capricieux, beaucoup sont égoïstes : ils se moquent des champs assoiffés, ils gardent pour eux leur pluie et s'en vont pisser au loin, inutilement, souvent dans la mer.

Pour que tombe la pluie, il faut que, dans les nuages, se forment des gouttes assez grosses, assez lourdes. Alors on va *ensemencer* les nuages avec de l'iodure d'argent. Ces petites particules aident les gouttelettes à se rassembler, à se coaguler. Peu à peu, elles gagnent du poids et finissent par dégringoler vers le sol où l'on n'attend qu'elles.

L'ensemencement peut se faire par le sol. Quand un nuage prometteur est annoncé, on allume des batteries de condenseurs. L'air chaud qui monte vers les nuages emporte avec lui les particules.

On peut aussi faire décoller un avion et lui demander de saupoudrer d'iodure le cumulus.

Le Sénégal place dans cette technique beaucoup d'espoirs. Mais aussi la Russie et bien d'autres pays. Hélas !

Réunis à Antalya, en Turquie, les 22 et 23 octobre 2007, les spécialistes du monde entier ont douché cet optimisme.

En théorie, rien de plus facile que d'ensemencer un nuage. Dans la réalité, les nuages sont des animaux qui ont des raisons de pleuvoir ou de ne pas pleuvoir que la raison ne connaît pas encore...

Pourquoi faut-il toujours
dire la vérité à l'eau ?

(Une histoire du Bas-Congo)

Deux hommes s'accusent mutuellement de vol. Le chef de village convoque les plaignants devant la mare.

– Et maintenant, dites la vérité à l'eau.

– Pourquoi l'eau ? demande l'un d'eux

– Es-tu sûr qu'elle sait reconnaître la vérité ? demande l'autre.

Le chef de village les regarde, accablé.

– Vous êtes des ignorants. Vous buvez, vous pleurez, vous pissez. La pluie tombe. Quand revient le soleil, elle s'évapore. Elle monte au ciel.

– Et alors ?

– Alors imbéciles, n'avez-vous pas compris ? Il n'y a qu'une seule eau. Et cette eau est partout. Elle voit tout, elle entend tout, elle sait tout. Maintenant essayez donc de lui mentir.

XI

Récréation et compassion

Hommage au grand cru

Entre 80 et 85 %.

Puisque telle est sa composante aquatique, largement majoritaire, je ne me rends coupable d'aucune digression supplémentaire en coupant ma promenade sur l'eau de quelques pages sur le vin.

Cette argumentation de pure mauvaise foi vaut ce qu'elle vaut. Si vous n'adhérez pas, ce que je comprendrais, je vire lof pour lof, quitte l'hypocrisie et vais droit à la franchise la plus scandaleuse : j'en avais marre de l'eau. Après tant de semaines obsédées par l'eau, tant de kilomètres entourés d'eau, tant de lectures n'ayant que l'eau pour sujet, j'en avais soudain marre de l'eau, de son sérieux, de sa fadeur, de sa pureté et, par-dessus tout, de son IMPORTANCE. Un impérieux besoin de PLAISIR m'était soudain venu. Le genre d'appel auquel je n'ai jamais su résister, et moins encore aujourd'hui que l'âge vient.

Bref, j'avais envie d'une récréation.

Voilà pourquoi, le 17 janvier 2008, je pris le train pour Dijon, en savante compagnie de mes amis du bureau de l'Académie du vin de France, pour l'un de ces « voyages d'études » qui agrémentent fort l'existence. Bernard Pivot s'était fait excuser. Une mauvaise bronchite. Oh ! comme nous l'avons plaint.

En Bourgogne, on appelle « climat » une entité géographique : composition, texture et profondeur du sol ; mais aussi exposition de la parcelle, altitude, degré d'inclinaison... Le mot « climat » dit mieux et plus que le mot « terroir ».

Le climat que je veux saluer se trouve sur les Côtes de Nuits, à mi-pente, comme tous les grands crus. Plus haut, l'eau ruisselle trop, la terre s'assèche trop vite. Plus bas, l'eau stagne.

Ce climat mesure 1,8 hectare et ne produit que six mille bouteilles (les bonnes années, car les mauvaises, comme en 1968, on ne vinifie rien ...).

Le prénom de ce climat, c'est Romanée, par référence à l'occupation romaine... Son nom, c'est Conti : il vient de la famille qui, longtemps, posséda le domaine.

Sous la conduite du maître des lieux, Aubert de Villaine, nous avons parcouru les vignes. Puis, dans la cave, à la lumière des bougies, religieusement dégusté. Comme à son habitude, Jacques Puisais, notre génial chimiste promenait son pendule sur les millésimes pour tenter d'en percer les mystères.

Les autres vins soulignent les saveurs ou les parfums qu'ils offrent. Ils font la roue. Ils bavardent, commentent, précisent : maintenant je sens la violette ; vous avez reconnu ce goût de griotte ? et là, que dites-vous de cette bouffée de framboise ? Soyez francs, aimez-vous cette brève irruption de pain grillé, de vieux cuir ?

La Romanée Conti rassemble. Bien malin – ou menteur – celui qui distingue. Chacune des composantes est trop intimement liée aux autres. On passe de l'une à l'autre insensiblement, les barrières des frontières sont levées. On qualifie la Romanée Conti de « vin complexe ». À l'évidence. Mais qu'est-ce que la complexité sans l'union ? Et qu'est-ce que la diversité sans l'équilibre ?

Les autres vins s'épuisent, même les plus riches. Il arrive un moment où l'on arrive au bout des saveurs. Fin du parcours.

La Romanée Conti poursuit. Nous nous promenions parmi les fruits, nous voici dans la forêt, à humer des sous-bois. Le gibier n'est pas loin. Bientôt, nous plongerons dans la terre, en nous approchant de la truffe. Et voici que nous partons pour une nouvelle escale, la réglisse. D'autres vont suivre. Heureusement que notre planète est ronde, nous ne reviendrions jamais.

Et puis, brusquement, alors que vous croyiez avoir épuisé tous les plaisirs connus, vous arrive un miracle, une caresse, une douceur, le souffle d'un pétale de rose juste avant qu'elle ne fane.

De tout cœur, je vous souhaite ce voyage une fois, rien qu'une fois dans votre vie.

Plaignons les potomanes !

On l'aura deviné : H_2O n'est pas ma boisson favorite. C'est dire ma compassion pour celles et ceux (surtout celles) qu'une addiction torture : la passion pour l'eau minérale. Ces pauvres gens ne peuvent plus se passer de leur petite bouteille de plastique. Ils l'emportent partout, ne s'en dessaisissent jamais et tous les quarts d'heure la tête, les yeux fermés, avec sur le visage ce mélange d'extase et de douleur qui indique, sans risque d'erreur, le mysticisme.

Plaignons ces malheureux (en majorité des malheureuses). Un jour ils ont cru médicalement fondé le slogan publicitaire des compagnies qui produisent les fameuses petites bouteilles : « Buvez au minimum un litre et demi d'eau par jour ». Et voilà, le mal était fait.

Urgemment, j'ai consulté l'un de nos meilleurs urologues, le professeur Guy Vallancien. Plus angoissé par cette affaire que par l'état de ma prostate, je lui ai demandé si je devais rejoindre au plus vite la secte des petites bouteilles.

– Billevesées ! m'a-t-il répondu dans un grand éclat de rire. Malignité du marketing ! Aucun excès d'eau ne rendra les peaux plus douces, le teint plus lumineux, les cuisses plus fermes, le ventre plus plat, les infections urinaires moins fréquentes... La seule règle qui vaille est simple : il faut boire quand on a soif. Pour le reste, le rein régule. Tout surplus n'aura qu'une conséquence : éclaircir les urines. Et dégrader l'environnement.

– Pardon ?

– Je ne parle pas du flux amazonien de tous ces pissous inutiles. Mais du plastique de ces fameuses bouteilles. Comment s'en débarrasser ? Et tous les camions qui les transportent ? Ne polluent-ils pas, ne gaspillent-ils pas l'énergie ?

Pour compléter mon enquête, j'ai rencontré Pascale Briand, directrice générale de l'Agence française de la sécurité sanitaire des aliments. Je n'ai pas eu besoin de poser mes questions. Sa colère a pris les devants. Ces mêmes compagnies venaient de lancer une grande campagne publicitaire sur le thème de l'eau minérale, alliée privilégiée de notre santé. Sous entendu : l'eau du robinet menaçait la population. Pascale Briand m'a ouvert ses dossiers. J'ai consulté les rapports des laboratoires, appris les systèmes de vigilance. Je peux vous rassurer.

Vous avez parfaitement le droit de préférer pour la saveur telle ou telle des eaux minérales. Et préférer de pisser clair, si c'est votre choix esthétique. Mais si seul vous concerne le bon fonctionnement de votre corps, faites confiance aux réseaux municipaux !

XII

Régie publique ou concession privée ?

Les leçons de l'Amérique latine

Buenos Aires

À la suite de l'effondrement du mur de Berlin, les croyances libérales sont devenues certitudes. Elles déferlent sur l'ensemble de la planète et vont dicter toutes les politiques dans tous les secteurs. C'est dans ce climat du début des années 1990 que la Banque mondiale, spécialiste incontestée des recettes miracles, lance un mot d'ordre assorti de sanctions financières menaçant ceux qui refuseraient de se plier au commandement : privatisons les services publics !

Il faut dire que, dans bien des villes, les organismes *publics* ne rendent pas, ou si mal, les *services* essentiels qu'on attend d'eux.

Le 1er janvier 1992, la société privée Aguas Argentinas, animée et possédée majoritairement par la compagnie française Lyonnaise des Eaux[1], remplace l'établissement public OSN (Obras Sanitorias de la Nación). Un contrat de concession est signé pour trente ans, avec une mission claire : fournir enfin de l'eau, et une eau de qualité, à 11 millions d'habitants.

La tâche s'annonce difficile. Le Rio de la Plata a beau

---

1. La Lyonnaise a fusionné avec Suez en 1997.

couler tout près et abondamment (22 000 mètres cubes par seconde), les usines ne produisent pas assez, les coupures sont fréquentes. L'espace est immense, fragmenté, désordonné. Le réseau délabré : 60 % de fuites. L'illégalité règne : corruption, clientélisme, occupation sans titre, branchements sauvages généralisés. Les agents sont fortement démotivés : l'OSN, à laquelle ils appartenaient, était une quasiadministration, pléthorique et somnolente. Sur l'état, désastreux, de la situation en 1992, tous les gens de bonne foi s'accordent. Le débat, violent, commence lorsqu'on aborde le bilan d'Aguas Argentinas et les raisons pour lesquelles le gouvernement argentin rompt le contrat quatorze ans plus tard, en 2006.

Bien au-delà de la condition concrète des habitants de Buenos Aires, c'est une guerre idéologique où s'affrontent altermondialistes et libéraux.

Je n'ai pas les moyens d'apprécier les assertions des uns et des autres. Un procès est en cours. Une vérité en sortira. Ce que je sais, c'est que la qualité de l'eau fournie s'est améliorée, que les coupures ont diminué et que les réseaux ont été rénovés. En deçà ou au-delà des engagements signés ? Le tribunal le dira.

Ce que je sais aussi, c'est que 2 millions d'habitants supplémentaires reçoivent désormais de l'eau potable à domicile.

Alexandre Brailowski, médecin de formation, fut l'un de ces *french doctors* engagés aux quatre coins de la planète dans des campagnes humanitaires. Désireux de donner plus de continuité à son action, et ayant reconnu la priorité de l'eau, il a rejoint la société Aguas Argentinas. C'est à ce titre qu'il s'est occupé de ces nouveaux clients. Ils logent, pour la plupart, dans les quartiers *carenciados*, les quartiers affectés de carences diverses, à commencer par celle des services publics. Il s'agit de grands ensembles surpeuplés, jamais vraiment finis, sommairement équipés et jamais vraiment rénovés. Il s'agit aussi de bidonvilles, d'immenses étendues de baraques installées tant bien que mal et sans aucun titre. Les propriétaires des terrains, que ce soit des particuliers ou des entités publiques (l'État, les municipalités), s'opposent farouchement à tout progrès. Une adduction d'eau, pensent-ils, ou la pose de canaux d'assainissement risqueraient de légitimer l'installation de ces squatters qu'ils ne rêvent que de chasser. En intervenant dans ces zones sensibles, Aguas Argentinas dérange. Elle gêne les grands projets immobiliers, synonymes de spéculation. Pis : elle s'immisce au cœur du clientélisme, ce terrible tête-à-tête entre des « parrains », nationaux ou locaux, et des populations démunies de tout, sauf du droit de voter... pour ces mêmes parrains. Les multinationales ne sont certes pas des anges. Mais j'ai assez bourlingué – et fouiné – en Amérique latine pour savoir que les politiciens, malgré leur élection ou à cause d'elle, n'y sont parfois rien d'autre que des gangsters. Sans la vigilance du droit, la démocratie devient une comédie où élus et mafieux se tiennent par la barbichette et s'enrichissent les uns les autres.

Encore faut-il que ce droit soit voté par un parlement sain et dit par une justice indépendante.

Ce que je sais enfin, à propos de Buenos Aires, c'est que la bataille pour l'installation de compteurs y fut farouche.

Avant de commencer mon voyage au pays de l'eau, je n'avais, avouons-le, que dédain, sous-tendu de fureur latente, pour ces petites boîtes vitrées à l'intérieur desquelles défilent, plus ou moins frénétiquement, des chiffres. Non seulement la course de ces chiffres indique que votre facture augmente, mais lesdites boîtes ont la manie de se cacher dans des endroits impossibles, sous l'évier, juste au-dessus d'un vieux tas de serpillières suintantes et de paquets de lessive boursouflés par l'humidité, ou dans le placard le plus inatteignable, derrière les provisions de pâtes et de sardines à l'huile...

Je suis revenu de ces agaceries. Le compteur d'eau est – que le cheval n'en prenne pas ombrage – le meilleur ami de l'homme :

1° Il lui indique que l'eau arrive jusqu'à son domicile. Ceux qui, depuis leur naissance, pour boire ou se laver, n'ont eu qu'à ouvrir un robinet ne peuvent comprendre la joie engendrée par cette information ;

2° Que l'homme habite la ville ou les champs, ce compteur lui rappelle la rareté du bien eau, et combien il mérite le respect ;

3° Tenant registre de tous les mouvements, il peut tout raconter à qui le lui demande. Le compteur est le témoin idéal, celui que le tribunal peut convoquer à tout moment pour s'informer des mauvaises pratiques en cours.

N.B. Le compteur n'est pas responsable de la tarification. Il se contente d'afficher un volume, dont le prix sera déterminé par des autorités bien plus hautes que lui. Que ces autorités décident d'établir la gratuité ou d'accabler le consommateur, le pauvre compteur n'y peut rien. Ou alors le thermomètre devrait être condamné pour complicité active avec la fièvre.

En mars 2006, l'État argentin décide de dénoncer le contrat. Suez, qui aurait perdu dans l'aventure un milliard de dollars (suite notamment à la dévaluation brutale et sans contrepartie du peso), porte l'affaire devant le CIADI. Ce Centre international d'arbitrage dans les différends liés aux investissements est un tribunal qui dépend de la Banque mondiale.

À ce jour – été 2008 –, la procédure est en cours. Quand la lenteur est pour eux rémunératrice, les avocats s'y entendent pour l'organiser.

L'un des grands rêves du libéralisme pur et dur était de *dépolitiser* aussi l'eau, de considérer l'eau comme une marchandise semblable aux autres, qu'on peut produire et distribuer en ne se souciant que d'efficacité. Quelle que soit l'issue du contentieux argentin, la preuve est faite que ce rêve est imbécile et ne sera jamais réalisé. L'eau, de par sa double nature, essentielle à la vie et fortement symbolique, est *toujours* politique. Quelles que soient les options choisies par les gouvernants, ils gardent toujours sur l'eau la haute main.

Cochabamba

Résistante.
Résistante à seize ans. Toujours et encore résistante à quatre-vingt-trois.
Quand elle ne supporte pas le monde qui l'entoure, quand elle ne lui voit plus d'humanité,

Danielle Mitterrand prend les armes. La résistance est dans sa nature de petite fille du Morvan.

Et comme la Résistance a fait ses preuves, naguère, contre les nazis, Danielle ne voit pas pourquoi elle ne triompherait pas aujourd'hui du nouveau mal : l'empire de l'argent. D'ailleurs, pourquoi assimiler argent et richesse ? Bien d'autres réalités existent, qu'il faut prendre en compte pour mesurer le vrai progrès. Ainsi, le Nobel indien Amartya Sen a proposé un indice de développement humain.

Si l'altermondialisme devait s'incarner en une seule personne, sans nul doute il choisirait Danielle.

Pour elle comme pour ses amis, un « autre monde » est possible. Mieux, son avènement ne tardera plus. Tous les signes convergent : crises du système, montée des révoltes, développement partout de solutions alternatives...

D'où l'attention passionnée pour l'Amérique latine, inépuisable laboratoire de la contestation sociale et de l'utopie politique. Rien de plus réel, croit Danielle dur comme fer, que ces utopies-là : elles composent une à une le visage de l'avenir.

Dans cette perspective, Cochabamba et sa « guerre de l'eau » prennent toute leur dimension : histoire fondatrice et référence concrète.

Bolivie, fin des années 1990.

Pour aider le pays à sortir de sa crise économique (déficits publics, forte inflation et paresse de la croissance), le Fonds monétaire international accepte d'accorder un prêt... à condition que de profondes réformes de structures soient engagées. À commencer par la privatisation des entreprises publiques.

C'est ainsi que la SEMAPA, agence locale de l'eau à Cochabamba, est remplacée en septembre 1999 par un consortium international dont le leader est la firme américaine Bechtel. Une concession de quarante ans lui est accordée pour la production et la distribution de l'eau en même temps que pour l'assainissement.

À peine installé, le consortium, expliquant que d'énormes investissements sont nécessaires pour améliorer et étendre le service, augmente les prix.

Pour les populations les plus pauvres, cette mesure n'est pas tolérable. La nouvelle facture d'eau représente plus du tiers de leur revenu.

Des manifestations éclatent. Le gouvernement du président Hugo Banzer ne réagissant pas, une Coordination se crée, qui va mener la révolte.

Le 4 février 2000, une marche pacifique est sévèrement réprimée par la police : 175 blessés graves, deux adolescents perdent la vue. La protestation s'étend au pays tout entier. Le 8 avril, le président Banzer déclare l'« état de siège ». Un jeune est tué par balle. Les manifestations se multiplient. Le 10 avril, le gouvernement cède. Il signe un accord avec la Coordination, qui prévoit le retrait du consortium et le retour à la gestion publique de l'eau.

Le 6 août 2001, Hugo Banzer démissionne.

Créée en 1986, la fondation France Libertés de Danielle Mitterrand s'est, dans une première étape, surtout dédiée à la défense du droit des peuples opprimés : Tchétchènes, Kurdes, Touareg, Roms, Tibétains... Ce soutien s'est accompagné d'actions concrètes, d'aide à l'éducation notamment. Toujours et partout, la question de l'eau revenait. Elle est devenue prioritaire et aussi emblématique de l'« autre monde » que Danielle et ses amis veulent voir édifier.

Le Mouvement des porteurs d'eau, où se rejoignent ONG et particuliers, soutient des dizaines de projets qui doivent respecter sa charte :

1

L'eau n'est pas une marchandise, l'eau est un bien commun non seulement pour l'Humanité, mais aussi pour le Vivant.

2

Afin de garantir la ressource pour les générations futures, nous avons le devoir de restituer l'eau à la nature dans sa pureté d'origine.

3

L'accès à l'eau est un droit humain fondamental qui ne peut être garanti que par une gestion publique, démocratique et transparente, inscrite dans la loi.

Sur l'article 2, un accord sera facilement trouvé. Aujourd'hui, chacun sait qu'il faut respecter et restituer la ressource.

La force de l'article premier repose sur l'emploi d'un mot : « marchandise ». L'eau est-elle une marchandise comme les autres ? Non, à l'évidence. Mais l'idée ici sous-jacente est que l'eau serait un cadeau de Dame Nature aux espèces vivantes, un cadeau que nul n'aurait le droit de s'approprier, de quelque manière que ce soit. Or l'eau n'est pas un cadeau, mais, le plus souvent, un *produit*, un produit *manufacturé* (à de rares exceptions près, l'eau, avant d'être utilisée, doit être traitée) et *distribué* (Dieu a peut-être fourni l'eau, mais pas les tuyaux). Parler de la *gratuité* de l'eau n'est pas lui rendre service.

L'article 3 de la charte commence par un principe que nul ne peut contester. Oui, l'eau est un bien commun, oui l'accès à l'eau est un droit fondamental. Mais pourquoi ce droit ne pourrait-il être garanti que par une gestion publique ? L'eau étant ce qu'elle est, essentielle pour une population, la responsabilité en la matière est toujours assurée par les municipalités ou par les États. Que cette responsabilité publique s'exerce avec plus de vigilance ? À la bonne heure ! Dans une transparence accrue et le respect de la démocratie ? J'applaudis des deux mains. Mais pourquoi interdire *a priori* le recours au privé quand il ne s'agit que de gestion ?

Il y a autant de concessions privées scandaleuses, dégageant des profits indéfendables, que de régies publiques pléthoriques, insoucieuses et, pour finir, inopérantes. Quand le privé est appelé à l'aide, c'est généralement que le système public a échoué.

Quant aux corruptions diverses, il est naïf de croire que le secteur privé en aurait le monopole.

Bref, j'avais du mal avec l'article 3.

Dommage, je me considérais moi aussi comme un porteur d'eau.

Dans la ville, désormais mythique, de Cochabamba, le service de l'eau s'était-il amélioré ? Tout ne va pas pour le mieux dans ces lointains du monde. Un peu trop de « guerriers » de l'eau ont voulu être embauchés dans la régie publique. Comment le leur refuser ? Les effectifs ont triplé. Chance pour l'emploi, malchance pour les coûts. Les factures d'eau sont demeurées sages. Mais la pénurie n'a pas diminué. Les robinets coulent rarement. Au grand bénéfice des vendeurs privés d'eaux minérales.

Il est vrai qu'à La Paz le Mouvement vers le socialisme d'Evo Morales, arrivé au pouvoir sans l'avoir prévu, peine à se mettre en ordre de marche. Le premier ministère de l'Eau a vite sombré, détruit par l'inexpérience tout autant que par la corruption.

À Cochabamba, le manque de cadres compétents se fait encore plus cruellement sentir. La Coordination œuvre avec les moyens du bord. La fondation France Libertés a obtenu de diverses municipalités françaises (Paris, Grenoble, Nanterre) qu'elles lui viennent en aide. La coopération suisse s'est retirée, faute de confiance en l'efficacité des projets présentés. Mais l'Union européenne s'est investie...

On a peine à imaginer le déchirement des sociétés andines, écartelées entre les peuples indigènes, les descendants des envahisseurs espagnols et les grandes entreprises étrangères. On a peine à imaginer le mépris dans lequel on tient les plus pauvres, surtout lorsque la couleur de leur peau s'éloigne du blanc. Le racisme s'ajoute à l'inégalité et la justifie.

Dans cet univers de violence extrême où le plus infime progrès vers la démocratie est un combat, un vrai combat, avec des morts, la reconquête sociale de l'eau est à la fois obligation pratique (boire), défense de sa dignité et apprentissage de la gestion.

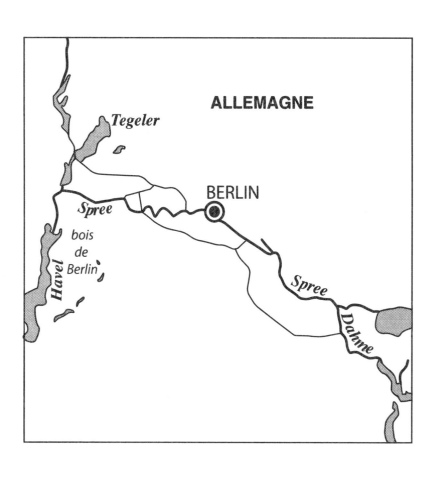

L'exemple d'une municipalité endettée : Berlin

À croire les Français qu'il longe, le Rhin est la seule eau allemande et le seul personnage aquatique de la mythologie germanique. Erreur ! C'est oublier Berlin et sa région.

Partout des lacs interrompant les forêts, partout de longs marais, des rivières qui serpentent... Ce nord de l'Allemagne n'a que peu de terres fermes. Il n'y a guère, les glaciers descendaient jusqu'ici : on dirait qu'ils n'ont pas fini de fondre. Berlin repose sur de l'eau et du sable, comme Venise. Le cœur du Reich a été construit sur pilotis.

Il paraît que c'est de la boue que vient « Berlin ». Cadeau de la première tribu habitant les lieux. Des Slaves. Ils employaient ce drôle de mot, « *Brlo* », pour appeler ce marais, cette étendue molle et grise qui avale tout comme un ogre lent.

Entouré de tellement d'eau, Berlin était la ville favorite du choléra. Tous les vingt ou trente ans, une épidémie se déclarait qui pouvait tuer, chaque fois, plusieurs milliers de personnes.

Hegel était recteur de l'université. Alors que toutes les personnalités avaient fui vers la campagne pour échapper à la contagion, lui était resté. D'après

334

la légende dorée, il ne voulait pas quitter son poste avant la fin des examens. Il fut atteint et mourut du vibrion terrible dans sa maison du bord de la Spree, le 14 novembre 1831, face à l'île des Musées.

Avant le tout-à-l'égout, c'est-à-dire jusqu'à la fin du XIXᵉ siècle, l'évacuation des immondices était assurée par des personnages qu'on aurait dits tirés de l'enfer, les *Nachtemma*, les « Emma de la nuit ». C'était une troupe de femmes qui, l'obscurité venue, allaient dans chaque maison récupérer la merde accumulée dans des seaux, puis la déversaient dans des cuves qu'elles allaient vider dans les champs d'épandage hors de la ville.

C'est sur la Wilhelmstrasse que se trouvaient rassemblés les organes de la répression : SS, SD, Gestapo, RSHA. C'est là que chaque jour venaient travailler Himmler, Heydrich, Kaltenbrunner... Sur ce terrain toujours en ruine, on a construit un musée : Topographie des Terrors. Un grand réservoir avait été creusé en 1856. Les nazis l'utilisèrent dès 1933 pour torturer des opposants. On l'utilise aujourd'hui pour certaines expériences musicales ou scientifiques : l'acoustique y est d'une qualité très particulière.

*
* *

Les eaux de Berlin ont d'autres liens avec la liberté. Le 13 août 1961, un mur, LE mur, surgi en quelques heures, coupe la ville ; et les familles. Les hommes et les femmes qui ont le malheur d'habiter l'Est sont pris au piège. Nombreux sont ceux qui veulent s'échapper. Et, puisqu'on ne peut plus passer en surface, on va chercher d'autres voies, souterraines. Par un petit matin frisquet d'octobre, je me suis enfoncé sous la chaussée, au coin d'Invalidenstrasse et de Scharnhorststrasse, non loin de l'immense hôpital de la Charité. Un employé municipal me guide dans des galeries de brique à l'arrondi parfait. À notre droite, deux canaux : l'un pour l'eau potable, l'autre pour l'eau usée.

– Il paraît que vous vouliez voir les grilles ? En voici une !

La lumière de la lanterne éclaire de gros barreaux rouillés. On dirait la herse d'un château fort.

– Dans les premières heures du Mur, les gens ont beaucoup fui par les égouts. Notamment une classe entière d'un lycée de l'Est. Mais les autorités ont réagi très vite. Une semaine plus tard, des centaines de grilles avaient été posées, semblables à celle-ci...

*
* *

Depuis les Grands Travaux, depuis qu'on a déplacé le lit de la petite rivière Spree, l'ambassade de Suisse n'a plus les pieds dans l'eau. Elle passe des jours tranquilles au milieu d'une pelouse à guetter l'activité de la maison voisine. C'est la chancellerie de la République fédérale d'Allemagne, ce bâtiment que tout le monde a – sans malice aucune, ni référence à la moindre activité de blanchiment d'argent, mais par simple ressemblance architecturale – surnommé la *machine à laver*. Dans les temps plus difficiles, ce cours d'eau était l'autre mur, un morceau liquide du rideau de fer frontière. Des hommes et des femmes de l'Est s'y jetaient pour tenter de gagner l'Ouest, les soldats tiraient sur les têtes des nageurs. On peut voir des croix et des noms sur la rive, face à la maison des parlementaires. Marinetta Jirkowski (22.XI.80), Udo Dullick (5.X.61), Klaus Schröter (4.XI.63), Günter Litfin (24.VIII.61). Dans ces temps-là, l'ambassade de Suisse laissait traîner dans l'eau des cordages pour que les fugitifs assez chanceux pour échapper aux rafales puissent s'y agripper.

*

* *

Ni la construction du Mur ni la pose des grilles dans les conduites n'ont jamais interrompu la circulation des eaux. D'autant que Berlin-Ouest, petite enclave perdue au milieu de l'Est, n'avait pas des installations suffisantes. Contre (forte) rémunération, les eaux usées capitalistes étaient donc envoyées se faire traiter par les communistes.

La ville était sous perfusion. Les finances, comme tout le reste, venaient du « monde libre ». Une fois le Mur tombé et décidée la réunification, ces flux se tarissent tandis que les besoins et donc les dépenses explosent. Bref, la municipalité est en faillite. Comment pourrait-elle lancer tous les grands travaux qui s'imposent, notamment pour réunifier et moderniser le réseau des eaux ?

C'est dans ce contexte de grande dèche qu'est lancé l'appel d'offres de privatisation de l'eau. Il va s'ensuivre un accord intéressant, bel exemple d'économie mixte. De la nouvelle société, la municipalité possédera 50,1 % avec pour partenaires (légèrement, très légèrement) minoritaires (49,9 %) deux compagnies privées alliées, la française Veolia et l'allemande RWE.

Drôle de cocktail privé/public.

Comment cohabitent les deux logiques, la recherche du profit et la satisfaction de l'électeur ?

Comment définir des prix acceptables par la population, tout en continuant à investir et à verser aux actionnaires les dividendes qu'ils attendent ?

Les Berlinois semblent très bien accepter que l'eau finance autre chose que l'eau. Leur municipalité tire de ses ventes d'eau des bénéfices dont elle crédite son budget. Libre à elle d'affecter cette manne vers d'autres emplois. L'eau ne serait-elle plus, en Allemagne, le bien public par excellence, la priorité à laquelle on doit tout sacrifier ?

*

* *

En présence d'une rivière ou d'un lac, le bon sens (et la paresse) voudrait qu'on aille y puiser l'eau directement. Le bon sens a tort. Il vaut mieux creuser des trous à proximité de la rivière ou du lac. L'eau recueillie sera bien plus propre. Car le sol – les couches successives du terrain, les étages de gravier et de sable – aura rempli sa tâche de filtre. Dès 1810, à Glasgow, on a foré des puits le long de la rivière Clyde. Cette œuvre bienfaisante de la nature était jusqu'à présent seulement constatée. Personne ne savait au juste comment s'accomplissait cette purification. Depuis 2001 s'est ouvert un *Kompetenz Zentrum*. Réunissant des chercheurs de quatre universités, il a reçu mission d'aller explorer les mécanismes de ce bienveillant mystère. La tâche n'est pas simple : l'homme n'a pas d'œil capable de sonder les profondeurs du terrain. L'hydrogéologie, cette passionnante discipline, est une activité d'aveugle. Il faut carotter et encore carotter. Et deviner des schémas. Et fabriquer des hypothèses. Et tenter de bâtir peu à peu un modèle. Un modèle permet de tester diverses hypothèses, par exemple les conséquences du réchauffement climatique : l'élévation de la température des eaux (rivières, lacs) remettrait-elle en cause la fiabilité des processus de filtration naturelle ?

La question du chlore est au centre d'un grand débat parmi les traiteurs de l'eau. Pour beaucoup, et notamment pour les chercheurs du grand centre d'Indianapolis, on ne peut jouer avec la santé des gens : pour tuer les germes et éviter qu'ils ne reviennent, l'adjonction s'impose du meilleur des désinfectants, le chlore. Pour les Allemands, en revanche, la terre joue bien assez son rôle de purificatrice.

Un changement à Paris

Lorsque Bertrand Delanoë devient maire de Paris, en mars 2001, il hérite d'un système étrange et passablement complexe. La production de l'eau est assurée par un organisme public, tandis que sa distribution est répartie entre deux entreprises privées : Veolia s'occupe de la rive droite ; Suez a reçu la rive gauche en partage. Ainsi l'a voulu le maire précédent, Jacques Chirac, qui a dans sa nature de ne jamais vouloir faire de peine à personne.

On ne gravit pas sans timidité le monumental escalier, on ne pénètre pas sans ébahissement dans le gigantesque bureau du maire de Paris. À l'évidence, celui qui occupe ces lieux doit devoir lutter chaque jour pour ne pas se rêver un destin national.

– À votre arrivée, en 2001, quel regard avez-vous porté sur ce « système bizarre »...

– Assez rapidement, nous avons constaté que les délégations aux entreprises privées étaient très déséquilibrées, nous avons donc renégocié les contrats et obtenu de réelles compensations financières. Et, en 2008, dès l'ouverture de la campagne électorale, j'ai annoncé mon intention : en cas de réélection, je redonnerais à la municipalité le contrôle de l'ensemble du secteur. J'ai tenu ma promesse.

– Pourquoi vouloir changer cette organisation, certes bizarre, mais qui donne aux Parisiens une eau de bonne qualité, à des tarifs plutôt modestes ?

– D'abord le pragmatisme ! Les contrats avec les sociétés privées s'achèvent en 2009. C'est le moment de rationaliser, c'est-à-dire de confier à un seul opérateur l'ensemble du processus : production ET distribution. Tout le monde reconnaît qu'en mettant fin à cette séparation on va gagner en productivité. Savez-vous qu'entre le producteur et le consommateur, une goutte d'eau passe actuellement entre une demi-douzaine d'opérateurs et donc de responsables différents ? À l'avenir, avec le renforcement des normes de qualité et de sécurité, de lourds investissements sont nécessaires. Si nous n'améliorons pas le management, les usagers devront payer plus.

– Vous auriez pu faire l'inverse : privatiser la production...

– Nous avons tout envisagé avec une seule question en tête : quel est l'intérêt des Parisiens ? L'eau est un bien essentiel pour une population. Il faut en confier la responsabilité aux représentants de cette population. Nous créons un « établissement public industriel et commercial ». Parfait résumé. Service public, mais contraintes industrielles et commerciales.

– Par cette mesure, vous n'avez pas voulu donner des gages aux Verts ou à l'ultra-gauche ?

Le maire sourit. Petit éclair d'orgueil.

– Vous connaissez les rapports de forces au sein de l'assemblée parisienne, non ? Nous n'avions de gage à donner à personne. C'est juste une question d'efficacité.

À l'évidence, le dossier de l'eau, pour Bertrand Delanoë, est l'occasion de prouver quelle est sa conception de la gauche : fidélité aux principes sans oublier, jamais, la performance.

– Vous savez, je n'ai rien contre le secteur privé. La preuve ? Nous avons confié à des entreprises privées la gestion de certaines piscines ; la collecte des ordures ménagères est assurée par le privé dans la moitié des arrondissements parisiens. Pour quelle raison ? Parce que les entreprises peuvent dans certains cas apporter de meilleurs résultats. Les Parisiens ont droit à une grande qualité de service. À nous de trouver le meilleur moyen pour la leur garantir.

– Les entreprises françaises de l'eau sont les premières du monde. La perte du contrat de Paris ne va pas leur faciliter la conquête de nouveaux marchés ...

– Mais personne ne les chasse ! Ce serait absurde. Nous avons besoin de leurs compétences. L'eau est un secteur immense et des appels d'offre seront lancés à différents niveaux du processus. Vous voyez que leur engagement demeure d'actualité.

J'ai quitté le bureau gigantesque. J'ai réussi à ne pas glisser sur le marbre de l'escalier monumental. Et me suis retrouvé dans la rue. Quand on quitte la mairie de Paris, Paris vous paraît tout petit.

Quel prix, quels prix pour l'eau ?

A priori, l'eau est une.

Aucune réalité n'est plus unique que l'eau, puisque c'est de cette seule matière que sont venues toutes les formes de la vie.

À première vue, l'eau est la ressemblance même. À quoi ressemblent des jumeaux, sinon à *deux gouttes d'eau* ?

En fait, l'eau, paradoxe pour un solvant, est une des patries du Divers.

Offrir en permanence à tous les habitants d'une communauté une eau de qualité, en même temps qu'assurer le traitement général des eaux usées : le double objectif est partout le même.

On aurait pu croire que tous les pays européens, confrontés à ces deux mêmes besoins impérieux, auraient choisi les mêmes solutions.

Erreur !

Pour l'eau potable, les Pays-Bas et la Pologne ne font confiance qu'aux régies publiques. À l'inverse, l'Angleterre a décidé une privatisation totale. Entre ces deux extrêmes, l'Espagne a choisi de ne pas choisir : 52 % pour le secteur public, 40 % pour le secteur privé. Quant à l'Allemagne, elle penche nettement vers le secteur public : 67 %.

Pour assainir les rejets, que vaut-il mieux ? Le secteur privé ? Un établissement public ? Les responsables européens balancent tout autant.

Cette variété des stratégies se traduit-elle par un rapprochement des prix ?

Aucunement.

Le Danois paie plus de 5 euros son mètre cube d'eau et l'assainissement qui l'accompagne ; l'Italien, qui bénéficie de subventions, doit débourser à peine plus de deux tiers d'euro... La France se situe dans la bonne moyenne : un peu moins de 3 euros. Mais l'écart entre les départements, considérable, étonne : plus de 4 euros dans le Morbihan, moins de 2 dans les Hautes-Alpes.

Pourquoi cette disparité ?

La réponse doit être cherchée dans l'état de la ressource : plus l'eau prélevée dans les rivières ou dans les nappes est polluée, plus cher sera le traitement nécessaire pour la rendre consommable. Plus dispersée se trouve la population, plus coûteuse sera la distribution.

Comparée à d'autres dépenses, la facture d'eau du Français reste raisonnable : 180 euros par an. Calculez ! Combien vous coûte votre téléphone portable ?

Si, dans notre pays, le débat sur les prix fait rage, c'est que le secteur privé détient en France une grande part du marché : 72 % pour l'eau potable, 55 % pour l'assainissement.

Faut-il accepter cette délégation du plus public des services publics à des sociétés soucieuses, par nature, de profit ?

Régulièrement, les associations de consommateurs publient des études condamnant le manque de concurrence dans un domaine où deux sociétés, Veolia et Suez, règnent. Elles dénoncent le défaut de transparence ou de contrôle démocratique dans l'allocation des contrats. Il s'ensuit, affirment ces associations, des niveaux de prix inacceptables, en constante progression (ce qui n'est pas supportable), et des profits faramineux (injustifiables, puisque fondés sur l'exploitation d'un bien commun).

Tout aussi régulièrement, les compagnies incriminées répondent par d'autres études. Les situations, disent-elles, sont multiples. Comment voulez-vous comparer l'incomparable ? Nous héritons, comme par hasard, des situations les plus difficiles, des eaux les plus dégradées, des territoires les plus accidentés... Les municipalités font appel à nous pour résoudre des problèmes qui les dépassent. Qui, de bonne foi, peut croire que notre expertise n'a pas de coût ? Voulez-vous visiter nos centres de recherche ? Et si nous facturons un peu plus cher (à peine), vous oubliez dans vos calculs les impôts que nous versons : globalement, les citoyens s'y retrouvent.

XIII

L'école du partage

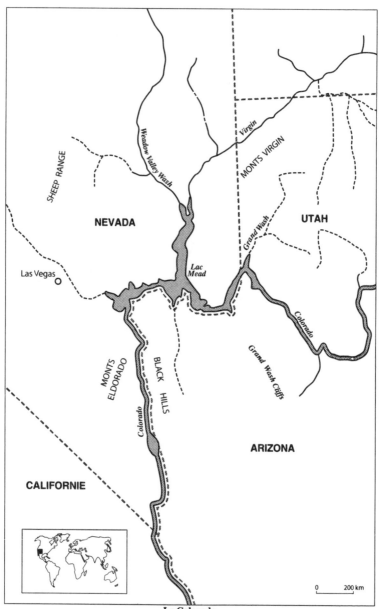

Le Colorado

Jeux de hasard
contre travaux des champs

Créée en 1855, enrichie par la meute des casinos installés dès les années 1930, Las Vegas compte aujourd'hui près de 2 millions d'habitants et peut se glorifier de plusieurs records : première ville hôtelière du monde (37,4 millions de visiteurs en 2004) et plus forte consommation d'eau (1 000 litres par personne et par jour ; la moyenne aux États-Unis ne dépasse pas les 700 litres ; en Europe : 200).

À Las Vegas, on ne veut se priver de rien, et surtout pas de pelouses bien vertes. Désir coûteux en plein désert de Mojave, où il pleut rarement (100 millimètres d'eau par an) et où les températures dépassent souvent 45 °C.

La ville est approvisionnée à 90 % par les eaux du lac Mead, retenue du barrage Hoover construit en 1935 sur le fleuve Colorado. Les 10 % restants proviennent de forages.

*
*   *

Pauvre Colorado !
Ce fleuve, long de 2 250 kilomètres, draine un bassin plus vaste que la France, partagé entre les

États-Unis (Arizona, Californie, Colorado, Nevada, Nouveau-Mexique, Utah, Wyoming) et le Mexique. Le ruissellement de surface « naturel » est annuellement de 750 mètres cubes par seconde, mais, du fait des prélèvements divers, le Colorado à son embouchure n'est plus qu'un ruisseau : 35 mètres cubes par seconde.

Le secteur agricole prélève 90 % de cette ressource. Un canal, le plus gros du monde, baptisé pompeusement et fallacieusement All-American Canal, approvisionne en eau d'irrigation la zone de l'Imperial Valley en Californie (200 000 hectares). Les villes de Los Angeles, San Diego, Phoenix et Tucson sont également approvisionnées par le Colorado, *via* des aqueducs.

*
* *

Les réserves du lac Mead s'épuisent. Son niveau baisse de plusieurs mètres chaque année. À ce rythme, il pourrait disparaître d'ici à dix ans. Après des décennies d'insouciance, l'alerte est donnée.

Puisqu'il n'est pas question pour la population, pas plus que pour les hôtels, de restreindre leur consommation, les autorités de Las Vegas et de l'État du Nevada ont cherché tous les moyens possibles d'accroître la ressource. C'est ainsi qu'ont été développées des *banques de l'eau.*

Les États de l'Arizona et de la Californie du Sud détiennent des droits de prélèvement sur l'eau du Colorado. Las Vegas et l'État du Nevada leur proposent l'accord suivant : vous prélevez la quantité d'eau correspondant à vos droits. Vous stockez cette eau dans une nappe aquifère. Quand nous aurons besoin d'eau, nous pourrons puiser dans cette réserve. Par exemple, l'Arizona stockera chaque année 25 millions de mètres cubes ; en échange, 23 millions de dollars lui seront versés.

Le Nevada envisage également de financer des stations de dessalement sur la côte californienne. En échange, il recevra des droits d'eau supplémentaires sur le Colorado.

Autre méthode : les transferts d'eau. La ville de Las Vegas a négocié le droit de pomper 74 millions de mètres cubes d'eau de l'aquifère de Spring Valley, situé 500 kilomètres au nord de Las Vegas. Hélas, de nombreux agriculteurs utilisent également cette ressource...

Deux modèles de développement, urbain et rural, entrent ainsi en concurrence – une concurrence de plus en plus violente. Deux modèles aussi inadaptés l'un que l'autre à des environnements hostiles.

La population urbaine du sud-ouest des États-Unis conçoit son cadre de vie comme une oasis de verdure au milieu du désert. En témoignent les noms des lieux-dits aux alentours de Las Vegas : Paseo Verde, Green Valley Ranch... Ces gens-là ne croient pas en la rareté de l'eau. Pour un Américain authentique – homme moderne, positif et travailleur –, aucune rareté ne saurait résister au progrès technologique.

Les agriculteurs, quant à eux, se considèrent comme les seuls créateurs de la prospérité américaine. La vraie richesse d'un pays vient de son sol et de ceux qui l'exploitent, n'est-ce pas ? Constituant un puissant lobby, ils ne sont aucunement disposés à remettre en question des pratiques fortement dépendantes de l'irrigation.

Cette opposition entre villes et campagnes n'est pas nouvelle et a déjà conduit à des affrontements dramatiques. Dans les années 1920, les fermiers ont plusieurs fois dynamité l'aqueduc transportant jusqu'à Los Angeles l'eau captée dans la vallée Owens.

De tels conflits d'usage se retrouvent partout dans le monde, plus ou moins exacerbés.

Et partout dans le monde, les autorités publiques, nationales, régionales ou locales, tentent d'inventer des procédures pour que les innombrables acteurs de l'eau acceptent de partager.

En Espagne, depuis la nuit des temps, des *tribunaux de l'eau* se sont chargés de faire respecter les règles de répartition. Aux Pays-Bas et en Flandre, les *wateringues* (« cercles de l'eau ») jouèrent le même rôle.

Économiste, directeur de recherches au CNRS, Bernard Barraqué travaille sur la gestion de l'eau. Il appuie sa réflexion et ses propositions sur une profonde connaissance historique. Pour lui, l'eau n'est pas un bien gratuit (puisque sa distribution implique toujours un coût). Ce n'est pas non plus un bien public (pourquoi appartiendrait-il à l'État ?). C'est un *bien commun*. Pour gérer ce système si particulier, trois systèmes ont été employés au fil des temps :

1° le despotisme oriental : les paysans fournissent de la nourriture, l'État s'occupe de l'infrastructure hydraulique (Égypte, Babylone, Amérique centrale, Chine) ;

2° le droit romain : les eaux courantes sont un

bien commun, sauf si elles sont navigables. Auquel cas c'est l'État qui s'en occupe. Les eaux du sous-sol restent privées. Ce système a été appliqué par les pays latins dont, jusqu'à une date récente, la France ;

3° la tradition germanique : aucune eau n'est appropriable. C'est cette dernière conception qui, la ressource devenant de plus en plus rare, s'impose un peu partout.

La vie quotidienne
d'un parlement de l'eau

On les appelle « comités ». Chacune des six agences de bassin qui se partagent la France depuis la grande loi de 1964 a son « comité ». L'appellation pèche par excès de modestie. Il s'agit de véritables parlements de l'eau, des instances politiques dont les décisions ont force réglementaire.

Un comité-parlement compte 190 membres. Une stricte moitié d'élus (représentants des régions, des départements et des communes). Un gros tiers d'usagers de l'eau (toutes les activités sont présentes : l'agriculture, la pêche, la batellerie, le tourisme, l'industrie, les producteurs d'électricité, les consommateurs, les associations de protection de la nature, les milieux socioprofessionnels) ainsi que des « personnalités compétentes », qualificatif plutôt injurieux pour les autres... mais comment, par exemple, contester la compétence de Pascale Briand qui siège au Comité de l'Agence Loire-Bretagne en tant que directrice générale d'une autre agence, l'Afssa, qui s'occupe de la sécurité sanitaire des aliments ? Les sièges restants reviennent à des fonctionnaires d'État : pas moins de treize ministères participent aux débats, sans compter les préfets.

Originalité de ce parlement : le critère d'appartenance à un groupe n'est pas l'affiliation politique, mais la communauté de préoccupations. Comme on s'en doute, les intérêts au mieux divergent, souvent s'opposent.

Comment concilier les besoins de l'irrigation avec la nécessité de maintenir dans les cours d'eau un débit suffisant pour la pêche, le canotage, la baignade et... le refroidissement des centrales nucléaires ? Comment accroître les rendements agricoles, développer les industries sans porter trop atteinte à la pureté des cours d'eau ? Comment financer des équipements ambitieux tout en n'augmentant pas la facture des usagers de l'eau ?

Joli résumé des diversités et des microsolidarités qui constituent une nation. Bel exemple d'apprentissage de la vie en commun !

Le document auquel doivent parvenir les 190 s'appelle Sdage (Schéma directeur d'aménagement et de gestion des eaux). Le mot « sagesse » n'est pas loin. De la sagesse il faut à tous, et bien de la diplomatie à leur président, pour arriver à un compromis dont l'importance est grande : il définira pour six années la politique de l'eau dans l'ensemble du bassin !

Depuis la directive européenne du 23 octobre 2000, les débats du comité-parlement ont encore gagné en intensité. Finis les intentions et les atermoiements : une *date* a été fixée (2015) avec des *objectifs* précis et mesurables. L'*obligation* de résultats (« une bonne qualité pour toutes les eaux ») a remplacé la trop douce et paresseuse contrainte de moyens. La menace de lourdes sanctions financières se profile à un très proche horizon.

Connaissant la mauvaise situation des nappes, des rivières et des littoraux dans mes chers départements du Finistère et des Côtes-d'Armor, j'étais curieux de savoir comment on allait se préparer à l'échéance.

Bravant courageusement une grève de la SNCF, je me suis donc rendu, le 10 juillet 2008, au siège de l'Agence Loire-Bretagne.

Déjà, son adresse indiquait un état d'esprit soucieux de la nature : avenue de Buffon, Orléans-la-Source.

Et l'importance de ses responsabilités imposait le respect : 155 000 kilomètres carrés, le tiers du territoire national ; 10 régions, 36 départements, 7 400 communes. Budget annuel financé par les redevances : plus de 300 millions d'euros !

Dans la bonne ville d'Orléans, le Centre des conférences, tout neuf, n'est pas loin de la cathédrale chère à Jeanne d'Arc. 10 heures. Murs de bois précieux, fauteuils bouton d'or, l'auditorium Maurice-Genevoix se remplit. Puisque l'ancien ministre et ingénieur agronome Ambroise Guellec se retire, après vingt ans de bonne présidence, le Comité de bassin va élire son remplaçant.

Promenant mon regard sur le visage des « parlementaires », je tente de deviner qui représente l'agriculture, qui les pêcheurs, qui la batellerie...

Deux candidats se déclarent : Serge Lepeltier, lui aussi ancien ministre d'un gouvernement de droite (Jean-Pierre Raffarin) ; Pascale Loget, « Verte » et vice-présidente de la région Bretagne.

Scrutin à bulletins secrets.

Résultats : Lepeltier 83, Loget 58. Qu'un ex-ministre de l'Environnement et du Développement durable, respecté de tous, l'emporte, bonne nouvelle ! Nul n'a oublié la raison de son éviction du gouvernement : ses réelles convictions écologiques et sa compétence gênaient.

Qu'une militante « verte » recueille un tel pourcentage : autre signe d'une prise de conscience toujours très insuffisante mais... croissante.

La suite de la journée va tempérer cet optimisme. Le vice-président choisi est un représentant des industriels, ancien papetier. Et, pour l'élection du conseil d'administration, une horlogerie subtile et complexe de collèges et de scrutins de liste empêche les usagers « purs » (ceux qui ne sont ni agriculteurs, ni industriels) de rêver un jour prochain à la prépondérance. Pour faire entendre leurs voix, ils devront plaider, alerter, prendre à témoin... Dans le Comité, tout le monde a la parole. Mais quand il s'agit de décider, certaines paroles pèsent plus, beaucoup plus, que d'autres.

Une lourde tâche attend le président tout neuf : à marches forcées, faire avancer son imposant et turbulent attelage vers les objectifs européens de 2015. Bonne chance !

Éloge des lombriciens
et de la coopération décentralisée

Depuis que la France est France, l'État, c'est-à-dire Paris, veut tout y gérer. En 1983, Gaston Defferre, ministre de l'Intérieur mais aussi maire de Marseille, assouplit ce centralisme pathologique. L'assemblée départementale de l'Hérault saisit cette opportunité pour prendre à sa charge l'ensemble de la politique de l'eau. Depuis les Romains, Montpellier et ses environs, confrontés aux sécheresses du climat méditerranéen, ont accumulé d'incomparables compétences. Un pôle de recherches unique en Europe s'y est constitué. Très tôt, les nouveaux responsables décident d'ouvrir ces compétences aux pays intéressés.

Un beau jour, un message arrive de l'ambassade de France au Chili. Un médecin travaille sur l'utilisation des vers de terre dans le traitement des eaux usées. Pour dépasser le stade expérimental, il a besoin de partenariats. Et comme la réputation de Montpellier est parvenue jusqu'aux Andes...

Avis est demandé à Marcel Bouché, l'un des spécialistes mondiaux de ces petites bêtes. Il s'enthousiasme : enfin, on va reconnaître la fonction des lombriciens !

– Savez-vous que ces vers, comme vous les appelez, représentent 80 % du poids de tous les animaux présents sur la planète, humains compris ? Qu'ils sont mâles ou femelles, à volonté ? Que dans une parcelle de 25 mètres carrés vivent 25 000 lombriciens, qu'en un an ils auront creusé 50 kilomètres de galeries ? Que si, pour avancer, la taupe de ses pattes griffues écarte la terre, le lombricien l'avale par un bout et la rejette par l'autre ? Etc. Etc.

Marcel Bouché peut sans discontinuer parler de ses longs et gluants amis des jours et des nuits... Les élus départementaux, éberlués, découvrent un univers. Ils votent un budget. VERSeau, une association mêlant scientifiques et entreprises, rejoint le projet.

Et une équipe s'en va vers l'autre hémisphère. Le professeur Toha l'accueille à la faculté de médecine de Santiago. Son bureau, une sorte de cave, est une capitale du désordre. Sur le sol, dans le seul coin exempt de livres, de dossiers et de matériels divers, un gros bocal. C'est là que travaillent les lombriciens.

Combaillaux, littéralement la « combe aux aïlols » (une espèce d'érable), est une charmante localité rurale au nord de Montpellier. Garrigues, forêts, un peu de blé, des oliviers, des vignes, des chevaux... Séduits par la paix des lieux, de plus en plus d'urbains s'y installent : 150 habitants en 1960, le décuple quarante ans plus tard. S'impose la nécessité d'une station de traitement des eaux. La municipalité décide d'appliquer en vraie grandeur la méthode du professeur Toha.

Et c'est ainsi qu'un beau jour de mars, sous la conduite d'un maire aussi chaleureux que militant, je fais plus ample connaissance avec la gent ver de terre.

Penché sur une vaste cuve, je ne vois rien qu'un cloaque humide et peu ragoûtant, mais j'écoute de toutes mes oreilles de très surprenantes histoires.

– Les filtres ont pour métier de retenir les impuretés. Donc, ils finissent par se boucher. Avec les vers de terre, aucun risque : ils n'arrêtent pas de creuser des galeries. C'est leur occupation favorite. Vous avez déjà vu pleuvoir sur les garrigues ? Aucun ruissellement. L'eau s'infiltre par les galeries. Au contraire, quand il pleut sur les vignes, c'est ruissellement et compagnie. Pour quelle raison, d'après vous ? Les insecticides ont tué ou dégoûté les vers !

Je constate que Marcel Bouché, le pape des lombriciens, a fait école, et je décide de me tenir sur mes gardes. Après les scarabées et les kangourous, les vers... Décidément, ces animaux nous montrent la voie.

Le maire continue sa présentation.

Je m'en voudrais d'interrompre cet hymne aux lombriciens. Mais je me dois de poser la question vulgaire :

– Mais, par rapport aux autres systèmes plus... classiques ?

Le maire grimace. Comment osé-je comparer ? D'un ton désolé, il veut bien me répondre que 1° le coût d'investissement est de moitié inférieur ; 2° les lombriciens ne rejettent que de la terre fine au lieu des boues immondes, et ô combien surencombrantes, rejetées par les autres systèmes ; 3° par suite, les lombriciens permettent d'économiser beaucoup de surface.

– Et ces autres cuves, juste à côté ?

Le maire s'amuse.

– Le principe de précaution ! Les autorités sanitaires ne nous font pas confiance. Elles nous ont imposé d'installer en parallèle les filtres traditionnels. Mais nous attendons la validation de notre méthode. Des analyses sont en cours. On vous invitera pour fêter l'inauguration officielle. Nos amis chiliens seront là ! Vous aimez le pisco ?

Plus tard, dans l'avion du retour, lorsque j'ouvris le petit cartable qu'on m'avait offert, je découvris une documentation sans surprise : l'histoire de Combaillaux, des schémas de la lombri-station, une présentation d'une toute récente société privée franco-chilienne (Lombri-Tek). Et un livre dont l'auteur ne m'était pas inconnu : *La Formation de la terre végétale par l'action des vers de terre*, par Charles Darwin, 1881.

*

* *

Au-delà de l'exemple des lombriciens, qui dressera le bilan de la coopération décentralisée ?

Je ne suis pas naïf. Je sais le goût de certains élus pour l'exotisme et les notes de frais y afférentes. Mais les relations entre villes ou entre régions présentent bien des avantages, à commencer par de moindres possibilités de corruption.

Les questions d'eau impliquant des réponses *locales*, chaque fois différentes, la coopération *décentralisée* paraît souvent la plus pertinente. Quand un maire propose une solution concrète à un autre maire, tous deux partagent la même préoccupation toute simple et d'une urgence quotidienne :

fournir de l'eau à la population dont ils ont la charge. Et la municipalité aidée n'aura pas l'impression de perdre sa souveraineté, puisque c'est une autre municipalité qui l'aidera. Une loi du 9 février 2005, dite loi Oudin-Santini, permet à une ville ou à une agence de bassin d'utiliser jusqu'à 1 % de son budget « eau » pour venir en aide aux services publics des pays en voie de développement. À ce titre, la ville de Paris dépense chaque année plus d'un million d'euros et soutient des actions très diverses : réseau d'assainissement à N'Djamena, forages de puits dans les Caraïbes, appui à la distribution dans les zones urbaines d'Afrique, d'Asie et d'Amérique latine. L'objectif est toujours le même : favoriser la maîtrise autonome de la gestion de l'eau.

Quand je vous disais que l'eau rend plus intelligents juristes et parlementaires !

Le bel avenir des guerres de l'eau [1]

Le Nil bleu, qui prend sa source dans les montagnes de l'Agaumeder, en Éthiopie rejoint le Nil blanc à Khartoum et représente plus de 80 % du débit du Nil.

Or l'Éthiopie, nation pourtant ô combien agricole, ne consomme que moins de 1 % de ces eaux. Depuis toujours les pays d'aval, le Soudan et l'Égypte, lui ont fait violemment comprendre qu'elle n'avait pas à espérer plus. Il faut dire qu'ils ont un besoin crucial de cette ressource. L'Égypte reçoit du Nil 98 % de son eau et 95 % de sa population vit sur ses rives.

Mais la population de l'Éthiopie croît vite, comme toutes les autres populations africaines : 75 millions d'habitants aujourd'hui, 120 en 2025. Comment abreuver cette foule et comment développer l'irrigation pour la nourrir sans prélever davantage dans le Nil bleu ? On sait que, pour les États Unis, l'Éthiopie est un pivot stratégique en Afrique de l'Est (le Soudan est à l'ouest, la Somalie au sud-est). Les diplomates de Washington et ceux de l'Organisation de l'Unité africaine se demandent comment éviter une nouvelle guerre dont l'eau sera directement l'enjeu.

---

1. Cf. l'essai, très utile car fort dérangeant, de Philippe Delmas, *Le Bel Avenir de la guerre*, Paris, Gallimard, 1995.

363

Vous auriez pu croire, en me lisant jusqu'ici, que j'avais du monde de l'eau une vision idyllique. L'eau serait tellement nécessaire aux humains que, dans leur grande sagesse, ils n'iraient jamais jusqu'à s'étriper pour la conquérir. Toujours, ils préféreraient négocier pour se la distribuer. Un peu à l'image de la force nucléaire : elle peut faire tant de mal à tous qu'on choisit de ne pas l'utiliser.

Bref, l'eau était l'école du partage.

Longtemps cet optimisme fut vérifié par les faits. La plupart des conflits liés à l'eau trouvaient des solutions pacifiques. On s'égorgeait çà et là pour des puits, on manœuvrait des troupes pour intimider le voisin, mais on n'allait pas jusqu'à la guerre.

La pression démographique a changé la donne. Dans beaucoup d'endroits de la planète, la nécessité fait loi ou fera loi. Et, quand je parle de loi, ce pourrait bien être celle des armes. Comme le note le criminologue Alain Bauer : « Les problèmes liés à l'eau se sont multipliés ces dernières années. Une vingtaine de faits recensés avant J.-C, autant jusqu'à 1900, une centaine jusqu'à l'an 2000, une cinquantaine à la fin 2007, l'accélération des menaces et des tensions est spectaculaire. » Les géographes et géopoliticiens recensent les zones « tièdes » ou déjà « chaudes ». Elles ne manquent pas. Citons, sans épuiser le sujet, loin s'en faut, les bassins du Gange-Brahmapoutre, l'Afrique australe (Okavango, Limpopo, Zambèze) et la frontière extrême-orientale de la Russie et de la Chine [1].

---

1. À lire de toute urgence : *L'Eau – Géopolitique, enjeux, stratégies,* Paris, CNRS Éditions, 2008. L'auteur, Franck Galland, expert en la matière, est directeur de la sûreté de Suez-Environnement et président du Collège des opérateurs d'installations vitales.

XIV

Mourir de faim, périr de soif ?

Comment être agriculteur aujourd'hui ?

Comment concilier l'inconciliable : produire et respecter ? Demander toujours plus à la nature, sans la détruire ?

C'est l'agriculteur qui prélève le plus d'eau.

C'est lui qu'on accuse de polluer les nappes et les rivières.

Mais c'est de lui qu'on attend ce miracle chaque année renouvelé : de la nourriture, toujours plus de nourriture toujours plus saine, plus diverse, à des prix le moins élevés possible...

C'est à lui, l'agriculteur, de répondre à la principale menace qui pèse sur l'humanité.

Car presque partout la terre arable se fait rare, les sols s'épuisent et les investissements stagnent.

Les vraies guerres de l'eau n'ont pas encore éclaté tandis que les émeutes de la faim se multiplient...

Une passion phréatique

Vous qui aimez les histoires d'amour, voici l'exemple d'une passion. Passion rare, physique tout autant que mentale, passion quotidienne, sans relâche, passion fière et sourcilleuse, volontiers combattante... La passion d'un homme pour une nappe phréatique.

Certains passionnés se contentent de la fascination : ils ne font rien pour connaître vraiment l'objet de leur passion. Mais j'avoue que je tiens les passionnés de cette première catégorie pour des paresseux ou, pire, pour des peu confiants. Quelque chose me dit qu'ils redoutent de trop apprendre. Comme ceux qui font l'amour toutes lampes éteintes, ils craignent que trop de lumière n'éteigne leur flamme.

Jean-François Robert, l'homme dont je vous parle, n'est pas de ces aveuglés volontaires. Sitôt envoûté par sa nappe, il a voulu tout, mais tout savoir d'elle. D'abord flattée par tant d'attention, puis réticente à livrer son intimité, la nappe a résisté. L'homme s'est obstiné. Il n'était pas scientifique. Il a questionné, étudié, mesuré. Aujourd'hui, dans un sourire, il m'affirme sans fausse modestie « ne plus rien ignorer d'elle ». Compétence reconnue. On l'invite partout. Plus le climat se réchauffe, plus on prête d'attention aux nappes et à leur comportement.

Mais revenons à l'origine de cette passion. Tous les Robert, depuis la nuit des temps, sont paysans et cultivent des terres entre Chartres et Orléans, au beau milieu de la Beauce.

Quand ils ont besoin d'arroser, ils plongent un tuyau dans le sol. Et l'eau surgit. Aucune réglementation ne les importune. Jours heureux de l'abondance et de l'indifférence administrative.

La nappe est là. On peut la voir miroiter dans la cour de la ferme, au fond d'un puits. Un ancêtre y a descendu une échelle graduée. La famille continue pieusement de relever l'évolution des niveaux.

Qu'est-ce qu'une nappe ?

Les populations mal informées pensent à une sorte de grotte habitée par un grand lac. La réalité est différente et s'apparente moins romantiquement à un gruyère dont la chair serait faite de terre et de cailloux, et dont seuls les trous seraient occupés par l'eau.

Bref, de père en fils, les Robert forent à volonté sans s'occuper de rien.

Peu à peu, les pouvoirs publics se réveillent. Les préfets, craignant sans doute l'assèchement de ce trésor encore mystérieux, se mettent à interdire. Le sang des paysans ne fait qu'un tour. Pas question de laisser l'administration décider de ces affaires capitales ! On se réunit. On se demande qui va bien pouvoir prendre le flambeau. Tous les regards se portent vers l'encore jeune et dynamique Jean-François Robert. Une association d'irrigants est créée, dont il assume la présidence.

Et voici comment la nappe, de simple présence, devient objet d'étude (pour défendre, il faut connaître), puis objet de passion.

Jean-François Robert habite une localité pour cruciverbistes : Ohé. Deux heures durant, dans sa ferme, il va me parler de sa passion.

Les données globales me sont livrées sans qu'on s'y attarde, avec une sorte de modestie : 9 000 kilomètres carrés, 20 milliards de mètres cubes...

Nous prenons la voiture. Et nous roulons tout doucement, sans doute pour ne pas trop gêner la nappe. Lieu-dit après lieu-dit, nous passons sur des crêtes, des mamelons, avant de glisser dans des creux ou de traverser de petits bois. Des noms m'entrent dans la mémoire : Beaumont-Cravant, Épieds-en-Beauce, Trancainville... Je me laisse bercer comme par une chanson.

Soudain, je me réveille. Jean-François me montre une boîte grise au bord d'un champ. Il a dit « compteur ». Que vient faire cet objet trivial dans cette promenade poétique ? Compteur... Je repense aux batailles de Buenos Aires. Référence incongrue au beau milieu de la Beauce...

Mon hôte s'est redressé. Une lueur nouvelle brille dans ses yeux.

– Les compteurs ? C'est ma fierté. À quoi sert de si bien connaître la nappe si nous n'apprenons pas à mieux l'utiliser ensemble ?

Dans le respect de tous les équilibres, la Beauce a vécu ainsi quelques années de paix, une *pax phreatica*, jusqu'à ce que la Direction régionale de l'environnement décide de modifier les règles.

Pour se conformer aux objectifs européens – un

bon état général de toutes les eaux en 2015 –, elle change les manières d'évaluer la ressource. On ne mesurera plus seulement les variations de hauteur de la nappe. Il faudra que de l'eau coule dans les rivières.

Mais, clament les paysans, qu'est-ce au juste qu'une rivière ? Un bras mort depuis longtemps ou un canal abandonné doivent-ils aussi être considérés comme des « rivières », et donc recevoir leur part ? Et de brandir de très antiques cartes postales où l'on voit, par exemple, l'état de la « rivière » Conie en 1900 : un simple fossé sans la moindre humidité discernable, sans même la trace d'un roseau.

Changeons de dimension et passons au grand fleuve Loire. Il coule presque au bout des champs. Devant cette masse liquide, qui peut croire que la Beauce pourrait un jour souffrir de sécheresse ?

Pourquoi, demandent les paysans, gâcher une telle ressource ? Pourquoi la laisser filer et se perdre dans l'océan ? Pourquoi n'en pas dériver une partie pour réabonder la nappe en cas de besoin ? J'ai déjà posé la question à l'Agence de bassin. Je connais ses deux réponses. La première est simple et facilement recevable : le coût des travaux serait exhorbitant. La seconde réponse ne suscite généralement que des haussements d'épaules : les inondations sont nécessaires aux poissons et notamment aux brochets pour se reproduire. La présence de poissons dans l'eau, si elle paraît anecdotique, indique un bon équilibre. Une fois cet équilibre rompu, la grande machine du vivant s'emballe, finit par échapper à tout contrôle. Ceux qui s'intéressent à ces dérèglements n'ont qu'à taper *Alexandrium* sur leur clavier d'ordinateur. Ils feront connaissance avec une plante très peu recommandable – productrice de toxines paralysantes – et rapidement proliférante, dont nul ne sait aujourd'hui maîtriser le développement...

Je me suis gardé d'argumenter pour ne pas gâcher cette belle journée. Je connais les passionnés : la moindre réserve sur l'objet de leur passion les fait sortir de leurs gonds.

*

* *

Décidément, cette nappe de Beauce suscite les passions. Après le tableau idyllique que m'en a offert le président des irrigants, un physicien du CNRS me présentera une tout autre vision. En dehors de ses activités de chercheur (il est spécialiste des freins en carbone, ceux qu'utilisent, par exemple, les avions), Bernard Rousseau anime France Nature Environnement : une fédération qui regroupe plus de 3 000 associations réparties sur l'ensemble du territoire national. La nappe de Beauce est l'une de ses bêtes les plus noires, un objet de colère permanent :

– Vous voulez des chiffres ? Je ne vous donnerai que celui-ci : un milligramme de nitrate par litre. C'est la progression *annuelle* de la pollution depuis trente ans qu'on la mesure.

– Personne n'en parle !

– Le silence est bien organisé, beaucoup mieux qu'en Bretagne, alors que, dans cette région Centre, la situation est pire. Regardez cette carte. Vous voyez les points rouges. Dans certaines zones, les taux dépassent les 70, 80 milligrammes...

– Où cela va-t-il s'arrêter ?

– Je ne sais pas. Plutôt que de réfléchir enfin à un changement de leur mode de culture, les organisations paysannes tentent de contester ces chiffres, pourtant inattaquables scientifiquement. Elles croisent les doigts, elles attendent de la recherche un remède miracle. Pendant ce temps, le milieu naturel continue de se dégrader à grande vitesse. Je souhaite bon courage à nos enfants !

Portrait d'un irrigant

Il s'appelle Bernard Pujol. Grand et brun, il porte beau sa cinquantaine et, par ailleurs, un béret basque. Il habite un gros village au sud de Toulouse, sur le bord de la rivière Ariège : Saverdun. Il en est conseiller municipal. Il cultive 130 hectares de semences : colza et maïs. Ses deux fils ont choisi de travailler avec lui. Il n'est pas riche, mais il vit bien. Et il irrigue. Avant le secours de l'eau, la plaine ne fut occupée, des siècles durant, que par de mauvaises vignes et des troupeaux de moutons. Ils broutaient l'herbe égarée entre de gros cailloux. Par beau temps, on voit, trônant au-dessus des Pyrénées centrales, le pic Saint-Barthélemy.

Bernard a repris en 1980, puis agrandi, la ferme de ses parents. Qu'est-ce qu'un agriculteur dans le sud-ouest de la France ? Quelqu'un qui cherche de l'eau. Un syndicat avait été créé dix ans plus tôt, regroupant trente-cinq communes : Bernard en est devenu membre.

L'été, le syndicat puise dans l'Ariège l'eau qu'il distribue à ses adhérents. Lorsque la rivière s'épuise, lorsqu'on en voit le fond, on appelle au secours le barrage de Montbel. Cette retenue est récente, à peine vingt ans. Des torrents montagnards elle prélève l'hiver 60 millions de mètres cubes, trésor qu'elle garde jalousement pour les mauvais jours, c'est-à-dire les canicules. Quand l'alerte est donnée, elle ouvre une vanne. Le niveau de la rivière Ariège remonte. Les poissons s'en réjouissent, et aussi les amateurs de kayak. Et encore la régie municipale. Car, grâce à deux turbines animées par le courant, elle produit de l'électricité (20 % de ses besoins).

Bernard Pujol ne dépend pas trop de la rivière. Il vit sur une nappe, une « baignoire », comme il dit : 110 millions de mètres cubes, juste sous le sol. Cette nappe est dite « perchée », c'est-à-dire qu'elle surplombe la rivière. Drôle de nappe ! La Fontaine protesterait : depuis quand les nappes se perchent-elles comme le corbeau de la fable ?

De temps en temps, conformément à l'autorisation qu'il détient, Bernard ouvre un robinet et l'eau de la nappe perchée vient compléter celle de la rivière.

La nappe perchée est une présence plus proche, quotidienne : quelqu'un de la famille. Pour un peu, on lui mettrait son couvert à table.

– Savez-vous que les crevettes y pullulent ? C'est la preuve qu'on ne pollue pas trop, non ?

Qu'est-ce qu'un agriculteur ? Quelqu'un qui se croit mal aimé. Pour bien me prouver que les accusations sont aujourd'hui dénuées de fondement, Bernard m'entraîne dans un champ et m'explique le fonctionnement de la méthode « Irrinov ».

– Tu vois ces bâtons gris ? Ce sont des sondes. Tu les plantes dans le sol. Elles mesurent les *tensions* ou, si tu préfères, l'appel des racines, leur besoin en eau. La petite boîte, au milieu, récupère les données. Avant, j'avoue, on irriguait trop, beaucoup trop. Un paysan a un réflexe : dans le doute, il irrigue. Maintenant, on économise. Regarde.

Il me montre une antenne qui pointe au-dessus de la mini-station.

– Je peux recevoir les données sur mon portable ! En dix ans, devine combien nous avons économisé d'eau, nous, les prétendus dilapidateurs professionnels : 14 millions de mètres cubes, pour une production supérieure...

Un chiffre qui, plus tard dans la journée, sera contesté avec bonne humeur – et fermeté – par un expert du Cetiom[1] : « la moitié serait déjà un beau résultat... »

Qu'est-ce qu'un paysan ? Quelqu'un qu'on imagine solitaire, au milieu de son champ, en compagnie de son chien. Alors qu'une foule de gens et d'institutions veillent sur lui, des fédérations syndicales aux chambres d'agriculture en passant par une multitude de centres de recherche et d'experts en tout genre qui créent pour lui la variété la plus productrice, mitonnent l'assolement le plus équilibré, calculent les combinaisons d'engrais les mieux adaptées aux terroirs, viennent régulièrement s'enquérir de ses rendements.

De retour à la ferme, Bernard fouille dans ses papiers et me tend une feuille.

– Voilà ce que nous recevons chaque semaine. Tu vois, on s'occupe de nous !

---

1. Centre technique interprofessionnel des oléagineux métropolitains.

16 juillet 2007

L'info : malgré des évaporations plutôt moyennes, les plantes sont à un stade où la demande en eau devient importante.

Ce qu'il faut faire :

Maïs

Les semis de début avril sont en pleine fécondation. On interviendra avec une dose de 30 à 35 mm.

Les semis de fin avril sont au stade des soies. Une dose de 30 mm est indispensable.

Les semis de début juin sont au stade de 13/13 feuilles. Un apport de 25 mm sera suffisant.

Soja

Sur les premiers semis, on peut voir une gousse de 5 mm de long sur l'un des quatre nœuds les plus élevés. On apportera une dose de 25 mm.

Pour des sojas en fleur, une dose de 25 mm suffira.

Parmi ces appuis à l'agriculture, n'oublions pas, désormais, les satellites et leurs regards infaillibles. Le système Farmstar renseigne le fermier sur les besoins de ses plantations en cours de culture. Il paraît qu'on peut voir du ciel qu'un morceau de champ manque d'azote...

Bientôt, c'est aussi du ciel que viendra l'ordre d'arroser. Peut-être que la pluie en prendra ombrage ? Allez savoir où va se nicher la jalousie.

Ainsi va la vie de Bernard Pujol, irrigant.

Avouons-le : avant cette enquête, l'homme de mer que je suis cultivait quelque mépris pour les gens de terre. Je les croyais bien au calme sur leur plancher des vaches, prisonniers d'immuables routines.

Je n'avais pas mesuré comme un paysan, lui aussi, navigue, c'est-à-dire louvoie. Entre inondations et sécheresse. Entre effondrement des cours sur les marchés et reprise soudaine. Entre soutiens politiques promis et abandons en rase campagne. Lui aussi doit escalader des vagues l'une après l'autre : les réformes de la politique agricole commune, les normes environnementales, le changement climatique...

En permanence il s'adapte. Il continue. Par chance pour nous. Sans cette obstination, nos assiettes seraient vides.

Besoin d'eau [1]

1. N'accablons pas le soldat maïs !

L'eau devenant, dans certaines régions, de plus en plus rare, il est logique de rechercher son efficacité maximum. Première étape : quelles sont les plantes les plus gourmandes en eau ?

On peut calculer l'*efficience de l'eau*, c'est-à-dire la quantité d'eau moyenne (en litres) pour obtenir un kilo de matière sèche (paille + grain).

À l'évidence, les efficiences ainsi calculées dépendent de la qualité des sols et du climat.

Dans les zones tempérées, on aboutit aux valeurs moyennes suivantes :

Culture	Quantité d'eau en litres	Culture	Quantité d'eau en litres
Maïs ensilage	238	Blé	590
Maïs grain	454	Soja	900
Orge	524	Riz pluvial	1 600
Pomme de terre	590	Riz inondé	5 000
Tournesol	350	Coton	5 263

1. Merci à François Tardieu, directeur de recherche à l'Institut national de la Recherche agronomique, pour toutes ces informations. De nombreux laboratoires de cet institut mènent des travaux de pointe sur ces questions.

Ces recherches permettent notamment de réhabiliter quelque peu le maïs. Pauvre maïs ! On le rend volontiers responsable de l'assèchement de nos rivières et de nos nappes. Est-ce sa faute s'il a surtout besoin d'eau en été, lorsque les citadins « amoureux de la nature » se promènent dans la campagne ? Il est vrai que longtemps les paysans l'ont arrosé à tort et à travers. Il est vrai qu'il a souvent bénéficié de subventions généreuses. Mais s'il a envahi nos champs, c'est aussi à cause de ses qualités nutritives propres et, contrairement aux idées reçues, de son plutôt faible besoin d'eau...

2. Rêver à des plantes-chameaux

Arriverons-nous à créer un jour des plantes nourricières qui n'auraient pas besoin d'eau ?

La croissance des plantes dépend de la photosynthèse. Ce mécanisme implique deux processus d'échange :

– « eau contre carbone » : la plante, au niveau des stomates de ses feuilles, absorbe du dioxyde de carbone et rejette de l'eau par transpiration ;

– « eau contre chaleur » : la transpiration dissipe l'énergie solaire incidente sur les feuilles.

Si la plante absorbe moins d'eau, elle transpire moins. Elle mobilise alors moins de carbone, et les rendements diminuent. Par ailleurs, elle disperse moins efficacement l'énergie que reçoivent les feuilles. Celles-ci s'échauffent. Stress thermique. Quels que soient les progrès agronomiques, y compris par la génétique, on ne pourra donc jamais faire pousser de plantes sans eau.

3. Comment réduire la vulnérabilité des plantes au manque d'eau ?

On cultivera pendant des périodes pluvieuses, moins chaudes, en raccourcissant au besoin le cycle de production. Ce faisant, on abandonne l'espoir de rendement maximum, mais on réduit les risques. Choisir le blé d'hiver correspond à ce type de stratégie.

On peut agir sur la plante pour que, soumise à des conditions défavorables, elle ne subisse pas un stress hydrique trop important. Cela implique :

• de réduire la croissance des feuilles ou de l'appareil reproducteur, avec pour conséquence une baisse des rendements ;

• de développer les racines, stratégie efficace s'il existe une ressource en eau souterraine disponible.

On peut aussi décider de maintenir les fonctions de la plante malgré le déficit hydrique. Stratégie risquée : on peut sauver les rendements, mais on peut également perdre toute sa production.

On peut enfin tenter d'accroître l'efficience de l'eau. Pour le maïs et le sorgho, déjà bons élèves en ce domaine, les possibilités d'amélioration sont réduites. Pour les autres espèces, de grands progrès sont envisageables.

4. Qu'attendre de la génétique ?

Depuis cinquante ans, la sélection « classique » des variétés, sans utilisation de biotechnologies, a déjà permis d'obtenir une production plus importante en conditions de stress hydrique. Néanmoins, il est probable que les caractères les plus faciles à améliorer ont déjà été largement exploités. Les instituts de recherche et les compagnies privées se dirigent donc vers des stratégies qui mettent en jeu la génétique.

Les réussites actuelles portent d'abord sur le blé. L'Australie annonce des gains de productivité supérieurs à 10 % dans des conditions de grande sécheresse (précipitations inférieures à 250 millimètres par an).

Au Mexique, on aurait créé un maïs très tolérant au stress hydrique : multiplication des rendements par deux ou trois !

D'autres avancées sont possibles. Par exemple, essayer de contrôler la croissance pendant les périodes de sécheresse, en privilégiant les organes essentiels pour la production. Deux pays sont en pointe : Israël (université de Haïfa) et l'Afrique du Sud (université du Cap). Les Chinois ne sont pas en reste. Ils viennent de signer un accord avec le groupe suisse Syngenta pour mettre au point une large gamme de produits agricoles génétiquement modifiés résistant à la sécheresse (maïs, soja, froment, betterave et canne à sucre).

En conclusion, méfions-nous des effets d'annonce.

Aucune solution miracle ne se profile. Car l'amélioration du comportement des plantes face au manque d'eau se heurte à des exigences contradictoires : veut-on se prémunir contre le risque ou veut-on garantir la productivité ? Les progrès génétiques ne permettront pas d'obtenir une production abondante en situation de sécheresse, mais une optimisation de l'utilisation de l'eau pour maintenir les rendements tout en réduisant les apports. Bientôt l'agriculteur pourra, tout au long de la saison, réguler le développement de ses plantes en fonction de l'état des réserves en eau.

Loin de moi l'idée de dédaigner la science ! Mais, dans ce domaine, relativisons l'intérêt des biotechnologies. Telle est l'opinion de la plupart des chercheurs eux-mêmes, et notamment de ceux de l'Institut national de la recherche agronomique[1]. *La majeure partie de l'eau se perd avant d'arriver à la plante.*

Plutôt que d'attendre en vain la solution miracle unique, explorons d'un même élan toutes les voies. Le choix des systèmes de culture reste fondamental (cultures d'hiver, variétés à cycle court) et doit correspondre à l'état du bassin versant. Par ailleurs, les techniques d'irrigation vont continuer à progresser, permettant de moduler de plus en plus précisément les doses et le rythme des apports.

1. J. Amigues, P. Bebaeke, B. Itier, G. Lemaire, B. Seguin, F. Tardieu, *et al., Sécheresse et agriculture. Réduire la vulnérabilité de l'agriculture à un risque accru de manque d'eau,* Expertise collective scientifique, INRA, 2006.

Une Chine miniature

Il était une fois une région, jadis un duché, au bout ouest de l'Europe, région entourée de trois côtés par la mer. Elle avait toujours été pauvre, cette partie du monde. Et pauvre elle l'était encore au lendemain de la Seconde Guerre mondiale, quand je suis né. J'y venais tout le temps, mais j'étais trop jeune pour voir. Ce que je sais de cette pauvreté, on me l'a raconté plus tard. La terre battue pour parquet, des sabots pour chaussures. Les fermes n'avaient souvent que deux pièces, dont l'une pour les animaux. Et pour les toilettes dans la cour : un trou. Pas d'eau courante, l'électricité rare. Un visiteur débarqué du Moyen Âge se serait senti chez lui. Une génération plus tard, soit à peine vingt-cinq ans, changement de décor : des maisons pas toujours jolies, mais pimpantes ; des machines à tout faire : cuire, laver, réfrigérer ; une télévision, une ou deux automobiles... Des enfants à l'université.

Telle fut l'histoire récente de la Bretagne.

L'histoire d'un développement accéléré.

Toute réussite a un prix, souvent même plusieurs. La Bretagne a payé deux fois. D'abord de sa personne, en travaillant comme on n'imagine pas. Ensuite en dégradant son eau.

Le moteur choisi pour croître avait été son « pétrole vert », l'agriculture. Quelle autre stratégie était possible ? Mais les propriétés étaient petites. Le sol manquait, on a fait sans lui. On s'est mis à élever des porcs et des volailles. Hors sol.

La Bretagne compte 3 millions d'habitants humains. Et 3 autres millions de bovins. Et 14 millions de porcs. Et 400 millions de poulets. Et tous ces animaux pissent et chient autant que 45 millions d'humains !

Tandis que l'autre moitié de l'agriculture, celle qui fait pousser des plantes, utilise – pas plus qu'ailleurs, mais pas moins – herbicides et pesticides. Dans les années 1960 et 1970, comme ces produits ne coûtaient presque rien, les paysans en déversèrent sur leurs champs des tonnes et des tonnes. Et d'autant plus qu'ils ignoraient les vrais besoins des plantes.

Résultat : les rivières ont été polluées.

Résultat du résultat : les rivages, recevant ces rivières, ont été atteints. Des algues envahissent et empuantissent les plages.

La Bretagne est jumelée avec la région chinoise du Shandong, qui doit faire face aux mêmes invasions d'algues. Lorsque, à un mois des Jeux olympiques, la baie de Qingdao prévue pour les régates a viré au vert, lorsque le plan d'eau est soudain devenu prairie, les experts de Saint-Brieuc et de Plestin-les-Grèves ont apporté leur expertise résignée. Une fois les algues là, une seule solution : les faucher. Ainsi ont fait les Chinois. Mille bateaux chaque matin furent réquisitionnés pour ces moissons d'un nouveau genre.

Pis : certaines espèces, en proliférant, produisent des toxines qui rendent parfois impropres à la consommation moules, huîtres et autres coquillages. C'est la raison pour laquelle ces petits animaux goûteux sont considérés comme des sentinelles : leur état de santé reflète fidèlement la qualité de l'environnement.

La Bretagne n'a pas de chance : sa géologie ne pardonne rien. La région repose sur un plateau de granit. L'eau ne s'enfonce pas dans le sol, elle ne s'accumule pas dans des nappes, elle ne prend pas le temps nécessaire pour s'épurer, elle ruisselle. La nature rejette sans traiter.

Bref, dès le début des années 1980, alerte générale : on doit fermer certains captages, les rivières contiennent trop de nitrates pour qu'on puisse en tirer de l'eau potable. Le ton monte, le débat tourne à l'aigre. Les défenseurs de l'environnement, de plus en plus nombreux, se font entendre. Des associations se créent, notamment Eaux et Rivières. Elles ont commencé par vouloir empêcher la disparition des saumons. Elles étendent leur action, gagnent en compétence. Elles établissent vite la preuve des interdépendances, des solidarités de fait. Terre et littoral, même combat. « En protégeant nos truites, nous sauvons vos huîtres. »

Au lieu d'arbitrer entre les priorités, ce qui est leur rôle, les représentants de l'État tergiversent à qui mieux mieux, bottent en touche. Il y a des coups à prendre, donc ils atermoient. Saluons Claude Guéant, il fait exception : en tant que préfet de région, il réunira les secteurs concernés et leur dira la vérité, à savoir que la Bretagne doit changer son mode de développement.

Pour se défendre, les agriculteurs évoquent d'autres nuisances que les leurs : l'influence du réchauffement climatique et les rejets des populations de plus en plus denses agglomérées le long des côtes...

Un Conseil scientifique de l'environnement est créé ; la haute compétence de ses membres et en particulier de son président, aujourd'hui le professeur Pierre Aurousseau, garantit la légitimité de ses observations, l'acceptation par tous de son diagnostic. D'après ce Conseil, la situation paraît stabilisée. Même si certains bassins restent gravement dégradés, notamment ceux de l'Horn et du Guillec (Finistère Nord), la pollution moyenne ne progresse plus.

C'est dire si le chemin reste long avant d'atteindre le « bon état des eaux » prévu par la directive-cadre européenne pour... demain (2015).

Chacun sait que, sans changement radical des pratiques culturales, cet objectif ne sera pas atteint. D'autant moins que la région est victime de son succès : 25 000 personnes supplémentaires choisissent de s'y installer chaque année ! La pression sur le foncier s'aggrave. Ces nouveaux habitants ont besoin d'espace : plus de 10 hectares sont ainsi retirés chaque jour à la production.

Outre les côtes, les néo-Bretons choisissent les villes importantes. Lesquelles se sont bâties jadis sur les terres les plus fertiles. Si bien qu'on bétonne et couvre de macadam en priorité les meilleurs champs.

À Pontrieux, à Châteaulin, l'épaisseur de limon dépasse 20 mètres, sans un caillou. De même aux abords de Rennes. Les agriculteurs ne voient donc pas sans colère s'installer à Pacé, à 15 kilomètres, un magasin Ikea. Ils n'ont rien contre la Suède ni contre les meubles en bois. Ils regrettent les dizaines

d'hectares de terres perdues, parmi les plus nourricières d'Europe.

Qui pourra mener les réformes nécessaires ?
L'État ? Il a déjà trop à faire. Il manque de
moyens : la plupart des contrôles sont effectués par
des stagiaires.

L'agence de bassin ? Orléans est bien loin de
Rennes et la logique d'un grand fleuve (la Loire) n'a
que peu à voir avec celle des petites rivières côtières.

Voilà pourquoi la région de Bretagne revendique
une pleine responsabilité. Non sans raison, elle se
juge au plus près des intérêts locaux divergents, en
même temps que la mieux à même de dégager des
solidarités.

Dans le bouleversement général de la globalisation, les régions apparaissent souvent comme les
espaces d'action les plus *pertinents*.

Longtemps considérée avec mépris comme une
province à la traîne, une terre fossile d'époques dis-
parues, la Bretagne incarne, par bien des traits, le
monde moderne. Au fond, c'est, à l'autre extrémité
de la planète, une Chine miniature affrontée à des
angoisses similaires, même si les quantités
d'hommes et de produits concernés ne sont pas
comparables : comment concilier la nécessité vitale
de poursuivre son développement, une contrainte
environnementale de plus en plus aiguë et une pression démographique concentrée sur les côtes ?

Ajoutons à cette devinette un casse-tête : étant
donné – OMC *dixit* – qu'il faut ouvrir grand ses
frontières, comment résister à la concurrence de
pays tels que le Brésil, que n'embarrasse aucune
préoccupation écologique ? Serait-ce que la nature

mérite moins le respect là-bas qu'ici ? Drôle de façon de concevoir la globalisation ! La destruction prochaine et totale de la forêt amazonienne nous rappellera bientôt – bien tard ! – l'évidence de la solidarité climatique planétaire.

Si la Bretagne parvient à produire de plus en plus, de moins en moins cher, sur un territoire de plus en plus urbanisé, par suite de plus en plus restreint, sans rejeter dans l'océan la moindre mauvaise molécule, puisqu'elle ne peut attendre aucune aide en purification d'un sous-sol trop granitique, alors elle aura bien mérité de l'humanité : elle aura inventé une pierre philosophale, une manière de survivre dans le monde de demain.

Il suffit de regarder l'eau, le premier de tous les miroirs. Elle nous renvoie au visage nos contradictions. Des contradictions que la rareté des matières premières pourrait bien se charger de résoudre plus vite qu'on ne croit : un kilo d'azote vaut déjà deux euros. Le temps du gaspillage est fini. Commence celui de la parcimonie. Du fait de la demande, sans cesse croissante, des pays émergents (Chine, Brésil, Argentine), les engrais se font de plus en plus rares. Comment, sans engrais, conserver des rendements suffisants pour nourrir les populations ?

XV

La logique du sushi

Soit un sushi, ce petit morceau de poisson cru dont raffolent notamment les Japonais. *A priori*, aucune nourriture ne puise moins, pour être produite, dans les réserves d'eau douce de la planète, les thons, les bars et les maquereaux vivant dans la mer, comme chacun sait.

En fait, ces poissons viennent pour la plupart des gros chaluts tirés par des bateaux nippons ultramodernes. Comment les petits pêcheurs locaux, par exemple mauritaniens, pourraient-ils résister à une telle concurrence ? Ils sont contraints de changer de métier. Les étals des marchés se vident de poissons. Et les populations, pour compenser ce manque de protéines, mangent plus de chèvres, plus de vaches, qui, elles, ont besoin d'eau (douce) pour vivre.

Pauvre et innocent sushi ! En s'offrant généreusement à quelques gourmets de Yokohama, pouvait-il penser qu'il participait de proche en proche et de fil en aiguille à l'assèchement d'une nappe phréatique africaine ?

On imagine la stupéfaction et le malaise des écologistes japonais réunis en colloque à Tokyo lorsque Daniel Renault, tout sourire et voix douce, leur a conté cette histoire animalo-planétaire.

D'autant que ce Français n'était pas le premier venu, mais un agronome reconnu, directeur des systèmes d'irrigation à la division Terres et Eaux de la FAO (l'organisation des Nations Unies pour l'alimentation et l'agriculture).

L'*eau virtuelle* est la quantité d'eau nécessaire à la production des biens de consommation. Raisonner en termes d'eau virtuelle bouleverse votre vision du monde. Vous croyez que le Maroc vend des tomates à l'Europe ? En apparence, car c'est surtout de l'eau que le royaume chérifien exporte. Lorsqu'un camion quitte Tanger pour l'Espagne avec, à son bord, 20 tonnes de tomates, il faut avoir à l'esprit qu'au moins cent autres camions l'accompagnent, cent camions-citernes transportant chacun 20 mètres cubes d'eau, les 2 000 mètres cubes nécessaires à ces tomates (le calcul est facile : pour faire sortir d'un hectare 45 tonnes de tomates, il faut apporter à la terre 4 500 mètres cubes d'eau).

Quelques chiffres donnent une idée de ces équivalences :

La production d'un kg de :	utilise un volume d'eau de (en litres) :
Lait	790
Blé	1 160
Riz	1 400
Porc	4 600
Bœuf	13 500

Un habitant des États-Unis au régime alimentaire riche en viande consomme 5 400 litres d'eau virtuelle par jour, alors qu'un végétarien n'en utilise que 2 600. C'est dire si les progrès du niveau de vie vont multiplier la demande en eau. Quand une population ne mange plus seulement du riz mais de la viande elle décuple (au minimum) son besoin d'eau.

La prise en compte de l'eau virtuelle pourrait (devrait ?) orienter le commerce mondial. Quand on manque d'eau, pourquoi, par exemple, exporter de la viande ? Certains organismes, tel le Conseil mondial de l'eau, calculent les flux d'eau virtuelle. On voit que les Amériques, l'Australie et l'Asie du Sud-Est sont des exportateurs nets. Les autres parties de la planète importent.

L'orientation de ces mouvements ne va-t-elle pas changer, pour tenir compte des évolutions climatiques ? Lorsque, dans certaines régions, par exemple au Maghreb, s'aggraveront, comme il est prévu, les déficits pluviométriques, pourra-t-on continuer d'exporter à tout va l'eau virtuelle des tomates ?

L'eau est une ressource locale et jamais ne verra le jour un marché mondial de l'eau ! Mais la logique du sushi permet d'élargir, voire de globaliser les perspectives.

Une fois de plus, le virtuel vient à notre secours pour expliquer le réel.

Conclusion

De tous ces voyages, proches ou lointains,

De toutes ces choses vues et de toutes ces personnes entrevues,

De toutes ces visites d'usines et de barrages, casque de chantier sur la tête,

De toutes ces promenades le long de canaux petits ou grands,

De tous ces nuages appris un à un, de toutes ces pluies guettées,

De toutes ces leçons lues dans les livres ou de vive voix reçues de savants, de militants associatifs, de politiques, d'industriels, de pêcheurs ou de paysans,

De tous ces récits entendus, de toutes ces détresses, de toutes ces colères, de toutes ces résignations rencontrées,

De toutes ces notes prises aux quatre coins du monde sur toutes sortes de papier, sous toutes sortes de lumière du jour ou de la nuit,

Que me reste-t-il après deux pleines années d'enquête ?

Une connaissance de la planète plus intime et, partant, plus inquiète.

Et sept convictions :

1. *Au commencement de toute humanité est l'eau.* Au commencement de toute dignité, de toute santé, de toute éducation, de tout développement. Dans l'ordre des priorités, rien ne précède l'accès à l'eau. *Et l'accès à l'eau n'est rien si ne lui est pas joint un réseau d'assainissement.* Et nulle inaction n'est plus coupable que l'incapacité de la communauté internationale et l'indifférence des gouvernants en ce domaine. Proclamés solennellement en septembre 2000 par 189 pays, les objectifs du millénaire étaient modestes : réduire de moitié, en 2015, le nombre d'humains n'ayant pas accès à l'eau et à l'assainissement. Chacun sait qu'ils ne seront pas tenus. Moins de 5 % de l'aide au développement des pays donateurs y sont consacrés. Pourquoi ce désintérêt ? Pourquoi des actions dans d'autres secteurs sont-elles toujours préférées ? Comment ne pas comprendre que si la prise de conscience tarde, c'est un avenir de cauchemar qui se prépare ? Où trouvera-t-on le supplément d'eau nécessaire à l'agriculture du futur, chargée de nourrir 9 milliards de personnes ?

Si le nombre de citadins double sans que progresse l'assainissement, dans quels cloaques géants vivront-ils ?

2. L'eau vient de la nature. *Préserver le milieu naturel est donc la meilleure manière de garantir la ressource.* Et ceux qui se moquent de dégrader parce qu'il existe des techniques de dépollution, ceux-là sont des gens coûteux, pire des irresponsables.

Mais, peu de gens habitent près d'une source pure, rares sont les pluies assez dociles pour tomber à l'heure souhaitée, aux endroits voulus, en quantité suffisante. Et la concentration des populations dans des villes immenses aggrave les difficultés d'approvisionnement : de plus en plus de personnes habiteront loin des réserves naturelles. L'eau est donc de moins en moins souvent un *cadeau* de la nature. C'est, presque toujours, un *produit* manufacturé (traitement) en même temps qu'un *service* (distribution).

Cette production et ce service ont un coût.

Un bien qui a un coût ne peut être considéré comme *gratuit*. Mais quand il a l'importance de l'eau, c'est forcément une ressource qui doit être partagée, un bien *commun*.

3. Toute eau est liée à des *lieux*.

Car l'eau est très inégalement répartie sur notre planète.

Car, l'eau étant lourde et fragile, il n'existe pas de marché mondial de l'eau. Par suite, toute réponse aux besoins d'eau est forcément *locale*. Corollairement, aucune solution technique n'est valable partout. S'il y a de mauvais barrages, il en est d'excellents. Si dessaler la mer menace ici les écosystèmes, plus loin l'opération sera sans risque et rendra d'irremplaçables services. Tout dépendra toujours de la géographie. Un progrès planétaire ne peut résulter que de l'addition de progrès locaux. S'il est utile, pour la pédagogie, d'apprendre à économiser l'eau, une consommation moindre au Canada ne sera d'aucune aide pour le Maghreb.

La crise générale de l'eau n'aura pas lieu. Le

réchauffement climatique engendrera plutôt *un accroissement de la quantité d'eau globale, tout en accentuant dramatiquement les disparités régionales.* Les conflits locaux vont se multiplier, exaspérés par l'explosion démographique. Comment, à partir du même fleuve Nil, pourra-t-on abreuver en 2025 les 120 millions d'Éthiopiens, les 70 millions de Soudanais, les 150 millions d'Égyptiens tout en fournissant aux agriculteurs assez d'eau pour faire pousser assez de plantes afin de nourrir cette foule ?

4. Étant donné sa double importance, réelle et symbolique, l'eau, source de vie, relève toujours d'une *responsabilité politique.*

Que certaines autorités publiques (État, région, ville) confient à des entreprises privées la gestion de l'eau, c'est leur choix.

Que ces procédures doivent *beaucoup* gagner en transparence, en honnêteté et en respect de la démocratie, c'est l'évidence.

Quant à considérer la régie publique comme forcément meilleure que la concession privée, c'est oublier les maladies propres à toutes les administrations du globe : la pléthore, l'absence de sanctions, la docilité aux interventions des élus, les préoccupations électoralistes...

Quant à considérer qu'il faut d'urgence privatiser partout, c'est faire peu de cas des dérives propres aux entreprises qui ont pour moteur et obligation de dégager du profit : d'où une pression permanente à la hausse des prix.

Sur la question des investissements, on pourrait accorder la préférence aux régies. Normalement, il est dans les attributions de la puissance publique de maîtriser les horloges, c'est-à-dire de décider pour le long terme. La réalité fournit beaucoup d'exemples de comportements contraires à cette logique. Lorsque l'entreprise privée est tenue par des obligations à trente ans, elle se doit d'entretenir les réseaux. Lorsqu'une équipe municipale voit approcher la fin de son mandat, grande est sa tentation d'adoucir les factures au détriment des installations.

Celles et ceux qui militent pour l'abandon des concessions, pour une gestion partout et toujours *publique* de l'eau, vont jubiler : après un fort engouement dans les années 1990, les investissements privés régressent[1]. Les capitaux des multinationales s'orientent vers des secteurs moins risqués (et moins essentiels). Faut-il vraiment se réjouir de ce déclin alors que l'eau et l'assainissement ont tant besoin de financements, quelle qu'en soit la source ?

Bref, la solution miracle n'est pas de ce monde. Aux maires de choisir. Et aux électeurs de valider ces choix, les plus transparents possible.

Apprendre à se répartir l'eau, c'est apprendre à vivre ensemble. Un apprentissage d'autant plus efficace qu'on a l'obligation d'aboutir à des résultats. Aucun groupe, presque aucun métier ne peuvent se permettre de vivre sans eau. Des agences de bassin françaises aux jeux de rôles post-apartheid sur le fleuve Limpopo en passant par les associations indiennes des Andes, la gestion de l'eau est un for-

---

1. Notons, pour faire bonne mesure, que les délégations privées n'ont jamais fourni de l'eau à plus de 7 % des habitants de la planète.

midable laboratoire où s'invente jour après jour et crise après crise la démocratie. Voilà peut-être la raison pour laquelle la question de l'eau n'a pas la place qui lui revient, en pleine lumière, au cœur de la société : l'eau dérange, car l'eau fait débat. Combien de dirigeants aiment vraiment la démocratie ? Il est tellement plus simple de décider seul, et protégé par l'ombre !

Mais répartir l'eau avec justice impose un préalable : connaître la consommation de chacun. Sans cette connaissance, comment arbitrer entre des besoins aussi contradictoires que légitimes ? Ceux qui refusent le plus violemment l'installation de compteurs sont ceux qui profitent le plus honteusement de l'opacité du système. Et seuls les naïfs – je dirais plutôt les imbéciles – croient que les gens les plus modestes tirent avantage de cette anarchie.

5. *Deux préférences sont fort dommageables.* Trop de présidents, trop de ministres et trop de maires sont deux fois coupables :

– de préférer le visible à l'invisible, les solutions qui se voient (les installations qu'on peut inaugurer devant la presse) à des stratégies d'*économie et de recyclage*, souvent plus efficaces et moins coûteuses, mais qui, hélas, ne peuvent être photographiées ou télévisées ;

– de préférer (qui leur jettera la pierre ?) l'eau à la merde. En d'autres termes, de dédaigner l'assainissement.

6. *À l'illusion de la gratuité, préférons l'obligation de solidarité.*

Si l'eau n'est pas gratuite, puisqu'elle a un coût,

est-ce à dire que les plus démunis qui n'ont pas les moyens de payer l'eau doivent en être privés ?

Je pense l'exact contraire. La solidarité minimum qu'on peut attendre d'une communauté, c'est de permettre à tous de recevoir sans payer les 50 litres d'eau quotidiens nécessaires à la vie de chacun.

Le fondement de cette mesure d'évidence ne me semble pas être le caractère *naturel* de l'eau, très incertain, mais le *lien* absolu de l'eau avec la *vie*. Ne pas fournir ce minimum, c'est, à plus ou moins long terme, tuer.

7. Même optimiste de nature et par morale, le voyageur, revenu de son tour du monde, sent sourdre en lui une autre angoisse. Pollution, surproduction, érosion, urbanisation... Partout les surfaces cultivées manquent, partout les sols s'épuisent.

Où allons-nous développer l'agriculture capable de nourrir 9 milliards d'êtres humains ? La crise globale de l'eau n'aura pas lieu. La crise de la terre commence...

Repères bibliographiques

Le sujet est inépuisable.
Rien de plus facile que se noyer dans le flux permanent des livres consacrés à l'eau.
Parmi les milliers de pages lues, je vous recommande :

Les Eaux continentales, sous la direction de Ghislain de Marsily, EDP, Académie des Sciences, Paris, 2006
L'Eau dans le monde, Yves Lacoste, Larousse, Paris, 2008
Quand meurent les grands fleuves, Fred Pearce, Calmann-Lévy, Paris, 2006
L'État de l'eau en France, Caroline Idoux, Delachaux et Niestlé, Paris, 2007
L'Eau, J. Maryat et V. Andréassian, Le cavalier bleu, BRGM, Paris, 2008
Eau, Michel Camdessus *et alii* : rapport du groupe de travail mondial sur le financement des infrastructures de l'eau, Robert Laffont, Paris, 2004
Nourrir la planète, Michel Griffon, Paris, Odile Jacob, 2006
Les Glaciers à l'épreuve du climat, Bernard Francou, Christian Vincent, Paris, IRD/Belin, 2007
L'Eau - Géopolitique, enjeux, stratégies, Franck Galland, Paris, CNRS Éditions, 2008

À paraître début 2009 : *Nourrir les hommes*, Sylvie Brunel, Paris, Larousse et *L'Eau, un trésor en partage*, Ghislain de Marsily, Dunod.

Rappelons l'excellent numéro spécial du mensuel *La Recherche* consacré à l'eau, juillet-août 2008

Merci !

Scientifiques, diplomates, médecins, industriels, membres d'association, militants... ils et elles sont des dizaines et des dizaines à m'avoir enseigné, orienté, averti, bouleversé, accompagné, engueulé, obligé à travailler, à retravailler, préciser, couper, développer, encore et encore...

Sans eux, sans elles, jamais ce livre n'aurait vu le jour.

À tous, merci !

À, tout particulièrement, Pierre Léna, Bernard Pouyaud, Tobie et Nathalie Nathan, Philippe Delmas, Jean-Michel Casa, Jean-Paul Ghoneim, Sophie Lagnier, Jean-Marc Jahn, Samira Negrouche, Bouchra Ghiati, Marcel Kuper, Catherine Legna, Anne Le Strat, Claude Allègre, Anne de Bayser, Noël Mathieu, Ambroise Guellec, François Bordry, Laurence Beau, François Descoueyte, Danielle Fauque, Laurent Evrard, Gilles Huet, Pierre Aurousseau, Jean-Louis Blanc, Joël de Rosnay, Rémi Paul, Régis Calmels, Christine Cornet, Li Hao, Michel Rousseau, Huang Xia Jun, Caroline Puel, Yves et Runa Marre, Jean Romnicianu, Claire-Lise Chaignat, Christian Chatton, Xavier Beulin, Pierre Buhler, Yves Carmona, Stefano Farolfi, Pierre Chevallier, Amat Sall, Jean Labrousse, Pascale Briand, Sylvain Ballu, Daniel Beysens, Patrice Garin, Dinah Louda, Nicolas Fornage, Ylin Gu, Jean-Baptiste Cuisinier, Joël Calmettes, Magali Thevenon, Henri Tardieu, Hassane Kemmoun, Pierre-Cyril Caldera, Frank Galland, Gilles Marjolet, Véronique-Marie Juricic, François Tardieu, Jean-Luc Fauré-Tournaire, Guy Le Coz, Pierre Lorillou, Jean-Paul Simier, Jean-Yves Jamin, Serge Miquel, Stéphane Yrlès, André Merrien, Pierre Jouffret, Jacques Maroteix, Bernard Rousseau, Gérard Payen.

Sans oublier, bien sûr, l'équipe de ma chère fondation FARM, à commencer par Bernard Bachelier et Billy Troy.

Table

Poursuivez le voyage d'Erik Orsenna autour de l'eau
en découvrant des pages inédites publiées en feuilleton
sur Internet à l'adresse suivante : www.erik-orsenna.com/blog

Chapitres sur Internet
en libre consultation

Loyola's Blues,
roman, Éditions du Seuil, 1974 ; coll. « Points ».

La vie comme à Lausanne,
roman, Éditions du Seuil, 1977 ;
coll. « Points », prix Roger-Nimier.

Une comédie française,
roman, Éditions du Seuil, 1980 ; coll. « Points ».

Villes d'eau,
en collaboration avec Jean-Marc Terrasse,
Ramsay, 1981.

L'Exposition coloniale,
roman, Éditions du Seuil, 1988 ;
coll. « Points », prix Goncourt.

Besoin d'Afrique,
en collaboration avec Éric Fottorino
et Christophe Guillemin, Fayard, 1992 ; LGF.

Grand amour,
roman, Éditions du Seuil, 1993 ; coll. « Points ».

Mésaventures du Paradis,
mélodie cubaine, photographies de Bernard Matussière,
Éditions du Seuil, 1996.

Histoire du monde en neuf guitares,
accompagné par Thierry Arnoult, roman,
Fayard, 1996 ; LGF.

Deux étés,
roman, Fayard, 1997 ; LGF.

Longtemps,
roman, Fayard, 1998 ; LGF.

Portrait d'un homme heureux, André Le Nôtre,
Fayard, 2000 ; Folio.

La grammaire est une chanson douce,
Stock, 2001 ; LGF.

Madame Bâ,
roman, Fayard/Stock, 2003 ; LGF.

Les Chevaliers du Subjonctif,
Stock, 2004 ; LGF.

Portrait du gulf stream,
Éditions du Seuil, 2005 ; coll. « Points ».

Dernières nouvelles des oiseaux,
Stock, 2005 ; LGF.

Voyage aux pays du coton,
Fayard, 2006.

Salut au Grand Sud,
en collaboration avec Isabelle Autissier,
Stock, 2006.

La révolte des accents,
Stock, 2007.

La chanson de Charles Quint,
Stock, 2008.

Pour l'éditeur, le principe est d'utiliser des papiers composés de fibres naturelles, renouvelables, recyclables et fabriquées à partir de bois issus de forêts qui adoptent un système d'aménagement durable.

En outre, l'éditeur attend de ses fournisseurs de papier qu'ils s'inscrivent dans une démarche de certification environnementale reconnue.

CET OUVRAGE A ÉTÉ COMPOSÉ
PAR NORD COMPO MULTIMÉDIA
7, RUE DE FIVES, 59650 VILLENEUVE-D'ASCQ
ET ACHEVÉ D'IMPRIMER EN OCTOBRE 2008
SUR ROTO-PAGE
PAR L'IMPRIMERIE FLOCH
À MAYENNE

Imprimé en France
Dépôt légal : octobre 2008
N° d'impression : 72255
35-57-3710-7/01